收入不平等与经济效率问题研究

SHOURU BU PINGDENG YU JINGJI XIAOLÜ
WENTI YANJIU

陈晓东 著

·广州·

版权所有　翻印必究

图书在版编目（CIP）数据

收入不平等与经济效率问题研究／陈晓东著． ——广州：中山大学出版社，2024.10． ——ISBN 978-7-306-08245-9

Ⅰ．F124

中国国家版本馆 CIP 数据核字第 2024BD1149 号

出 版 人：	王天琪
策划编辑：	曾育林
责任编辑：	曾育林
封面设计：	曾　斌
责任校对：	魏　维
责任技编：	靳晓虹
出版发行：	中山大学出版社
电　　话：	编辑部 020-84113349，84110776，84111997，84110779，84110283
	发行部 020-84111998，84111981，84111160
地　　址：	广州市新港西路135号
邮　　编：	510275　传　真：020-84036565
网　　址：	http://www.zsup.com.cn　E-mail：zdcbs@mail.sysu.edu.cn
印 刷 者：	广东虎彩云印刷有限公司
规　　格：	787mm×1092mm　1/16　16.375 印张　276千字
版次印次：	2024年10月第1版　2024年10月第1次印刷
定　　价：	68.00元

如发现本书因印装质量影响阅读，请与出版社发行部联系调换

国家社科基金后期资助项目
出版说明

　　后期资助项目是国家社科基金设立的一类重要项目，旨在鼓励广大社科研究者潜心治学，支持基础研究多出优秀成果。它是经过严格评审，从接近完成的科研成果中遴选立项的。为扩大后期资助项目的影响，更好地推动学术发展，促成成果转化，全国哲学社会科学工作办公室按照"统一设计、统一标识、统一版式、形成系列"的总体要求，组织出版国家社科基金后期资助项目成果。

全国哲学社会科学工作办公室

编写说明

根据不同的研究需要，本书采用不同类型、不同年份的微观数据进行实证分析，并尽可能采用最新的数据。比如，在分析社会资本作用机制的过程中，本书主要采用 2010 年、2011 年、2012 年以及 2013 年的中国综合社会调查（Chinese General Social Survey，CGSS）数据进行实证研究，因该数据库包含丰富的个人环境变量信息，适合进行机会不平等的测度。因部分关键变量指标存在前后不一致或者数据缺失较为严重的问题，本书并未采用 2010 年以前及 2013 年以后的 CGSS 数据进行实证分析。在分析我国机会不平等生成机制的过程中，本书采用 2013 年的中国家庭收入调查（Chinese Household Income Project Survey，CHIP）数据进行实证研究，该数据库不仅包含较为丰富的个体环境变量信息，而且包含同时反映个体教育质量和教育水平的相关指标，能够较好地满足研究需要，而其他年份（如 2002 年、2008 年和 2018 年）的 CHIP 数据则缺少教育质量等核心指标变量，因而未被采用。在进行机会平等视角下个人所得税与转移支付政策组合优化的研究中，本书采用 2010 年、2012 年、2014 年以及 2016 年的中国家庭追踪调查（China Family Panel Studies，CFPS）数据进行实证研究，并进行不同年份的纵向对比分析。同样因为部分关键变量指标存在前后不一致或者数据缺失较为严重等问题，本书并未采用 2016 年以后的数据进行实证分析。

内容摘要

近年来，随着我国经济转型升级不断向纵深推进，发展动力机制持续得到优化，创新驱动将取代要素驱动成为经济增长的核心动力源，经济增长效率不断提高。与此同时，收入不平等问题虽得到一定程度的缓和，但不平等指数仍在高位徘徊，尤其是机会不平等问题依然十分突出。在此背景下，本书尝试从结构分解视角分析收入不平等的不同构成成分（即机会不平等和努力不平等）对经济效率的异质性影响，并进一步研究机会不平等作用于经济效率的社会资本传导机制，从而为实现新时代背景下我国经济的长期协调发展提供理论参考和决策支持。本书主要研究内容如下：

首先，本书基于 Roemer（1998）、Lefranc（2009）、Ferreira 和 Gignoux（2011）等学者提出的机会平等理论分析框架，从结构分解的视角探讨收入不平等的不同构成成分（即机会不平等和努力不平等）对经济效率（包含技术创新和技术效率两个方面）的异质性影响。综合中国综合社会调查（CGSS）数据、省市面板数据及中国创新指数数据的经验研究表明，收入不平等的不同构成成分对经济效率的影响具有明显异质性，机会不平等对经济效率产生显著的负向影响，而一定程度的努力不平等则不然。

其次，基于"社会资本"的内涵界定，本书从社会公平感、社会信任、社会稳定、社会流动预期以及居民主观幸福感五个维度分析并实证检验了机会不平等作用于经济效率的社会资本传导机制，并将其与努力不平等的作用效果进行对比。基于 CGSS 微观调查数据，采用 logit、Ologit 及工具变量法（IV）的实证研究结果显示，社会资本传导机制是机会不平等负向作用于经济效率的重要中介传导机制。

再次，鉴于对经济效率产生负面影响的主要是机会不平等而非努力不平等成分，本书细致探究了我国收入分配机会不平等的成因。基于中国家庭收入调查（CHIP）微观数据、中国综合社会调查微观数据以及省级面板数据,综合运用分位数回归法、Shapley 分解法等多种方法的研究结果表明,市场化程度和政府公共支出是影响机会不平等的两个重要因素,尤其是扩大政府公共支出,对于缓解机会不平等的作用尤为显著;教育变量是我国收入分配机会不平等形成的重要中介传导变量。

最后,本书以机会平等为目标导向,重新评估我国个人所得税与转移支付政策的合理性和有效性,并据此提出政策优化方案。基于 Roemer 等(2003)、Loek 等(2018)提出的理论分析框架,中国家庭追踪调查(CFPS)数据的研究结果表明,以机会平等为目标导向,我国当前的个人所得税与转移支付政策的再分配效应并不十分理想,仍存在较大的政策改进空间。

除此之外,本书还根据上述研究结论提出新时代背景下实现我国经济长期协调发展的若干政策建议。

本书首次以社会资本作为切入点,较为系统地研究了收入不平等的不同构成成分(即机会不平等和努力不平等)对经济效率的异质性影响,不仅丰富了机会不平等的相关理论与实证研究成果,而且有助于深入理解公平与效率之间的关系。在我国优化经济结构、转变经济增长方式、推进社会和谐发展的关键时期,本书的研究具有重要的理论和现实意义。

目 录

1 导论 ·· 1
  1.1 研究背景与意义 ··· 1
  1.2 研究目标 ·· 4
  1.3 研究框架 ·· 5
  1.4 具体研究内容 ·· 8
  1.5 研究思路和技术路线 ··· 8
  1.6 可能的创新和不足之处 ·· 10
2 文献回顾与述评 ··· 12
  2.1 相关概念界定 ·· 12
  2.2 关于收入不平等结构分解的相关文献 ······················· 15
  2.3 关于机会不平等和努力不平等定量测度的相关文献 ······ 16
  2.4 关于机会不平等和努力不平等实证应用的相关文献 ······ 19
  2.5 文献评述 ·· 21
3 收入不平等的结构分解：机会不平等和努力不平等的定义与测度
  ··· 23
  3.1 机会不平等和努力不平等的定义 ······························ 23
  3.2 机会不平等和努力不平等的测度 ······························ 25
4 收入不平等对经济效率的影响 ·· 32
  4.1 结构分解视角下收入不平等的技术创新效应研究 ········ 32
  4.2 收入不平等对技术效率的影响 ································· 49
  4.3 本章小结 ·· 61
5 收入不平等影响经济效率的社会资本传导机制分析 ············ 63
  5.1 社会资本传导机制之一：收入不平等与主观公平感 ······ 63
  5.2 社会资本传导机制之二：收入不平等与社会信任 ········· 83
  5.3 社会资本传导机制之三：收入不平等与社会犯罪研究 ··· 101
  5.4 社会资本传导机制之四：收入不平等与社会流动预期 ··· 110

  5.5 社会资本传导机制传导之五：收入不平等与居民幸福感 ………………………………………………………… 136
  5.6 本章小结 …………………………………………… 157
6 收入分配机会不平等的成因分析 ……………………………… 160
  6.1 机会不平等的影响因素研究 ……………………… 160
  6.2 收入分配机会不平等的生成机制分析：教育的传导作用 ………………………………………………………… 167
  6.3 本章小结 …………………………………………… 185
7 机会平等目标导向下的财税政策组合优化研究 ……………… 187
  7.1 机会平等视角下个人所得税与转移支付政策组合优化研究 ………………………………………………………… 187
  7.2 本章小结及政策优化建议 ………………………… 215
8 全书总结及政策启示 …………………………………………… 218
  8.1 全书总结 …………………………………………… 218
  8.2 政策性启示 ………………………………………… 220
参考文献 ……………………………………………………………… 224

1 导　　论

1.1　研究背景与意义

公平和效率不仅是人类社会追求的两大永恒目标，同时也是衡量社会发展的重要尺度。改革开放以来，在市场化改革不断深化、居民收入差距日趋扩大的背景下，公平[①]的内涵及其与经济效率之间的关系已然成为经济理论界的研究热点。

党的十一届三中全会以来，我国经济在改革开放的大背景下维持了三十余年的高速增长期，居民生活水平大幅提高，然而居民收入差距问题也日益严峻，引起政府部门的高度关注。党的十四大首次提出"兼顾公平与效率"，并在随后的十四届三中全会中将其修改为"效率优先，兼顾公平"；党的十六大报告进一步强调公平正义的重要性，并提出以司法保障作为实现社会公平正义的重要途径。上述论断作为重要的指导思想，引导我国收入分配制度改革不断向实现社会公平正义的方向迈进。中共十六届六中全会则要求以"促进社会公平正义"为着力点构建社会主义和谐社会。2007年党的十七大报告中，"公平正义"出现频率骤增，提出要在提高人民生活水平的同时，不断深化收入分配制度改革，积极构建公平、正义、和谐的社会主义社会。党的十八大报告指出和谐稳定是社会发展的必要前提，主张建立完善的社会公平保障制度，促进权利公平、规则公平和机会公平，切实实现社会公平正义。党的十九大报告提出要在发展中补齐民生短板、促进社会公平正义；让改革发展成果更多更公平惠及全体人民，努力实现更高质量、更有效率、更加公平、更可持续的发展。我国收入分配制度的改革，旨在协调公平与效率之间的关系，以期进一步完善社会主义市场经济、构建具有中国特色

---

① 本书中，"公平"主要指分配公平。

的社会主义和谐社会。

对于公平与效率之间的关系，理论界观点各异，大体可分为四种：第一是对立论，即认为效率和公平无法兼容，顾此必然失彼；第二是统一论，即认为二者之间存在互补关系，相辅相成、互相促进，在提高效率的同时可以促进社会公平，反之亦然；第三是对立统一论，依据辩证法的基本原理，二者属于矛盾统一体，既有相互促进、相互依赖的一面，又有互相排斥、互相对立的一面；第四是立体论，该理论强调效率与公平的内涵及相互之间的关系依不同的背景条件而有所差异（宋圭武，2013）。总之，在理论界公平与效率之间的关系非常复杂，争论也颇多，出现这种现状的重要原因之一是学者们对"公平"含义的理解存在差异。

关于公平的含义，学界进行了长期的讨论，各种界定不一而足。概言之，可分为多维公平论、主观公平论、结果公平论、机会公平论、规则公平论等主要观点（曾国安等，2009）。持不同公平观点的学者对公平与效率之间关系的理解必然存在差异。

Roemer（1993）将收入不平等按照来源不同分解为努力不平等和机会不平等，前者取决于个人的努力程度差异，后者取决于家庭背景和社会制度等个人不可控制的环境因素（Roemer, 1993、1998）。在这两种类型的不平等当中，机会不平等因与社会正义原则相悖，无法被人们所认可并被认为是不公平的；而努力不平等则相反，能够被人们所接受（刘华和徐建斌，2014）。自此，以机会（不）平等程度来测度公平已得到许多学者的认可，显然，此处的机会（不）平等包含上述的机会公平论和规则公平论。经济学者厉以宁（1997）亦主张应将公平理解为人人拥有均等的获取财富的机会，而收入分配均等化的思想并不可取。

如果以机会平等衡量公平，则公平与效率在相当程度上应具有统一性而非对立性。一方面，效率是公平的物质基础，公平的实现有赖于效率的提高（程恩富，2005）；另一方面，公平是保障效率的必要条件，因为收入分配公平与否将会直接影响个体的劳动积极性，甚至影响社会稳定（宋圭武，2013）。

对于公平与效率之间的互补关系，尤其是分配公平对经济效率的促进作用，现有的解释机制主要有两种：其一，是人力资本错配机制，认为以家庭经济背景为特征的机会不平等结合借贷约束所导致的人力资本错配将对经济的长期增长产生不利影响。Marrero 和 Rodriguez（2013）对该机制进行了详细说明，并采用美国州一级的面板数据进行实证检验。其二，部分学者强调收入分配不公平会降低劳动者的积极性，不利于维持和谐稳定的社会环境，并最终会对宏观经济效率造成损害（王海明，2001；曾国安等，2009）。

显然，两种解释机制都具有一定的合理性，但第二种解释机制并不完善，因为除了劳动积极性和社会稳定因素之外，分配公平还可能通过社会信任、社会协作、社会流动预期、居民幸福感等社会资本渠道对经济效率产生影响，而且据笔者所知，截至目前并不存在对第二种解释机制进行系统研究的实证文献，而这正是本研究的主要突破点。

关于社会资本在经济发展中所起到的重要作用已得到学界的广泛认同。一方面，分配是否公平将直接影响个体的劳动积极性，进而作用于经济效率。另一方面，在福山（2001）看来，信任有助于群体之间建立合作关系，在市场交换经济中起到润滑作用，从而减少整个社会的交易费用。群体成员之间的信任关系能够代替一些政府无法供给的正式制度，提高信息的扩散效率，降低企业内部的委托代理费用，进而提高企业生产效率。作为文化的重要组成部分之一，信任对整个社会的经济运行效率产生重要影响。例如，Nooteboom（2002）、Fukuyama（1995）研究表明，信任能够降低交易中存在的不确定性，在信任度较高的社会体系中，成员之间相互合作、互相交易的可能性更高。稳定和谐的经济环境是一个社会得以正常运行的必要条件，而且，犯罪行为本身也会导致不必要的资源浪费。社会流动预期作为一种重要的心理因素，可以对人们当前的经济行为产生一定的反馈调节作用，从而对经济效率产生影响。居民幸福感对于改善人际关系，提高就业积极性等均具有重要意义。

本书试图从社会资本（包括社会公平感、社会信任、社会稳定、社会流动预期以及居民幸福感等）的角度，分析收入不平等的不同构成成分（即机会不平等和努力不平等）对经济效率的影响，并利用中国的相关数据进行实证检验。

本书的研究意义可总结为如下三点：第一，系统分析了分配公平作用于经济效率的社会资本传导机制，并首次对其进行实证检验，这对于深入理解公平与效率之间的关系具有重要的理论指导意义；第二，本书以社会资本为切入点，深入探讨了机会不平等和努力不平等对经济效率的异质性影响，丰富了国内外关于机会不平等相关领域研究的理论和经验成果；第三，本书基于中国数据，验证了机会不平等以及与之相关的社会资本在我国经济增长方式转变过程中的重要影响，这对于我国现阶段的收入分配制度改革具有十分重要的理论借鉴意义。

1.2 研究目标

总体研究目标：尽管已有大量文献集中于机会不平等的指标测度及比较，但关于机会不平等对经济效率的影响效果和作用机理的研究仍十分匮乏，对我国收入分配机会不平等生成机制的研究亦不多见。因此，本书的总体研究目标为：从理论上分析并实证检验收入不平等的不同构成成分（即机会不平等和努力不平等）对经济效率的异质性影响，并且深化对其作用机制的认识，从而为实现我国收入分配与经济创新增长之间的长期协调发展提供理论借鉴。

具体研究目标如下：

（1）从结构分解的视角分析并实证检验收入不平等的不同构成成分（即机会不平等和努力不平等）对经济效率（包含技术创新和技术效率两个方面）的异质性影响，揭示不同性质来源的收入不平等成分对经济效率的异质性作用效果。

（2）分析并实证检验机会不平等作用于经济效率的社会资本传导机制，并将其与努力不平等的作用效果进行对比，厘清机会不平等影响经济效率的作用机制。

（3）从影响因素、生成机制等方面探究我国收入分配机会不平等的成因。

（4）以机会平等为目标导向，重新评估我国个人所得税与转移支付政策的合理性和有效性，并据此提出政策优化方案。

1.3 研究框架

本书尝试从结构分解视角分析收入不平等的不同构成成分（即机会不平等和努力不平等）对经济效率的异质性影响，并进一步研究机会不平等作用于经济效率的社会资本传导机制，从而为实现新时代背景下我国经济的长期协调发展提供理论参考和决策支持。研究框架包括如下五个部分（研究框架如图 1-1 所示）：

（1）从结构分解视角分析并实证检验收入不平等对经济效率的影响。基于 Roemer（1998）、Lefranc（2009）、Ferreira 和 Gignoux（2011）等学者提出的机会平等理论分析框架，综合利用中国综合社会调查（CGSS）数据、省市面板数据及中国创新指数数据，从结构分解的视角探讨收入不平等的不同构成成分（即机会不平等和努力不平等）对经济效率（包含技术创新和技术效率两个方面）的异质性影响。

根据相关研究成果（Roemer, 1998; Marrero and Rodriguez, 2012），机会不平等指由环境因素（如家庭背景、制度环境、性别等）引致的收入不平等部分，努力不平等指由个体努力因素（如个体学习或工作的努力程度等）决定的收入不平等部分。

现代经济理论认为，要素投入和生产效率的提高是经济增长的两大动力来源。本研究中，经济效率等同于生产效率，在内涵上包括技术进步和技术效率的改善两个方面。其中，技术进步是技术不断发展、完善和新技术不断代替旧技术的过程。技术进步以科技创新为核心动力源，能够拓展生产可能性曲线的边界。技术效率的改善尽管无法影响生产可能性曲线的形状，但却能够促使实际产出量向生产可能性边界趋近，提高要素利用率（吴晓芹和倪庆东，2013）。

（2）研究机会不平等和努力不平等影响经济效率的社会资本传导机制。基于"社会资本"的内涵界定，从社会公平感、社会信任、社会稳定、社会流动预期以及居民主观幸福感五个维度分析并实证检验了机会不平等作用于经济效率的社会资本传导机制，并将其与努力不平等的作用效果进行对比。具体分为两部分：其一是采用计量经济学方法分别检验机会不平等和努力不平等对社会资本上述五个维度变量的影响性

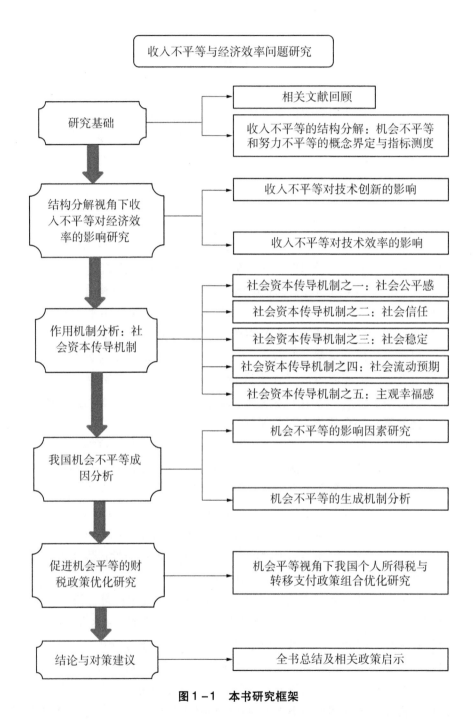

图1-1 本书研究框架

质和显著性；其二是采用 Sobel-Goodman 中介效应检验法检验机会不平等作用于经济效率的社会资本传导机制，并将其与努力不平等的检验结果进行对比。

社会资本传导机制的核心是机会不平等通过影响社会资本进而作用于经济效率，而努力不平等对社会资本的影响则并不显著。虽然不同的学者对社会资本的定义存在一定的差异，但核心内涵是一致的，均将社会资本视为存在于社会体系之中的、与人力资本和物质资本相独立的一种生产要素（陈柳钦，2007）。本研究中的"社会资本"包括五个方面的要素：第一，社会公平感，社会公平感不仅会直接影响劳动者的积极性，还会对社会信任和社会协作关系产生作用，并最终影响经济效率；第二，社会信任，社会信任有助于群体之间建立合作关系，在市场交换经济中起到润滑作用，从而减少整个社会的交易成本，提高经济效率；第三，社会稳定，社会和谐稳定是任何一个国家经济快速、持续发展的必要条件；第四，社会流动预期，其作为一种重要的心理因素，可以对人们当前的经济行为产生一定的反馈调节作用，欧阳英（2005）甚至将人类的心理预期以及对预期的追寻视为社会进步的主观解释因素，与作为客观解释因素的生产率处于同等重要的地位；第五，居民幸福感，有研究表明，幸福感的提升有助于改善人际关系、提高个体工作努力程度以及就业积极性，因而对经济增长具有一定的积极意义。

（3）分析我国收入分配机会不平等的成因。鉴于对经济效率产生负面影响的主要是机会不平等而非努力不平等成分，该部分细致探究我国收入分配机会不平等的成因。具体内容包含：收入分配机会不平等的影响因素分析、我国居民收入分配机会不平等的生成机制分析。

（4）以机会平等为目标导向，重新评估我国个人所得税与转移支付政策的合理性和有效性，并据此提出政策优化方案。

（5）根据上述研究结论，提出新时代背景下实现我国经济长期协调发展的若干政策建议。

1.4　具体研究内容

第一章是导论。基于对现有文献的分析，提出本书将要研究的问题，进而阐述本书的研究思路、研究内容，以及可能的创新和不足之处。

第二章是文献回顾。对相关理论的发展脉络进行梳理，包括收入不平等的结构分解理论、机会不平等和努力不平等内涵界定的发展历程、机会不平等的测度方法以及相关实证应用等，并对其进行简要评述。

第三章为机会不平等和努力不平等的概念界定和指标测度。基于收入不平等结构分解相关理论研究成果，明确机会不平等和努力不平等的概念界定，并利用中国微观调查数据进行指标测度，从而为后续研究奠定基础。

第四章从技术创新和技术效率两个维度分析并实证检验收入不平等的不同构成成分对经济效率的异质性影响。

第五章从社会公平感、社会信任、社会稳定、社会流动预期以及主观幸福感五个方面分析并实证检验机会不平等影响经济效率的社会资本传导机制，并将其与努力不平等的作用效果进行对比。

第六章在明确机会不平等和努力不平等异质性经济效应的基础上，重点探究我国居民收入分配机会不平等的成因。

第七章在机会平等视角下提出我国个人所得税与转移支付政策组合的优化设计方案。

第八章是全书总结。归纳总结各章节的主要研究结论，并提出相应的政策建议和未来进一步的研究方向。

1.5　研究思路和技术路线

本书的研究思路和技术路线图如图 1-2 所示。

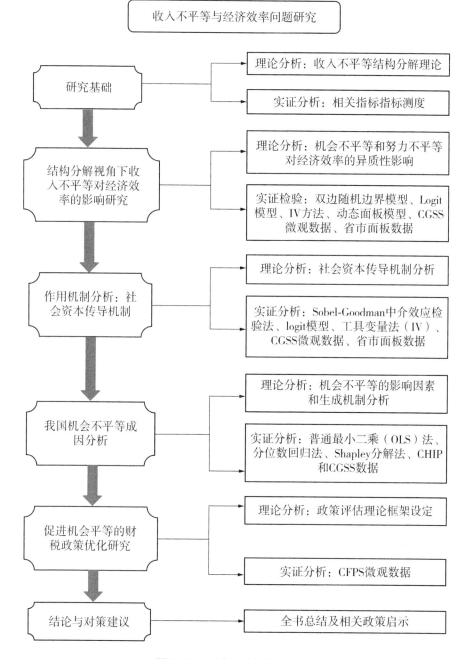

图1-2 研究思路和技术路线

1.6 可能的创新和不足之处

目前收入分配的研究焦点已逐渐由收入不平等转向机会不平等,然而,现有关于机会不平等的研究多集中于指标测度及比较,关于机会不平等对经济效率的影响效果和作用机理的研究十分匮乏,对我国收入分配机会不平等生成机制的研究亦不多见,因而无法为实现我国收入分配与创新增长之间的长期协调发展提供更为明确的理论指导。本项目研究欲弥补这一不足之处,立足机会不平等领域研究前沿,具有一定的开创性和引领性。

具体而言,本书的特色和创新之处主要体现为如下四点(创新示意图如图1-3所示):

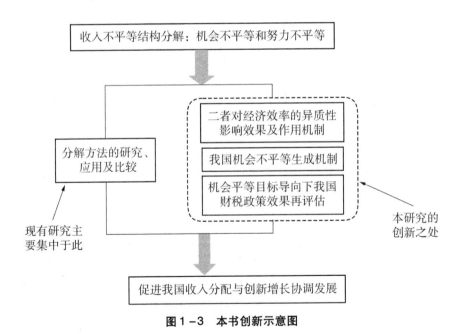

图1-3 本书创新示意图

第一,本书基于 Roemer(1998)提出的机会平等理论,从结构分解视角研究收入不平等的不同构成成分对经济效率的异质性影响,并首次从技术创新和技术效率两个维度分析并实证检验机会不平等和努力不平等对经济效率的不同作用效果，不仅为将收入分配领域的研究重心由收入不平等转向机会不平等提供了更为充分的经验佐证，而且拓展了机会不平等领域的研究前沿。

第二，本研究基于机会不平等的内涵界定，首次提出机会不平等作用于经济效率的"社会资本传导机制"，并将其与努力不平等的作用效果进行对比，用以解释机会不平等和努力不平等对经济效率的异质性作用效果。同时，本书尝试从社会公平感、社会信任、社会稳定、社会流动预期以及主观幸福感五个维度实证检验"社会资本传导机制"的存在性，有助于深入理解收入分配与经济效率之间的联系机制。

第三，本研究从影响因素、生成机制等方面深入研究了我国居民收入分配机会不平等的成因，是对现有关于机会不平等理论和实证研究的有益补充。

第四，基于 Roemer 等（2003）提出的理论评估框架以及 Groot 等（2019）的应用研究成果，本研究首次利用多轮微观调查数据，在机会平等视角下对我国个人所得税和转移支付政策的有效性进行了定量评估，并据此提出缓解我国收入分配机会不平等问题的相关政策建议。

其中，第一、二点创新具有原创性，第三、四点创新则是基于已有研究理论或方法的应用创新。

可能的不足之处主要有以下三点：

第一，限于数据的可获得性，本书重点探讨了机会不平等和努力不平等对经济效率的中短期影响，而并未分析其长期作用效果。

第二，对于实证分析中普遍存在的内生性问题，本书虽然尽量寻求有效的工具变量予以处理，但难免存在不完善之处。

第三，本书探究了机会不平等作用于经济效率的社会资本传导渠道，但却无法排除可能存在其他的短期作用机制。而且，在"机会不平等—社会资本—经济效率"的逻辑链条中，本书实证检验了"机会不平等—社会资本"环节，以及"机会不平等—经济效率"环节，但考虑到研究数据的局限性，以及现有文献中关于社会资本影响经济效率的研究成果较为丰富，且结论并无太大争议，因此，本书并未对"社会资本—经济效率"环节进行严格的实证检验，仅引用相关文献证据予以佐证。

2 文献回顾与述评

2.1 相关概念界定

2.1.1 机会不平等和努力不平等

机会不平等和努力不平等本质上属于收入不平等按照来源因素性质进行划分的两种不同构成成分。

对机会不平等的内涵进行界定是其相关理论研究的起点,传统的社会选择理论将机会平等定义为个体效用或者福利的均等。然而这种界定遭到许多学者的诟病,原因在于:第一,十分抽象,不便于量化研究;第二,未考虑到个体在自身偏好、选择权利等方面的问题(吕光明等,2014)。Rawls(1971)首次尝试在机会集中引入个体责任概念,目的是为了构建一种全新的机会平等概念,以便将个体选择和努力因素纳入其中,随后,Dworkin(1981a,1981b)将这一研究思路系统化。Roemer(1993,1998,2003)在 Dworkin(1981)、Cohen(1989)、Arneson(1989,1990)等人的研究基础上,对机会平等作出了更为明晰的阐述:关于影响个体收入分配结果的因素,按照来源性质的不同可分解为努力因素和环境因素;其中,努力因素是指个体应当为其负责的因素,而环境因素则是指超出个体控制范围,因而无须为之承担责任的因素。根据这一划分思路,Roemer(1998)将由"环境因素"导致的收入不平等定义为"机会不平等";Marrero 和 Rodriguez(2012)则将由"努力因素"引起的收入不平等定义为"努力不平等"。"机会不平等"和"努力不平等"的上述界定已获得学界的广泛接受与沿用(Brunori,2015)。尽管 Lefranc 等(2009)通过加入运气因素,构建了"环境—努力—运气"三元因素分析框架,但在处理时,往往将运气纳入努力或者环境因素之中,故这种三元分析框架与 Roemer 的二元分析框架并无本质区别。因此，对于机会不平等和努力不平等的含义界定，本书遵循 Roemer（1998）、Marrero 和 Rodriguez（2012）的定义。

根据现有文献，不平等所指向的标的（objective or advantage）包括财富、健康、教育、收入、福利等（Roemer，2011；Carrieri and Jones，2016；Gamboa and Waltenberg，2011）。但大多数研究均以收入作为标的，即分析收入分配的不平等，原因在于：一方面，收入测度具有较好的客观性和数据可获得性；另一方面，收入既是健康、教育等指标所引致的结果，同时也是实现财富、健康以及福利等指标的基础，因此具有较好的代表性。在本书中，机会不平等和努力不平等均指收入分配的不平等。

2.1.2 经济效率

现代经济理论认为，要素投入和生产效率的提高是经济增长的两大动力来源。本书中，经济效率等同于生产效率，在内涵上包括技术创新和技术效率的改善两个方面。其中，技术创新是技术不断发展、完善和新技术不断代替旧技术的过程。技术创新以科技创新为核心动力源，能够拓展生产可能性曲线的边界。技术效率的改善尽管无法影响生产可能性曲线的形状，但却能够促使实际产出量向生产可能性边界趋近，提高要素利用率（吴晓芹和倪庆东，2013）。Farrell（1957）第一次从要素投入的视角对技术效率进行定义：在保持市场价格、生产技术等条件不变的情形下，为生产特定数量的产品，理论上所需消耗的最小成本占企业实际消耗成本的比例。与 Farrell 不同，Leibenstein（1966）从产出的视角界定技术效率，即在要素投入规模、结构及市场价格等保持不变的条件下，企业实际产出量与理论上所能够达到的最大产出水平之比。由此可见，技术效率指实际产出值和理论最优值的比值。本书遵循 Farrell（1957）对技术效率的定义，并采用面板随机前沿模型（Stochastic Frontier Analysis，SFA）对我国省级层面的技术效率进行估计[①]。

[①] 现有文献中，对技术效率的估计包括企业层面和区域（省级或市级）层面，本书的关注点是后者。

2.1.3 社会资本

对于"社会资本"的概念界定，目前在学界并未形成一致意见。经济学家 Glenn Loury（1977）最早提出社会资本的概念，但并未对其进行系统研究，也未引起学界的重视。法国社会学家 Bourdieu 首次对社会资本进行系统分析，在其看来，关系网络能够向集体成员提供公共资本或公共资源，是社会资本存在的基本形式（Bourdieu，1986）。之后，许多学者对于社会资本都有各自不同的表述。Fukuyama（2001）认为集体成员间的信任是社会资本的重要方面之一，其对于社会经济发展具有重要影响；Putnam 等（2000）将社会资本定义为"信任、规范和社会网络"；Durlauf 和 Fafchamps（2005）认为社会资本具有"信息共享、群体认同以及团队合作"等基本特征。

虽然不同的学者对社会资本的定义存在一定的差异，但核心内涵是一致的，都将社会资本视为存在于社会体系之中的、与人力资本和物质资本相独立的一种生产要素（陈柳钦，2007）。本书中的"社会资本"包括五个方面的要素：第一，社会公平感，社会公平感不仅会直接影响劳动者的积极性，还会对社会信任和社会协作关系产生作用，并最终影响经济效率；第二，社会信任，社会信任有助于群体之间建立合作关系，在市场交换经济中起到润滑作用，从而减少整个社会的交易费用。群体成员之间的信任关系能够代替一些政府无法供给的正式制度，提高信息的扩散效率，降低企业内部的委托代理费用，进而提高企业生产效率；第三，社会稳定，社会和谐稳定是任何一个国家经济快速、持续发展的必要条件；第四，社会流动预期，社会流动预期作为一种重要的心理因素，可以对人们当前的经济行为产生一定的反馈调节作用，欧阳英（2005）甚至将人类的心理预期以及对预期的追寻视为社会进步的主观解释因素，与作为客观解释因素的生产率处于同等重要的地位，因此社会流动预期对经济效率的影响与社会公平感、社会信任度以及社会稳定等有类似之处；第五，居民幸福感，有研究表明，幸福感的提升有助于改善人际关系、提高个体工作的努力程度以及就业积极性（Frank，1999；李树和陈刚，2015），因而对经济增长具有一定的积极意义。

2.2 关于收入不平等结构分解的相关文献

在传统的社会选择理论中，平等主要是指福利或效用的平等，也就是强调结果的平等。然而，这种平等观念受到许多学者的批评和质疑，因为它无法要求人们为自己的偏好和选择承担责任，缺乏道德上的合理性（ethically desirable）。Rawls（1971）尝试将个人责任引入平等的概念当中，以便获得道德评价的合宜性。自此，学者们对平等的研究开始由结果平等转向机会平等。

Rawls（1971）在其1971年出版的巨著《正义论》中提出了基本物品（primary goods）这一概念，基本物品指的是个体在实现所有理性的人生规划时所需要的有价值的事物。Rawls认为，应当用个人实现自身人生规划的程度来刻度福利，而人生规划的实现一方面取决于必需的基本条件（即基本物品），另一方面也和个人对其人生规划的选择有关。后者完全取决于个体自身，与他人或者社会无关；而前者则不同，因为作为实现人生规划的投入品，基本物品很大程度上并不取决于个体的选择，而是与生俱来的。因此，平等化不同个体的基本物品束（primary-goods bundles）具有重要的公平含义。

可见，Rawls的理论暗含着应当建立一种促使个人责任之外的分配结果达到平等化的直觉。Dworkin（1981a，1981b）则进一步将这种直觉具体化和清晰化。Dworkin首次对个体的资源与偏好进行区分，并且认为，应该用"资源平等"取代"福利平等"；这里的"资源"指的是个体与生俱来而无须为此承担责任的物质环境和生物特性（包括家庭背景、智力、基因等）。因此，Dworkin对机会平等内涵的界定是基于偏好和资源二元因素的划分。

Arneson（1989）和Cohen（1989）的观点可视为对Dworkin的批评和修正。Arneson承认Dworkin对于责任的强调具有重要意义，但"平等化"的对象不应该是"资源"而应该是"获取福利的机会"（opportunities for welfare）；Cohen也认为正确的道德分界点不应该在偏好和资源之间，因为人们无须为基于劣势环境而形成的偏好承担责任。因此，问题的关键在于人们是否应该为某种影响结果的因素承担责任。

Roemer（1993，1998，2003）将 Cohen 的建议模型化，认为决定收入分配结果的因素包含努力因素与环境因素，其中，环境因素指不受个体自身掌控故不必为其担负责任的部分，努力因素则是指个人应当为其承担责任的部分。Roemer 这种基于环境和努力二元因素的划分进一步明确了责任在机会平等内涵界定中的重要地位。据此，Roemer（1998）将由"环境因素"导致的收入不平等定义为"机会不平等"，Marrero 和 Rodriguez（2012）则将由"努力因素"引起的收入不平等定义为"努力不平等"。

然而，决定收入分配结果的因素多种多样，并不能简单地划分为环境和努力两大类。换言之，假定社会认可某个给定的努力因素集，也无法确保所有的剩余因素都可归结为环境因素集。为此，Lefranc 等（2009）在努力因素与环境因素之外，引入第三类因素——运气，并且在充分阐明运气在决定收入分配结果中的特殊作用的基础之上，构建了努力、环境与运气三元分析框架。其中，环境包含了被视为不平等非合理来源的部分因素；努力包含了可以被视为不平等合理来源的确定成分；而运气则包含了可视为不平等合理来源的随机因素，在保持环境因素与努力因素不变的条件下，该随机因素以中性方式作用于分配结果。考虑到运气的中性性质，Lefranc 等（2009）的三元因素分析框架本质上可以视为环境—努力二元分析框架的一个应用。

2.3 关于机会不平等和努力不平等定量测度的相关文献

现有关于收入分配的研究重心集中于机会不平等，因此相关研究也多以测度机会不平等为主，并且在某些测度方法中，努力不平等可直接计算为总的收入不平等减去机会不平等的余项。因此，对收入不平等测度方法的梳理主要集中于机会不平等。

对机会不平等测度方法的选择和应用取决于我们所要实现的具体目标。如果仅仅想探测是否存在机会不平等或者希望对结果分布进行排序，则随机占优的方法是比较好的选择（Lefranc et al.，2008 等）；如果想对导致结果不平等的三种来源（环境、努力和运气）进行分解，则需进行定量测度，具体的测度方法可主要分为两大类：一类是 Ferreira 和 Menendez（2007）提出的参数方法，通过回归方程测算；另一类是 Checchi 和 Peragine（2010）提出的非参数方法，以环境类型作为分组依据，将总的不平等分解为组内不平等和组间不平等。

一般而言，在数据集丰富的条件下（可同时观测到环境变量和努力变量的信息），通常采用参数分析方法，而在数据集贫乏（仅能观测到环境变量的信息）的条件下通常采用非参数分析方法（Roemer and Trannoy，2015）。然而，无论是何种方法都会受到遗漏变量的困扰，Ferreira 和 Gignoux（2011）经过严格的数学推导得出结论：在存在遗漏变量的条件下，采用参数或者非参数方法所得到的机会不平等测度都是真实机会不平等测度的下限。截至目前，国内外均有不少学者利用各种类型的数据集对机会不平等进行过测度研究。

2.3.1 国外测度机会不平等和努力不平等的实证研究

吕光明等（2014）在梳理国外机会不平等相关文献的基础之上，将机会不平等的测度方法归纳为四类：一是直接测度法，即通过构造不包含努力因素的反事实收入分布，直接计算机会不平等程度；二是间接测度法，即将实际的收入分配不平等与假设不存在机会不平等时的反事实收入分配不平等进行对比来计算机会不平等程度；三是随机占优法，即通过考察累积收入分布间是否存在一阶随机占优关系来检验机会不平等的存在与否；四是基准测度法，即设定基准的公平收入，并测度个体实际收入与其基准公平收入之间的偏离度，以此作为机会不平等的测度指标。

（1）直接测度法。Cogneau 和 Somps（2008）通过构建组内平均收入直接测度比较了非洲五国的机会不平等程度。Pistolesi（2009）采用半参数密度方法估算 1968—2001 年间美国的事后机会不平等，结果表明机会不平等的绝对值在总收入不平等中所占比例为 20%～28%。Lefranc 等（2008）采用非参数方法测度并比较 1991 年前后西方九国部分家庭收入的机会不平等状况，结果显示，机会不平等和收入不平等的相关系数仅为 0.675。Ferreira 和 Gignoux（2011）则同时采用参数方法和非参数方法估计了拉美六国的机会不平等情况，用两种方法估计得到的结果类似，机会不平等的绝对值占到总收入不平等的 25%～50%。最新研究还包括 Caroline 和 Halimat（2018）、Toshiaki（2019）等。

（2）间接测度法。Sapata（2012）以均等化的环境构建反事实收入对巴西的事前机会不平等程度进行定量测算，结果表明机会不平等的基尼系数与泰尔指数依次为 0.015 与 0.011，分别占总收入不平等的 6.5% 和 12.4%。Pistolesi（2009）采用平均对数离差（MLD）指标对美国的机会不平等状况进行研究后发现，美国 1968—2001 年间的机会不平等在总收入不平等中占比为 31%～41%。Checchi 和 Peragine（2010）采用同样的方法测度了意大利 1993—2000 年事前和事后机会不平等状况。最新研究还包括 Sanoussi（2018）、Palomino 等（2019）等。

Bourguignon 等（2007）在假设环境和努力变量相关的条件下，间接测度巴西的事后机会不平等，结果发现，努力因素能够解释总收入不平等的 75%，余下 25% 可归因于环境因素，其中家庭背景是最重要的环境因素。Bjorklund 等（2012）采用参数方法对 1955—1967 年间瑞典的事前机会不平等状况进行估算，发现机会不平等在总收入不平等中占比为 30%。

（3）随机占优法。Lefranc 等（2008）采用随机占优法对西方九国的机会不平等程度进行对比。Lefranc 等（2009）运用类似的方法进行研究后发现，法国在 1979—2000 年间的机会不平等较为显著。O'Neill 等（2000）采用核密度估计方法得到连续环境变量条件下随机占优的条件分布，并以其描绘给定美国父母收入条件下子女收入的机会集，结果表明，当父母收入位于第 25 和第 75 百分位时，其子女能够获得高于平均收入水平的劳动收入的概率分别为 70% 和 40%。Nilsson（2005）采用类似的方法对瑞典的机会不平等情况进行了实证研究。

（4）基准测度法。Devooght（2008）将平等主义的均等分配作为基准收入，发现 1997 年比利时的机会不平等在总收入不平等中占比 90%～97.5%。Almas 等（2011）按照广义比例分配设定基准收入，对 1986—2005 年间挪威的收入不平等情况进行研究后发现，机会不平等大约为 0.152，占收入不平等的比例为 75%。Sapata（2012）运用同样的方法比较分析法国地区间的机会不平等情况，发现不同地区的机会不平等程度差异较大。

2.3.2 国内测度机会不平等和努力不平等的实证研究

李春玲（2014）利用 2006 年、2008 年和 2011 年中国综合社会调查（CGSS）数据，将大学生家庭背景与社会结构变化进行对比后发现，我国 80 后教育存在机会不平等，父母的城乡户口、职业、教育程度等因素对子女的教育状况产生明显影响。陈东和黄旭锋（2015）利用 1989—2009 年中国健康与营养调查（CHNS）数据，实证检验了机会不平等对收入不平等的贡献度，发现家庭可支配收入、父亲职业类型、出生地和户籍均对子女收入产生了显著影响，并且机会不平等占收入不平等的比重平均达到 54.61%。刘波等（2015）采用三种不同的指标，利用 2008 年和 2010 年的中国综合社会调查（CGSS）数据研究发现机会不平等能够在相当程度上解释我国近年来较为严重的收入差距。江求川等（2014）结合中国综合社会调查（CGSS）和中国健康与营养调查（CHNS）数据研究发现，我国城市居民的机会不平等程度近年来不断上升，且上升速度快于收入不平等，此外由家庭背景因素导致的机会不平等占总收入不平等的比重不断上升。最新相关研究还包括邹薇和马占利（2019）、刘波等（2020）、张楠等（2020）等。总体而言，国内相关研究多发现机会不平等在我国收入不平等中所占比重较高（雷欣等，2018；史新杰等，2018；李莹、吕光明，2019）。

2.4 关于机会不平等和努力不平等实证应用的相关文献

2.4.1 机会不平等与公平认知

许多学者发现，人们对由努力因素与环境因素引致的收入不平等所秉持的公平认知信念差异十分明显。Konow（1996，2001）的研究结果表明，人们普遍认为由个人可控因素导致的不平等较为公平，而由不可控因素导致的不平等则不然。Schokkaert 和 Devooght（2003）在对比利时、布基纳法索和印度尼西亚进行问卷分析后发现，人们认为由某些因素引起的不平等是合理的，因而拒绝绝对平等的完全补偿政策。Alesina

和 Angeletos（2005）利用世界价值观调查数据研究发现，相对于由努力因素引起的收入不平等，人们更加倾向于认为由出身和社会关系因素引起的收入不平等是不公平的，具体而言，当人们认为个人努力在收入分配过程中起决定性作用时，将更加支持政府的低再分配和税收政策；反之，若人们认为家庭背景因素在收入分配过程中发挥主要作用时，将更加支持高再分配和税收政策。

除了调查研究，一些学者还采取实验的方法考察人们对由不同因素导致的收入分配差距的公平认知态度。Cappelen 等（2007）通过投资实验模拟收入分配状况：不同的个体具有差异化的投资额与投资回报率，在保持投资回报率随机分配的条件下，允许个体自由选择投资额；结果发现，责任平均主义者与绝对平均主义者各占比约40%，而剩下的20%则是无须进行收入再分配的自由主义者。Almas 等（2010）采取相似的实验策略分析收入分配公平认知态度在不同年级学生间的差异性，结果显示，大约33%的五年级男生为自由主义者，剩余则为平等主义者；然而，伴随年龄的增大，越来越多的学生对机会平等赋予更高的权重。

2.4.2 机会不平等、努力不平等与经济增长

关于收入分配影响创新增长的早期研究多认为收入分配差距会通过抑制人力资本和物质资本积累进而对创新增长产生不利影响（Alesina and Rodrik，1994；Benabou，1996；Benhabib and Rustichini，1996；De la Croix and Doepke，2004 等）。也有学者发现收入分配差距会通过影响需求规模和需求结构进而对创新活动产生非常复杂的影响（Kaplinsky et al.，2009；Caiani et al.，2018；安同良、千慧雄，2014；程文、张建华，2018 等）。然而，新近研究则表明收入不平等的不同构成成分对创新增长具有异质性影响。

世界银行的《世界发展报告 2006》指出，由环境因素导致的收入分配不平等（即机会不平等）将会抑制人力资本的积累从而不利于经济增长，而可归因于个人责任因素的收入不平等（即努力不平等）则能够促进人力资本投资。Marrero 和 Rodriguez（2013）基于美国 26 个州收入调查的动态面板数据进行研究，结果表明努力不平等能促进经济增

长，而机会不平等则与经济增长负相关，收入不平等对经济增长的总影响取决于这两种作用成分的相对大小。Mitra（2014）利用101个国家的非平衡面板数据研究了由性别因素导致的不平等对经济增长的影响。

国内关于机会不平等和努力不平等的相关研究较少，而且主要集中于我国机会不平等的经验测度，只有少数学者对引起我国机会不平等的原因以及机会不平等和努力不平等对经济效率产生的异质性影响进行了一定程度的研究。孙三百（2014）利用中国综合社会调查（CGSS）数据研究发现，我国机会不平等占到总收入不平等的40%左右，并且发现劳动力流动对于降低机会不平等的重要作用，主张通过移民空间优化来实现居民福利的帕累托改进。潘春阳（2011）同样采用中国综合社会调查（CGSS）数据，研究发现，我国机会不平等占收入不平等的18.7%左右，并且机会不平等是导致中国居民幸福感下降的重要因素，此外，还从理论上论证了中国的财政分权制度、城市倾向的经济制度和当前不完善的市场经济体制是导致中国社会机会不平等的重要制度根源。张影强（2010）采用中国健康与营养调查（CHNS）数据研究发现机会不平等是造成我国收入差距的重要来源，而且从理论上阐述了机会不平等与经济增长之间的关系。雷欣等（2017）基于中国微观数据的研究结果表明，努力不平等显著促进经济增长，而机会不平等则对经济增长产生显著的不利影响。最新研究成果还包括Gallardo等（2017）、Ederos等（2018）、石大千（2018）、孙早和刘李华（2019）等，所得结论与雷欣等（2017）基本一致，均认为不同因素导致的收入不平等对社会经济的影响效果存在显著差异，并倾向于机会不平等对社会经济发展具有更为显著的负面影响。

2.5 文献评述

综观上述文献可以发现，关于机会不平等和努力不平等定量测度的相关理论发展迅速，不同的测度方法各有特定的适用范围和优劣之处，且与之相关的实证研究成果也较为丰富，许多学者利用不同的国别数据对机会不平等和努力不平等程度进行定量测度，并做纵向或横向比较分析。然而，关于收入不平等不同构成成分的经济效应及其影响因素的研究却才刚刚起步，国外仅有极少数关于收入不平等不同构成成分影响经济增长的相关研究成果（Marrero and Rodriguez, 2013；Mitra, 2014；Gallardo et al., 2017），其中 Marrero 和 Rodriguez（2013）利用美国州一级的面板数据验证了机会不平等和努力不平等对经济增长的异质性影响，并采用"人力资本错配"理论解释机会不平等对经济增长的负面作用。国内学者雷欣等（2017）对收入不平等与经济增长之间的关系进行重新检验，所得结论与 Marrero 和 Rodriguez（2013）类似，但对其中的作用机制并未做详细分析。据笔者所知，截至目前并无学者将社会资本纳入机会不平等的研究框架进行系统分析，以此检验机会不平等与经济绩效之间的中短期作用关系。考虑到社会资本（包括社会公平感、社会信任、社会稳定、社会流动预期以及幸福感等）在经济发展中的重要作用（福山，2001；Nooteboom, 2002；Fukuyama, 1995 等），其很可能是机会不平等作用于经济绩效的重要中介传导机制之一，但现有研究却相当不足。而且，少数关于机会不平等与经济增长之间关系的研究多采用经济增长率指标，而忽略了与相关作用机制联系更为紧密和直接的经济效率指标。

近年来，随着我国经济转型升级不断向纵深推进，发展动力机制持续得到优化，创新驱动将取代要素驱动成为经济增长的核心动力源，经济增长效率的重要性日益凸显（丁志国等，2012；陶长琪、彭永樟，2018；申萌等，2019）。在此背景下，针对现有文献的不足之处，本研究尝试利用中国的微观调查数据，以社会资本为切入点，研究收入不平等的不同构成成分（即机会不平等和努力不平等）对经济效率的影响效果与作用机制，并进一步深入分析我国收入分配机会不平等的成因。

3 收入不平等的结构分解：机会不平等和努力不平等的定义与测度

3.1 机会不平等和努力不平等的定义

根据经典的社会选择理论，平等指的是以个体效用或者福利衡量的分配结果的平等，但这一观点遭到大量学者的批判与驳斥，因为它并未要求个体为自身的选择和行为承担相应的责任，因而在道德上并不合宜。延续早期学者的开创性成果（Dworkin，1981；Arneson，1989；Cohen，1989），Roemer（1998）认为，决定个体收入多少的因素可分为"努力因素"和"环境因素"两类，前者表示受个体自主控制并与自身努力程度密切相关的因素（如个体工作或学习的努力程度等），后者则代表个体无力控制且不应当为之承担责任的环境因素（如社会制度、家庭背景等）。根据这一划分思路，Roemer（1998）将由"环境因素"导致的收入不平等定义为"机会不平等"；Marrero 和 Rodriguez（2012）则将由"努力因素"引起的收入不平等定义为"努力不平等"。"机会不平等"和"努力不平等"的上述界定已获得学界的广泛接受与沿用（Brunori，2015）。

根据 Roemer（1998）、Lefranc（2009）等学者对机会不平等的定义，假定运气中性，在给定努力程度的条件下，若不同出身背景的人有不同的未来收入预期，则表明存在机会不平等。简言之，如果将全样本按照家庭背景因素划分为不同的组别，则组别之间的平均结果差异可在一定程度上衡量机会不平等程度。与之对应，组内差异表示同一（家庭）背景条件下的结果差异，可用于衡量努力不平等程度。其严格的数学表述如下：

定义有限个体集 $i \in \{1,2,\cdots,N\}$，个体 i 的特征集 $\{y_i, C_i, e_i\}$，其中 y 表示结果变量（advantage），C 为环境特征向量，e 代表努力水平；

环境向量 C_i 包含 j 个元素（如种族、性别、家庭背景等），其中第 j 个元素取有限值 x_j。依据环境向量可以将人口进行细分，人口类型集 $\prod = \{T_1, T_2, \cdots, T_K\}$，可能的最大类型数量为 $\overline{K} = \prod_{j=1}^{J} x_j$。

令 $G^k(\cdot)$ 表示在环境类型为 k 的条件下，努力水平（e）的累积分布函数，并设定 $\pi = G^k(e)$ 表示努力水平为 e 时的分位数，其代表个体的相对努力水平，该指标使得个体的努力程度在不同的环境类型下具有可比性。

如果机会平等，则在相同的相对努力水平下，不同环境类型的个体应该具有相同的结果水平，即：

$$y^k(\pi) = y^l(\pi), \forall \pi \in [0,1]; \forall T_k, T_l \in \prod \quad (3.1)$$

考虑到在式（3.1）成立的条件下，y 唯一由 π 决定，并且是 π 的单调函数，那么式（3.1）等价于：

$$F^k(y) = F^l(y), \forall l, k \mid T_k, T_l \in \prod \quad (3.2)$$

其中，$F^k(\cdot)$ 表示以环境类型 k 为条件，结果（y）的条件累积分布函数。式（3.2）即 Roemer 对机会平等的"强准则"定义。理论上，可以依据式（3.2）检验机会不平等的存在与否，但这种依赖于随机占优的检验在小样本下难以适用。

另外一种定义机会平等的较弱准则是：不同环境类型的平均结果水平相同。定义 $\mu^k(y) = \int_0^\infty y dF^k(y)$，则机会平等的弱准则为：

$$\mu^k(y) = \mu^l(y), \forall l, k \mid T_k, T_l \in \prod \quad (3.3)$$

机会（不）平等的定义从"强准则"式（3.2）转变到"弱准则"式（3.3）更多的是出于对现实因素的考虑，因为较小的样本规模难以实现对具体类型结果分布函数的精确估计，但计算平均值所需要的条件则相对宽松。

3 收入不平等的结构分解：机会不平等和努力不平等的定义与测度

3.2 机会不平等和努力不平等的测度

3.2.1 测度方法说明

根据式（3.3）可以进一步构建机会不平等的标量测度。定义光滑分布（smoothed distribution）$\{\mu_i^k\}$：

$$\{\mu_i^k\} = (\mu_1^1, \cdots, \mu_{n_1}^1; \cdots, \mu_i^k, \cdots, \mu_N^k) \quad (3.4)$$

其中，满足 $\mu_g^k = \cdots = \mu_i^k = \cdots = \mu_h^k \mid \forall k$，且 $g = 1 + \sum_{i=1}^{k-1} n_i, h = \sum_{i=1}^{k} n_i$，因此 μ_i^k 表示环境类型为 k 的子群体的结果均值，则衡量机会不平等的绝对测度（θ_a）和相对测度（θ_r）分别为：

$$\theta_a = I(\{\mu_i^k\}) \quad (3.5)$$

$$\theta_r = \frac{I(\{\mu_i^k\})}{I(y)} \quad (3.6)$$

其中，$I(\cdot)$ 是满足以下五个性质的不平等指数：对称性（symmetry）、转换性（transfer principle）、规模不变性（scale invariance）、可复制性（population replication）以及分解可加性（additive decomposability）[①]。Shorrocks（1980）和 Foster（1985）证明，满足以上五个基本性质的不平等测度一定属于广义熵类（Generalized Entropy Class）。然而在理论上，对具体参数的不同选择仍然可能导致不同的排序结果。幸运的是，若再加上"路径独立可分解性"（path-independent decomposability axiom）（Foster and Shneyerov, 2000），则可以将衡量机会不平等的两类标量测度（θ_a 和 θ_r）限定为两个唯一的指数：

$$\theta_a = E_0(\{\mu_i^k\}) \quad (3.7)$$

$$\theta_r = \frac{E_0(\{\mu_i^k\})}{E_0(y)} \quad (3.8)$$

其中，$E_0(\{\mu_i^k\}) = \frac{1}{N} \sum_{i=1}^{N} \log \frac{\mu}{\mu_i^k}$ 是参数为 0 的广义熵，又称为平均对数

[①] 这些相对不平等测度的公理化性质已在大量文献中获得规范表述，如 Cowell（1995）等。

离差（mean logarithmic deviation）。μ 为总体均值，μ_i^k 为以环境类型为分组依据的组内均值。此时，若将组内均值 μ_i^k 替换为个体值 y_i，则 $E_0(\{y_i\})$ 表示总的结果不平等，其与 $E_0(\{\mu_i^k\})$ 的差值即为努力不平等测度。

对于组内均值 μ_i^k 的估计又分为"非参数法"和"参数法"两类。前者直接按照环境变量进行分组，而后计算组间不平等和组内不平等，后者则需要构建环境变量、努力变量以及收入变量之间的函数关系，并进行参数估计。基于 Roemer（1998）、Almas 等（2011）、雷欣等（2017）等学者的研究成果，"参数法"的一般思路如下：

（1）建立"反事实"收入函数。假定影响个体收入的主要因素包括个体应当为之承担责任的环境变量和不应为之承担责任的努力变量：

$$\ln y_i = \alpha + \beta x_i^e + \gamma x_i^c + e_i \tag{3.9}$$

其中，y_i 表示个体 i 的实际收入；x_i^e 表示个体 i 的努力变量集；x_i^c 代表个体 i 的环境变量集；e_i 为随机扰动项，代表影响收入的其他因素（如运气等不可观测变量）。构建以下"反事实"收入函数：

$$\ln y_i^j = \alpha + \beta x_i^e + \gamma x_j^c + e_j \quad i,j = 1,2,\cdots,N \tag{3.10}$$

其中 N 为样本量。对式（3.10）进行去对数化变形后可得：

$$y_i^j = \exp(\alpha + \beta x_i^e + \gamma x_j^c + e_j) \quad i,j = 1,2,\cdots,N \tag{3.11}$$

对式（3.11）进行平均化处理后可得：

$$\tilde{y}_i = \frac{1}{N}\sum_{j=1}^{N} y_i^j = \frac{1}{N}\sum_{j=1}^{N}[\exp(\alpha + \beta x_i^e + \gamma x_j^c + e_j)] \quad i,j = 1,2,\cdots,N \tag{3.12}$$

上式中 $\tilde{y}_i$ 表示个体 i 付出的努力程度（x_i^e）分别处于 N 个个体的环境中所取得的"虚拟"收入的平均值。由于在平均化的过程中，环境变量与不可测变量的影响被"中和"掉，因此"反事实"收入 $\tilde{y}_i$ 分布的不平等完全由努力因素所致。为使"反事实"收入总额与实际收入总额保持一致，我们以"反事实"收入占比为权重对实际收入总额进行重新分配，从而给出由个体 i 的努力因素决定的收入：

$$y_i^{effort} = \left[\frac{\tilde{y}_i}{\sum_j \tilde{y}_j}\right] \cdot \sum_i y_i \quad i,j = 1,2,\cdots,N \tag{3.13}$$

同样，也可构建如下"反事实"收入函数：

3 收入不平等的结构分解：机会不平等和努力不平等的定义与测度

$$\ln y_{i,j} = \alpha + \beta x_j^e + \gamma x_i^c + e_j \qquad i,j = 1,2,\cdots,N \qquad (3.14)$$

对式（3.14）去对数化后可得：

$$y_{i,j} = \exp(\alpha + \beta x_j^e + \gamma x_i^c + e_j) \qquad i,j = 1,2,\cdots,N \qquad (3.15)$$

对式（3.15）进行平均化处理后可得：

$$\hat{y}_i = \frac{1}{N}\sum_{j=1}^{N} y_{i,j} = \frac{1}{N}\sum_{j=1}^{N}[\exp(\alpha + \beta x_j^e + \gamma x_i^c + e_j)] \qquad i,j = 1,2,\cdots,N \qquad (3.16)$$

上式中 $\hat{y}_i$ 表示个体 i 处于自身背景环境（x_i^e）下并分别付出 N 个个体的努力之后所取得的"虚拟"收入的平均值。由于在平均化的过程中，努力变量与不可测变量的影响被"中和"掉，因此"反事实"收入 $\tilde{y}_i$ 分布的不平等完全由环境因素所致。为使"反事实"收入总额与实际收入总额保持一致，我们以"反事实"收入占比为权重对实际收入总额进行重新分配，从而给出由个体 i 的环境因素决定的收入：

$$y_i^{opp} = \left[\frac{\hat{y}_i}{\sum_j \hat{y}_j}\right] \cdot \sum_i y_i \qquad i,j = 1,2,\cdots,N \qquad (3.17)$$

（2）测度机会不平等与努力不平等。基于上述定义的 y_i^{effort} 和 y_i^{opp}，以及实际收入 y_i，本书采用基尼系数对努力不平等、机会不平等以及收入不平等进行定量测度①：

$$gini\_e = \frac{1}{2N^2\mu^{effort}}\sum_{i=1}^{N}\sum_{j=1}^{N}|y_i^{effort} - y_j^{effort}| \qquad (3.18)$$

$$gini\_o = \frac{1}{2N^2\mu^{opp}}\sum_{i=1}^{N}\sum_{j=1}^{N}|y_i^{opp} - y_j^{opp}| \qquad (3.19)$$

$$gini\_r = \frac{1}{2N^2\mu}\sum_{i=1}^{N}\sum_{j=1}^{N}|y_i - y_j| \qquad (3.20)$$

其中，μ^{effort} 和 μ^{opp} 分别表示由努力因素和环境因素决定的收入分布的平均值，μ 代表实际收入分布的平均值。

采用"非参数法"的典型研究有 Roemer（1998）、Checchi 和 Peragine（2010）、Marrero 和 Rodriguez（2013）、Sanoussi（2018）等；采用"参数法"的主要研究则包括 Almas 等（2011）、Assaad 等（2017）、雷欣等（2018）、史新杰等（2018）等。"非参数法"的优势在于不需

---

① 后文将采用其他不平等测度指标进行稳健性检验。

要依赖环境变量、努力变量以及收入变量之间具体函数关系的构建,且易于操作;缺点是必须限制环境变量的数目且对样本容量要求较高。与之相比,"参数法"能够同时考察复杂多样的环境变量集与努力变量集,尽可能地降低遗漏变量偏误,并且对样本容量的要求较低;此外,"参数法"便于对机会不平等按照来源因素性质的不同进行分解,从而做更加深入的研究。"参数法"的缺点在于,其估计结果依赖于具体模型的设定,模型设定偏误会导致估计结果存在较大的差异(Ferreira and Gignoux,2011)。

总体而言,两类估计方法各有优劣,后文将依据不同的情况灵活使用。另外,理论上绝对指标(θ_a)比相对指标(θ_r)具有更加优良的性质,比如相对指标(θ_r)会受到组内不平等程度(即努力不平等)的影响,而绝对指标(θ_a)则不然。因此,本书采用机会不平等的绝对指标(θ_a)测度。努力不平等也同样采用绝对指标测度。

3.2.2 环境变量的选择

环境因素(或称家庭背景因素)通常包含三个方面①:家庭经济背景、家庭文化背景和家庭政治背景。根据已有的研究,用于衡量家庭经济背景的指标包括被访者年少时父母的职业类型或年收入;衡量家庭文化背景的指标包括父母的受教育程度;衡量家庭政治背景的因素包括父母的政治身份(是否为中共党员)。除了这三个方面的家庭背景因素,作为人口统计特征的性别和民族等因素也常被用于机会不平等的测度。

3.2.3 数据库的选择

目前,国内学者用于测度中国机会不平等的微观数据包括中国综合社会调查(CGSS)数据、中国家庭收入调查(CHIP)数据、中国家庭追踪调查(CFPS)数据以及中国健康与营养调查(China Health and

---

① 家庭背景通过以下途径对子女的收入获得产生影响:财富继承;与劳动市场相关的社会关系;家庭文化或投资对子女技能的培养;子女偏好和志趣的养成等(Marrero and Rodriguez,2013)。

Nutrition Survey，CHNS）数据等。相对而言，CGSS 数据在相关统计指标上具有较好的连贯性，比较适合多个年份的机会不平等和努力不平等指标，其他数据库则各有侧重，本书将根据实际研究需要灵活选取不同的数据库进行指标测度。

3.2.4 机会不平等和努力不平等的测度结果

本书首先采用中国综合社会调查（CGSS）数据对全国和省级层面的机会不平等和努力不平等程度进行定量测度。该数据来源于中国人民大学社会学系和香港科技大学社会调查中心合作的中国综合社会调查项目。CGSS 于 2003 — 2015 年间，对全国有代表性的县（区）、街道（乡、镇）、居（村）委会、家庭进行了多轮抽样调查。本书所使用的是 2005 年、2006 年、2008 年、2010 年、2011 年、2012 年、2013 年和 2015 年的数据。CGSS 数据包含丰富的环境变量集，比较适合进行收入不平等的结构分解。

3.2.4.1 全国测度结果

从图 3 - 1 可知，采用平均对数离差法 [GE（0）] 得到的总的收入不平等指数在 2005 — 2015 年间呈现上下波动状态，最小值为 2005 年的 0.526，最大值为 2010 年的 0.685。努力不平等指数的走势图（图 3 - 2）与总的收入不平等非常相似，在 2005 — 2015 年间同样呈上下波动状态。图 3 - 3 和图 3 - 4 分别为绝对机会不平等和相对机会不平等的散点图。由图 3 - 3 可知，机会不平等的绝对程度大致呈现"倒 V"型，在 2010 年达到最大值 0.13。机会不平等相对指标测度的波动状况则较为复杂，缺乏明显规律性，该指标测度的均值为 15.6%，这与潘春阳（2011）测度的结果 18.7% 较为接近。

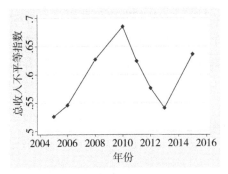

图3-1 总收入不平等指数　　图3-2 努力不平等指数

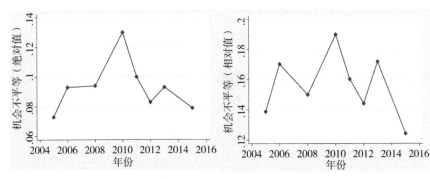

图3-3 机会不平等（绝对值）　　图3-4 机会不平等（相对值）

3.2.4.2 分省测度结果

由表3-1可知，不同省份的机会不平等和努力不平等指数存在相当程度的差异性，而且同一省份不同年份的机会不平等和努力不平等指数也存在较大的差异性，这种较大程度的波动性为后文的回归分析提供了良好的数据基础[①]。

表3-1 分省份、年份的机会不平等和努力不平等测度结果

省份		江苏省	湖北省	湖南省	四川省	陕西省	云南省
2005年	机会不平等	0.078	0.134	0.083	0.173	0.134	0.063
	努力不平等	0.438	0.338	0.308	0.409	0.294	0.388

---

① 文中仅列出了具有区域代表性的六个省份的机会不平等测度数据。

3 收入不平等的结构分解：机会不平等和努力不平等的定义与测度

续表 3-1

省份		江苏省	湖北省	湖南省	四川省	陕西省	云南省
2006 年	机会不平等	0.052	0.176	0.055	0.158	0.08	0.112
	努力不平等	0.486	0.340	0.370	0.464	0.383	0.374
2008 年	机会不平等	0.152	0.121	0.136	0.115	0.231	0.233
	努力不平等	0.410	0.295	0.244	0.376	0.481	0.451
2010 年	机会不平等	0.334	0.085	0.072	0.113	0.185	0.102
	努力不平等	0.515	0.346	0.388	0.492	0.636	0.431
2011 年	机会不平等	0.063	0.062	0.091	0.14	0.046	0.092
	努力不平等	0.224	0.389	0.172	0.497	0.503	0.471
2012 年	机会不平等	0.097	0.088	0.106	0.065	0.073	0.109
	努力不平等	0.365	0.352	0.445	0.464	0.485	0.48
2013 年	机会不平等	0.114	0.06	0.104	0.079	0.06	0.087
	努力不平等	0.369	0.341	0.457	0.377	0.529	0.454
2015 年	机会不平等	0.079	0.079	0.363	0.058	0.056	0.059
	努力不平等	0.391	0.086	0.474	0.516	0.454	0.431

4 收入不平等对经济效率的影响

根据第二章的概念界定，经济效率在内涵上包括技术创新和技术效率的改善两个方面。因此，本章主要从技术创新和技术效率两个维度研究收入不平等的不同构成成分对经济效率的影响。此外，考虑到无论是技术创新还是经济效率的改善都与企业家精神密切相关，而企业家精神主要体现为个体的创新行为，故本章还尝试从个体创业行为角度进一步分析收入不平等对经济效率的影响。

4.1 结构分解视角下收入不平等的技术创新效应研究

越来越多的学者开始意识到技术创新在收入分配影响经济增长中的中介传导作用，但现有研究主要从需求规模和需求结构视角分析收入不平等影响技术创新的作用机理（Kaplinsky et al.，2009；安同良和千慧雄，2014；程文和张建华，2018），并对其展开实证研究。然而，关于收入不平等的最新研究成果表明，收入不平等中可能存在有利于经济增长的"合理"部分（即努力不平等）和不利于经济增长的"不合理"部分（即机会不平等），收入不平等对经济增长的最终影响取决于两部分力量的相对强弱（Marrero and Rodriguez，2013；Brunori，2015；雷欣等，2017）。因此，收入不平等内部结构问题受到国内外研究日益广泛的关注，一些学者认为在政策制定过程中应当考虑的是机会不平等而非收入不平等本身（Kanbur and Wagstaff，2016）。而且，部分针对中国收入不平等结构分解的相关测度结果表明，机会不平等在中国收入不平等中所占比重较高（陈东、黄旭锋，2015；雷欣等，2018），收入不平等影响技术创新及其他社会经济效应的"结构"问题已经无法令人忽视。有鉴于此，本小节拟从结构分解的视角，探究收入不平等的不同构成成分对技术创新的异质性作用机理，并对其进行实证分析。

与现有文献相比，本研究的边际贡献主要体现在如下三个方面：①研究视角上，与现有主要从需求视角分析收入不平等与技术创新之间关系的文献相区别（Kaplinsky et al.，2009；安同良、千慧雄，2014；程文、张建华，2018），本研究尝试从供给视角切入，充分考虑收入不平等的内部结构问题，探究机会不平等和努力不平等通过社会资本、人力资源配置以及激励政策等多种渠道对技术创新的异质性影响，是对现有关于收入不平等与技术创新相关文献的有益补充。而且，基于机会不平等在中国收入不平等中所占比重较高这一现实背景（陈东、黄旭锋，2015；雷欣等，2018），本研究也有助于进一步厘清收入不平等影响中国技术创新的作用机理，为进一步探究收入分配与经济高质量增长之间的长期协同发展机制奠定初步的理论基础。②研究方法上，考虑到现有关于收入不平等的结构分解方法多存在遗漏"环境"变量、无法避免"环境"变量与"努力"变量之间的相关性等问题，并且测度出的机会不平等和努力不平等指标在同一地区不同年份中波动性较大，且二者之间往往存在较为严重的多重共线性，因此，本研究采用双边随机边界模型（Two-tier SFA）在无需对收入不平等的不同构成成分进行定量分解的条件下，对其影响技术创新的作用效果进行评估，不仅能够较好地规避上述问题，而且可以在统一的理论框架下定量测度机会不平等和努力不平等影响技术创新的相对作用大小。③指标选择上，本研究突出技术创新产出的质量特性。不同类型的创新产出（如外观设计专利、实用新型专利、发明专利）对于促进经济高质量发展的贡献程度差异较大，即使同属于发明专利，其相互之间的价值差异依旧十分明显，因此与以往的研究不同，在地区技术创新指标的选择上，本研究采用基于专利更新模型的发明专利价值作为地区创新的产出指标，充分体现创新产出的质量特性。此外，本研究还考察了机会不平等和努力不平等影响城市创新的时空分布特征以及城市创新环境这一约束条件所具有的调节作用，为提高收入不平等对地区创新水平的积极影响提出了可供借鉴的政策依据。

4.1.1 收入不平等与技术创新相关文献回顾

现有文献主要从需求规模和需求结构的视角探讨收入分配差距对技

术创新的影响。Falkinger 和 Zweimüller（1996）按照贫富程度将消费者进行分组处理，证实人均收入水平与收入分配差距能够对新产品的需求种类和数量产生显著影响。Zweimüller 和 Brunner（1996）遵循同样的思路进一步研究，结果表明由需求差异引致的企业定价行为选择是收入不平等影响创新的作用机制。Zweimüller（2000）将消费者依据贫富程度进行分组处理后发现，高收入者更倾向于购买奢侈品，低收入者更倾向于购买生活必需品，收入不平等通过对需求结构产生影响进而作用于企业创新。Foellmi 和 Zweimüller（2006）基于分层偏好认为，收入不平等对企业创新行为的影响同时存在价格效应和市场规模效应，一方面，富人占比增加有利于创新企业获取更多的超额利润；另一方面，贫富分化不利于扩大创新产品的市场规模。Zweimüller 和 Brunner（2005）基于产品差异化理论，将生产者划分为质量领先者（quality leader）与质量追赶者（second-best quality producer），质量领先者的产品销售对象是富人，而质量追赶者的产品销售对象是穷人。市场均衡条件下，质量追赶者的产品销售价格会因收入不平等程度的下降而提高，因而具有更加强烈的创新意愿；然而对于质量领先者而言，情况则并非如此，最终收入不平等对创新的总体影响并不确定。Kaplinsky 等（2009）则认为，在收入不平等影响企业创新的过程中，市场规模效应和价格效应固然存在，但对于发展中国家而言，国内低收入者的消费需求对内资企业产品创新的支撑能力不足才是导致创新效率不高的主要原因。Caiani 等（2018）在劳动力市场分割假定下，构建理论模型分析收入不平等通过影响消费模式和劳动力市场需求，进而作用于企业创新和经济增长。

康志勇和张杰（2008）对中国 1980—2004 年专利数据进行研究，结果表明，收入不平等程度的下降能够通过增加有效需求对本土企业的创新行为产生积极影响。李平等（2012）利用中国 1985—2009 年的企业专利申请数据进行实证研究，结果表明收入不平等以非线性的方式作用于企业创新：当收入不平等程度较低时，其对企业创新存在促进作用，而当收入不平等程度较高时，其对企业创新存在抑制作用。安同良和千慧雄（2014）对理论模型进行数值模拟，结果表明，收入效应在收入不平等影响企业创新的过程中发挥关键作用，进一步的实证研究发现，受到收入效应的影响，中国的收入不平等与企业创新之间呈现先下降后上升的"U 型"关系。程文和张建华（2018）的研究表明，在创新不确定条件下，居民收入水平和收入分配差距的不同搭配对非外资企业创新水平的影响随经济发展阶段的不同而有所差异，具体而言，在中低收入发展阶段，收入分配差距对内资企业自主创新行为及经济增长并无抑制效应，而在中高收入阶段，内资企业的自主创新能力随着收入不平等的上升而减弱。

综上所述，现有关于收入不平等与技术创新的相关文献，多从需求视角切入，考察消费者需求对产品技术创新的诱导效应，而对收入不平等内部结构问题有所忽视。鉴于机会不平等在中国收入不平等中所占比重较高，且机会不平等和努力不平等对技术创新的作用机制存在显著差异，忽视收入不平等内部结构问题将导致无法全面且深入地理解收入不平等影响技术创新的作用机理。

4.1.2 收入不平等影响城市创新水平的双边分析框架

根据来源性质的不同，收入不平等可以被分解为努力不平等与机会不平等。前者与个体努力程度差异密切相关，后者则取决于个体无法控制的环境变量差异（如家庭背景差异等）。在上述两类"不平等"当中，机会不平等通常有悖于社会公平正义原则，难以被公众所容忍并被视为"不公平"的收入分配结果（Roemer，1998）；但努力不平等则不然，一定程度的努力不平等与民众普遍的公平观念并不冲突（刘华、徐建斌，2014）。机会不平等和努力不平等内在性质上的不同必然导致其对城市创新产出的作用效果差异。其中，机会不平等产生了资源的浪费，因而有害于创新产出；努力不平等则为资本积累和创新提供了必要的激励，因而有利于创新产出。具体而言，由努力差异导致的收入不平等（即努力不平等），对创新产出形成了正向激励效应，使得市场行为主体能够通过自身的努力获得应得的创新收益，从而诱导其积极从事创新活动。而由环境因素导致的收入不平等（即机会不平等），则可能通过人力资源错配机制导致整个社会的人力资源配置效率损失（Marrero and Rodriguez，2013），从而不利于创新活动的展开；此外，机会不平等也可能通过社会资本渠道对创新产出产生负面影响。虽然学界对社会资本概念的界定并未达成一致意见，但基本含义大致相同，均认为社会资本是社会生产过程中独立于自然资源、物质资本以及人力资本的另外一种无形生产要素。无论是 Putnam（2000）的"群体信任、社会规范以及公共网络关系"定义，还是 Durlauf 和 Fafchamps（2005）"信息共同享有、群体相互认同及团队成员合作"的特征描述，社会公平与社会信任以及由此引致的个体行为特征与群体协作状态均为社会资本内含的关键要素。机会不平等的上升可能降低社会公平感，进而对社会信任和社会稳定产生不利影响（陈晓东、张卫东，2018），由此负向作用于创新产出。

因此，收入不平等对城市创新水平的综合作用效果取决于机会不平等和努力不平等作用的相对强弱。基于上述理论分析，本书根据 Kumbhakar 和 Parmeter（2009）的方法构建收入不平等影响城市创新水平的双边随机边界（Two-tier SFA）模型：

$$Innovation_{it} = Innovation_{it}^* + w_{it} - u_{it} + v_{it} = Z'_{it}\eta + \varepsilon_{it} \quad (4.1)$$

其中，$Innovation$ 代表城市实际创新水平；Z 为城市特征向量，包括城市行政级别、产业结构、人力资本水平、金融发展水平等。$Innovation^*$ 代表给定城市特征条件下的基准创新水平。$Innovation^* = Z'_{it}\eta$，$\eta$ 为参数估计向量。复合残差项 $\varepsilon_{it} = w_{it} - u_{it} + v_{it}$，其中 $w \geq 0$，衡量努力不平等对城市创新水平的正向影响程度；$u \geq 0$，衡量机会不平等对城市创新水平的负向影响程度；v 为随机误差项，反映不可观测的扰动因素引致城市创新水平的随机偏离。根据式（4.1），努力不平等对城市创新水平的正向影响使城市实际创新水平高于基准创新水平，而机会不平等的负向影响又使城市实际创新水平低于基准创新水平，最终通过估测双边（Two-tier）共同作用的净效应衡量城市实际创新水平的偏离程度。

本书采用极大似然估计法（MLE）对模型（4.1）进行估计。假设干扰项 v 服从正态分布，w 和 u 均服从指数分布，并假设 v、w 和 u 之间相互独立，并且都独立于城市特征向量 Z。由此可推导出复合误差项 ε 的概率密度函数：

$$f(\varepsilon_i) = \frac{\exp(a_i)}{\sigma_u + \sigma_w}\Phi(c_i) + \frac{\exp(b_i)}{\sigma_u + \sigma_w}\int_{-h_i}^{\infty}\varphi(z)\mathrm{d}z = \frac{\exp(a_i)}{\sigma_u + \sigma_w}\Phi(c_i) + \frac{\exp(b_i)}{\sigma_u + \sigma_w}\varphi(h_i)$$
$$(4.2)$$

其中，$a_i = \frac{\sigma_v^2}{2\sigma_u^2} + \frac{\varepsilon_i}{\sigma_u}$；$b_i = \frac{\sigma_v^2}{2\sigma_w^2} + \frac{\varepsilon_i}{\sigma_w}$；$c_i = -\frac{\varepsilon_i}{\sigma_v} - \frac{\sigma_v}{\sigma_u}$；$h_i = \frac{\varepsilon_i}{\sigma_v} - \frac{\sigma_v}{\sigma_w}$。$\Phi(\cdot)$ 和 $\varphi(\cdot)$ 依次是标准正态分布的累积分布函数与概率密度函数。在观测值

数量为 n 的样本中，对数似然函数为：

$$\ln L(X;\pi) = -n\ln(\sigma_u + \sigma_w) + \sum_{i=1}^{n}\ln[e^{a_i}\Phi(c_i) + e^{b_i}\Phi(h_i)] \quad (4.3)$$

其中，$\pi = [\eta, \sigma_v, \sigma_u, \sigma_w]'$。通过最大化式（4.3）估算全部参数的极大似然估计值。w 与 u 的条件分布函数可表示为：

$$f(u_i|\varepsilon_i) = \frac{\lambda\exp(-\lambda u_i)\Phi(u_i/\sigma_v + h_i)}{\Phi(h_i) + \exp(a_i - b_i)\Phi(c_i)} \quad (4.4)$$

$$f(w_i|\varepsilon_i) = \frac{\lambda\exp(-\lambda w_i)\Phi(w_i/\sigma_v + c_i)}{\exp(b_i - a_i)[\Phi(h_i) + \exp(a_i - b_i)\Phi(c_i)]} \quad (4.5)$$

其中，$\lambda = 1/\sigma_u + 1/\sigma_w$。基于式（4.4）与式（4.5）估算每个城市面临的努力不平等效应和机会不平等效应所带来的城市实际创新水平与基准创新水平之间的绝对偏离程度，并转化为百分比形式：

$$E(1-e^{-w_i}|\varepsilon_i) = 1 - \frac{\lambda}{1+\lambda}\frac{[\Phi(c_i) + \exp(b_i-a_i)\exp(\sigma_v^2/2 - \sigma_v h_i)\Phi(h_i - \sigma_v)]}{\exp(b_i-a_i)[\Phi(h_i) + \exp(a_i-b_i)\Phi(c_i)]} \quad (4.6)$$

$$E(1-e^{-u_i}|\varepsilon_i) = 1 - \frac{\lambda}{1+\lambda}\frac{[\Phi(h_i) + \exp(a_i-b_i)\exp(\sigma_v^2/2 - \sigma_v c_i)\Phi(c_i - \sigma_v)]}{\Phi(h_i) + \exp(a_i-b_i)\Phi(c_i)} \quad (4.7)$$

进一步地，可依据式（4.6）与式（4.7）推导出努力不平等和机会不平等对城市创新水平的净效应：

$$NE = E(1-e^{-w_i}|\varepsilon_i) - E(1-e^{-u_i}|\varepsilon_i) = E(e^{-u_i} - e^{-w_i}|\varepsilon_i) \quad (4.8)$$

4.1.3 研究设计

4.1.3.1 计量模型设定

借鉴许明和李逸飞（2018）等的研究，并结合数据的可获得性，本书将计量模型设定如下：

$$\ln innov_{it} = \alpha_0 + \alpha_1 Z_{it} + \sum year_t + \sum prov_j + w_{it} - u_{it} + v_{it} \quad (4.9)$$

其中，i，t，j 分别表示城市、年份和省份。$\ln innov$ 表示城市创新指数（对数）。现有衡量创新的指标主要包括研发投入（R&D 支出）和专利数量。在中国，研发投入指标主要存在两方面的问题：一是数据的可获得性比较差；二是由于会计制度不够完善导致 R&D 支出虚报问题较为严重。与之相比，专利数据则较为客观，且信息更新及时、数据可获得性较好。在中国国家知识产权局申请的专利主要包括发明专利、实用新型专利和外观设计专利三种，其中发明专利需要满足实用性、新颖性和创造性三个特性，而另外两种专利仅需满足一定的实用性和新颖性；而且，在以上三种专利类型中，发明专利的审查标准最严格、质量最高，是体现一国自主创新能力最为重要的指标（张杰等，2014），因此，本书的创新指数主要针对发明专利。然而，直接使用专利数量来衡量创新水平既不准确也不合理，本书使用城市创新指数作为科技创新的衡量指标。城市创新指数基于 Schankerman 和 Pakes（1987）的专利更新模型计算所得。其核心思想是：假定专利权人的更新决策方式是前瞻式的（forward-looking），即在他最初申请专利的时候，就明确知道该专利在未来每一年所带来的收益流 u，专利权人的决策问题就是最大化该专利净收益的贴现值，并根据此原则选择最优专利失效年龄（the optimal lifespan），即何时停止缴纳年费而终止专利权。专利权人的收益最大化问题可以表述为：

$$\max_{T\in[1,2,\cdots,\bar{T}]} V(T) = \sum_{t=1}^{T}(R_{tj} - C_{tj})(1+i)^{-t} \quad (4.10)$$

其中，T 为专利权人停止缴纳年费时的专利年龄，$\bar{T}$ 是法律规定专利保护最高期限，i 为贴现率，j 代表专利申请年份，t 为专利自申请日期计算的年龄；R_{tj} 和 C_{tj} 分别表示该专利在 t 岁时，给专利权人带来的收益与专利权人缴纳的年费。假设专利初始收益 R_{0j} 的衰减率 δ_j 是不随时间变化的常数，即 $R_{tj} = R_{0j}(1-\delta_j)^t$，且 R_{0j} 服从对数正态分布，最终得到每个专利的总价值为：

$$V(T) = \sum_{t=1}^{T^*}[R_{0j}(1-\delta_j)^t - C_{tj}](1+i)^{-t} \quad (4.11)$$

其中，T^* 为最优专利失效年龄。利用 1987—1997 年申请的所有已经到期的发明专利数据，采用广义非线性最小二乘法（FNLS）对未知参数进行估计，然后根据估计所得的参数模拟出专利价值的分布，进一步计算出不同年龄专利的平均价值，以此作为相应专利的价值加权系数。以年终作为每年的观测时点，选择在观测时点还有效的发明专利（已被授权并且还处于存续期），最后加总不同城市的专利价值得到其专利价值存量。然后将 2001 年全国专利总量标准化为 100，计算得到 2001 年和

2016年的城市创新指数①。

Z 为城市特征向量。依据相关研究成果（朱旭峰、张友浪，2015；王永进、冯笑，2018），本书市级层面的控制变量包括：①城市行政级别（dum_rank），普通地级市取1，副省级城市取0；②城市产业结构，第二产业与GDP之比（sed）和第三产业与GDP之比（thd）；③地方财政支出（exp_fis），取地方财政支出与GDP之比；④基础设施建设（$lnroad\_a$），用公路里程数与行政区划面积之比表示，取对数；⑤人力资本水平（$lnhigh\_r$），用高校在校学生数与总人口之比表示，取对数；⑥对外开放水平（$lniexport\_r$），用进出口总额与GDP之比表示，取对数；⑦金融发展水平（$finance$），用存贷款余额与GDP之比表示。

此外，本书还控制如下变量：①年份固定效应（$year$），根据样本期生成年份虚拟变量；②地区固定效应（$prov$），即相应省份的虚拟变量。相关变量的描述性统计如表4-1所示。

表4-1 相关变量的描述性统计

变量名	均值	标准差	最小值	最大值	样本数
$lninnov$	4.260	1.773	0	11.15	3905
dum_rank	0.900	0.301	0	1	3905
thd	0.366	0.084	0.051	0.763	3905
exp_fis	0.157	0.090	0.031	1.027	3905
$lnroad\_a$	4.284	0.759	1.044	14.62	3905
$lnhigh\_r$	4.332	1.239	0	8.097	3905
$lniexport\_r$	11.25	1.560	2.169	19.51	3905
$finance$	2.018	0.938	0.560	8.156	3905
$lnrgdp$	10.05	0.817	1.893	12.28	3905
$lnpwage$	10.21	0.558	8.686	11.40	3905
opp	0.107	0.068	0.027	0.561	1643
$effort$	0.395	0.097	0.170	0.665	1643

说明：其中机会不平等（opp）和努力不平等（$effort$）的数据源于第三章的测度结果。$lnrgdp$表示对数人均GDP，$lnpwage$表示对数平均工资。

---

① 具体参见复旦大学产业发展研究中心编制的《中国城市和产业创新力报告2017》。

4.1.3.2 数据来源说明

城市创新指数数据来源于复旦大学产业发展研究中心编制的《中国城市和产业创新力报告2017》；城市层面的控制变量源于各地区相应年份的《中国城市统计年鉴》与 EPS 全球统计数据/分析平台；城市行政级别信息来源于维基百科等网站。对我国省级层面的机会不平等和努力不平等进行定量测度的数据来源于2008—2015年的中国综合社会调查（CGSS）项目，具体测度方法详见第三章。

4.1.4 实证结果与分析

4.1.4.1 双边随机边界模型的全样本估计结果

（1）城市创新水平的影响因素分析。基于"非参数"方法测度的我国2008—2015年省级层面的机会不平等和努力不平等指标，表4-2中（1）、（2）、（3）列采用 OLS 方法估计收入不平等的不同构成成分对城市创新水平的影响差异。（1）和（2）列分别在回归模型中纳入机会不平等和努力不平等指标变量，（3）列则同时控制机会不平等和努力不平等变量，以避免可能存在的遗漏变量偏误。结果表明，机会不平等对城市创新水平存在较为显著的负向影响，而努力不平等对城市创新水平的影响不显著。

根据上述 OLS 估计结果，可做出初步推断：与前文的理论分析大致相符，机会不平等和努力不平等对城市创新水平的作用效果存在较为显著的异质性。但在本书的研究中，OLS 估计方法存在如下缺陷：第一，需要对收入不平等进行定量分解，不同的分解方法各有优劣，但均存在不足之处；第二，机会不平等和努力不平等二者之间的相关性较强，逐一回归可能出现遗漏变量问题，而同时控制两类变量又存在较为严重的多重共线性问题，而且省级层面的不平等指标与地级市层面的创新指标进行匹配可能导致解释变量波动性较差，难以获得稳健的参数估计结果；第三，无法对机会不平等和努力不平等影响城市创新水平的程度进行定量测度和比较。与 OLS 方法相比，双边随机边界模型（Two-tier SFA）无需对机会不平等和努力不平等进行测度，在一定程度上能够较好地规避 OLS 方法的上述缺陷。

表 4-2 中（4）、（5）、（6）列为双边随机边界模型（Two-tier SFA）的估计结果，（5）列在（4）列的基础上控制省份固定效应，（6）列则进一步控制年份固定效应。本书选择对数似然值（Log likelihood）最大的（6）列作为后续分析与测度的基准模型。

就控制变量而言，由（6）列估计结果可知，副省级城市与普通地级市相比具有更高的创新水平，第三产业占比的上升能够提高城市创新水平，而地方财政支出对城市创新水平存在负向影响，这反映了地方政府财政支出效率及对科技创新的支持力度尚有欠缺，与顾元媛和沈坤荣（2012）、刘冲等（2014）的研究结论较为一致。此外，地区基础设施建设、人力资本水平、对外开放水平、金融发展水平、经济发展水平以及人均工资水平等因素均对城市创新水平具有积极影响。

表 4-2 基本回归结果

variable	OLS			Two-tier SFA		
	(1)	(2)	(3)	(4)	(5)	(6)
dum_rank	-28.154***	-28.114***	-28.112***	-0.732***	-0.754***	-1.143***
	(-6.50)	(-6.50)	(-6.50)	(-11.03)	(-11.36)	(-16.54)
thd	21.540***	21.513***	21.531***	2.726***	1.991***	1.606***
	(2.59)	(2.59)	(2.59)	(11.90)	(8.57)	(6.88)
exp_fis	27.922**	28.279**	27.963**	-2.931***	-2.916***	-3.357***
	(1.96)	(1.99)	(1.96)	(-13.47)	(-12.89)	(-12.89)
$lnroad\_a$	-3.296**	-3.265**	-3.274**	0.409***	0.154***	0.174***
	(-2.11)	(-2.09)	(-2.09)	(18.18)	(5.75)	(6.31)
$lnhigh\_r$	-2.574**	-2.580**	-2.583**	0.254***	0.232***	0.270***
	(-2.05)	(-2.06)	(-2.06)	(16.01)	(15.57)	(18.66)
$lniexport\_r$	0.224	0.226	0.224	0.130***	0.146***	0.156***
	(0.78)	(0.79)	(0.78)	(11.92)	(13.21)	(14.72)
$finance$	3.235*	3.274*	3.270*	0.138***	0.311***	0.228***
	(1.72)	(1.75)	(1.75)	(5.50)	(11.50)	(8.43)

续表 4-2

variable	OLS			Two-tier SFA		
	(1)	(2)	(3)	(4)	(5)	(6)
ln$rgdp$	12.352*** (2.84)	12.480*** (2.86)	12.383*** (2.84)	0.333*** (7.90)	0.0330 (0.76)	0.071* (1.70)
ln$pwage$	4.585 (1.61)	4.225 (1.47)	4.476 (1.56)	1.119*** (17.61)	1.618*** (25.33)	0.477*** (4.90)
opp	-13.103** (-2.12)	—	-11.089* (-1.74)	—	—	—
$effort$	—	-8.377 (-1.24)	-5.281 (-0.75)	—	—	—
省级控制变量	YES	YES	YES	NO	NO	NO
省份固定效应	YES	YES	YES	NO	YES	YES
年份固定效应	YES	YES	YES	NO	NO	YES
常数项	10.01 (0.08)	-7.912 (-0.06)	2.974 (0.02)	-14.576*** (-47.60)	-16.097*** (-48.71)	-3.147*** (-3.26)
N	1643	1643	1643	3905	3905	3905
Adj_R^2	0.327	0.327	0.327	—	—	—
log likelihood	-7238	-7239	-7238	-4921	-4402	-4240

说明：*、**、***分别表示在10%、5%和1%的水平下显著，括号中的数据为t值。

（2）方差分解：机会不平等和努力不平等的解释能力。表4-3汇报了基于表4-2中（6）列的方差分解结果。机会不平等和努力不平等对城市创新水平具有重要影响，其中机会不平等效应系数的估计值为0.4168，而努力不平等效应系数的估计值为0.3317，使得两者对城市创新水平的综合影响为负，$E(w-u) = \sigma_w - \sigma_u = -0.0851$。这表明，机会不平等对城市创新水平的负向影响大于努力不平等的正向影响，导致城市实际创新水平略低于基准创新水平。根据方差分解结果，复合扰动项的总方差为0.5240，机会不平等和努力不平等的共同影响可以解释总方差（$\sigma_v^2 + \sigma_u^2 + \sigma_w^2$）的54.15%，未能解释的部分仅占45.85%。其中，机会不平等的影响占比高达61.23%，而努力不平等的影响占比为38.77%。方差分解结果表明，在我国的收入不平等中，机会不平等对城市创新水平的负向影响大于努力不平等的正向影响。

表4-3 收入不平等的创新效应分解

变量	变量含义	符号	测度系数
影响效应	随机误差项	σ_v	0.4901
	机会不平等效应	σ_u	0.4168
	努力不平等效应	σ_w	0.3317
方差分解	随机项总方差	$\sigma_v^2 + \sigma_u^2 + \sigma_w^2$	0.5240
	总方差中收入不平等影响比重	$(\sigma_u^2 + \sigma_w^2)/(\sigma_v^2 + \sigma_u^2 + \sigma_w^2)$	54.15%
	机会不平等效应影响比重	$\sigma_u^2/(\sigma_u^2 + \sigma_w^2)$	61.23%
	努力不平等效应影响比重	$\sigma_w^2/(\sigma_u^2 + \sigma_w^2)$	38.77%

（3）机会不平等和努力不平等影响城市创新水平的偏离程度测度。本书根据式（4.6）与式（4.7）测度努力不平等和机会不平等各自对城市创新水平影响的偏离程度，即 $E(1-e^{-w_i}|\varepsilon_i)$ 和 $E(1-e^{-u_i}|\varepsilon_i)$，其对应的实际含义是由于努力不平等和机会不平等的影响，城市实际创新水平相对于基准创新水平偏离的百分比。根据表4-4估计结果可知，平均而言努力不平等促使城市实际创新水平高出基准水平约24.91%，机会不平等则使城市创新水平低于基准水平约29.40%。二者相互作用的净效应促使城市实际创新水平低于基准水平约4.49%。21世纪以来，随着中国市场化改革不断向纵深推进，收入不平等中的"有利部分"（即努力不平等）不仅对经济增长做出了积极贡献，而且也在相当程度上促进了地区创新水平的提高。然而，收入不平等中的"不利部分"（即机会不平等）却在更大程度上对地区创新水平产生抑制作用，成为中国经济由高速增长转向高质量增长的障碍。

表4-4 机会不平等和努力不平等影响城市创新的预期效应估计

变量	平均值（%）	标准差（%）	P1（%）	P2（%）	P3（%）
努力不平等效应：$E(1-e^{-w}\mid\varepsilon)$	24.91	9.760	18.25	21.93	28.15
机会不平等效应：$E(1-e^{-u}\mid\varepsilon)$	29.40	12.88	20.37	25.54	34.12
净效应：$E(e^{-u}-e^{-w}\mid\varepsilon)$	-4.40	20.57	-15.88	-3.61	7.78

表4-4最后三列更加详细地列示了努力不平等和机会不平等影响城市创新水平的净效应分布情况。结果表明，努力不平等和机会不平等分别使城市实际创新水平相较于基准水平而言发生了不同程度的偏离，且这一效应在不同的创新水平百分位上呈现出较强的异质性。具体而言，在25%和50%分位时，努力不平等的正向影响与机会不平等的负向影响共同作用使得城市创新水平分别下降约15.88%和3.61%。然而，根据75%分位的统计结果，该共同作用使城市创新水平上升了约7.78%。

图4-1至图4-3列示了努力不平等和机会不平等影响城市创新水平的具体分布特征。由图4-1和图4-2可知，无论是努力不平等的正向效应还是机会不平等的负向效应，其分布都呈现出向右拖尾的特征，意味着仅在少数城市中两类效应明显较强。由图4-3中净效应的分布特征可以看出，努力不平等效应占优与机会不平等效应占优的城市几乎各占一半。根据我们的统计分析，大约有41.00%的城市净效应大于0

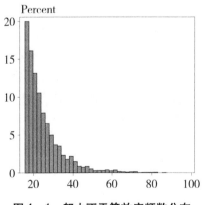

图4-1 努力不平等效应频数分布

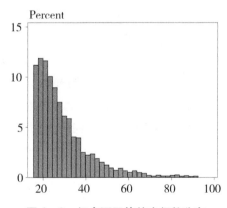

图4-2 机会不平等效应频数分布

（即努力不平等效应超过机会不平等效应），59.00%的城市净效应小于0（即机会不平等效应超过努力不平等效应）。

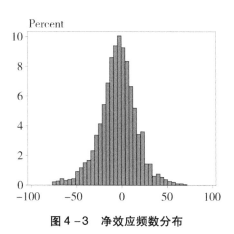

图4-3 净效应频数分布

4.1.4.2 机会不平等效应和和努力不平等效应的时空分布特征

（1）时间维度：净效应的年度分布特征。表4-5列示了收入不平等影响城市创新水平净效应的年度分布特征。由表4-5第二列可知，从2003—2016年，收入不平等影响城市创新水平的净效应在各年度当中十分稳定，始终保持在-4.5%左右，表明本书测度的结果具有相对程度的可靠性。

（2）空间维度：净效应的地区分布特征。从空间维度上观察，收入不平等影响城市创新水平的净效应在西部地区为-5.28%，其绝对值略高于东部和中部地区（分别为-4.18%和-4.13%）（表4-6）。这一空间特征与前文中各城市净效应正负不一的结果相互印证。那么，这种空间异质性的特征是如何产生的呢？本书推测，努力不平等和机会不平等对城市创新水平的影响可能受到地区创新环境因素的制约，不同地区（或城市）创新环境的差异可能是导致上述空间异质性的重要原因。良好的地区创新环境不仅可以促进努力不平等对城市创新水平的正向作用，而且还能够抑制机会不平等对城市创新水平的负向作用，从而净效应更高。一般而言，与东部和中部地区相比，西部地区的创新环境更差，为创新服务的相关配套设施较为不完善，因此收入不平等对城市创新水平的净效应数值更小。为检验这一推断，本书接下来将详细探讨在不同的城市创新环境下，机会不平等和努力不平等对城市创新水平的影响是否存在符合预期的明显差异。

表4-5 收入不平等影响城市创新净效应的年度分布特征

年份	平均值（%）	标准差（%）	P1（%）	P2（%）	P3（%）
2003	-4.640	20.15	-16.93	-3.160	8.250
2004	-4.490	20.02	-15.93	-4.220	8.410
2005	-4.330	19.18	-15.37	-4.500	8.000
2006	-4.390	19.20	-16.22	-3.980	8.140
2007	-4.660	19.59	-15.77	-3.260	7.510
2008	-4.480	20.93	-15.48	-3.960	7.110
2009	-4.510	20.51	-15.05	-3.250	7.050
2010	-4.590	20.37	-16.17	-3.090	6.820
2011	-4.750	20.34	-14.66	-3.160	6.390
2012	-4.590	20.53	-14.23	-3.250	6.130
2013	-4.530	20.62	-16.34	-3.460	7.230
2014	-4.420	21.18	-16.14	-3.690	8.870
2015	-4.380	22.19	-16.56	-3.520	9.390
2016	-4.100	23.27	-18.08	-4.840	9.580

表4-6 收入不平等影响城市创新净效应的空间分布特征

变量	平均值（%）	标准差（%）	P1（%）	P2（%）	P3（%）
东部地区					
努力不平等：$E(1-e^{-w}\mid\varepsilon)$	24.91	10.01	18.32	21.91	27.64
机会不平等：$E(1-e^{-w}\mid\varepsilon)$	29.09	12.20	20.63	25.57	33.84
净效应：$E(e^{-u}-e^{-w}\mid\varepsilon)$	-4.18	20.10	-15.53	-3.66	7.01
中部地区					
努力不平等：$E(1-e^{-w}\mid\varepsilon)$	24.84	9.410	18.38	21.86	27.97
机会不平等：$E(1-e^{-w}\mid\varepsilon)$	28.98	11.52	20.46	25.64	33.61

续表 4-6

变量	平均值（%）	标准差（%）	P1（%）	P2（%）	P3（%）
净效应：$E(e^{-u}-e^{-w}\mid\varepsilon)$	-4.13	19.31	-15.23	-3.78	7.51
西部地区					
努力不平等：$E(1-e^{-w}\mid\varepsilon)$	25.00	9.890	17.98	22.04	28.68
机会不平等：$E(1-e^{-w}\mid\varepsilon)$	30.28	15.01	20.12	25.40	35.23
净效应：$E(e^{-u}-e^{-w}\mid\varepsilon)$	-5.28	22.49	-17.24	-3.37	8.56

4.1.4.3 创新环境的调节作用

努力不平等和机会不平等对城市创新水平的影响可能受到地区创新环境因素的制约。为考察地区创新环境因素的调节作用，我们在模型（4.9）的基础上，按照城市创新环境的优劣进行分组估计。关于城市创新环境，本书选择如下两类指标：一是城市初始创新水平，基于现有文献，很难找到衡量城市创新环境的综合性指标，考虑到创新水平越高的城市通常具有更优的创新环境，并且为了避免收入不平等本身可能对城市创新环境所产生的内生性影响，本书尝试采用城市初期创新水平（即2003年的城市创新水平）作为创新环境的代理变量；二是财政科技支出与城市研发经费支出之比，该指标在相当程度上体现了政府对科技创新的支持度。一般而言，政府对科技创新的支持力度越大，所在地区创新环境的改善程度就越高。基于上述两类指标，本书按照城市创新环境的优劣进行分组估计。

表4-7中（1）、（2）列按照城市初始创新水平的高低进行分组，估计结果表明，努力不平等对城市创新水平的正向影响在创新环境较好地区的大小为25.68%，明显高于创新环境较差地区（数值为21.17%），而机会不平等对城市创新水平的负向影响在创新环境较好地区的大小为27.68%，明显低于创新环境较差地区（数值为37.83%）。最终，在创新环境较差地区净效应为-16.67%，而在创新环境较好的地区净效应则为2.00%。（3）、（4）列按照财政科技支出与城市研发经费支出之比分组，结果基本一致，故不再赘述。上述结果表明，城市创新环境在收入不平等作用于城市创新水平的过程中具有十分重要的调节

表 4-7 创新环境对收入不平等净效应的影响

变量	按创新环境分组（%）			
	环境较差 (1)	环境较好 (2)	环境较差 (3)	环境较好 (4)
努力不平等：$E(1-e^{-w}\mid\varepsilon)$	21.17	25.68	22.86	26.97
机会不平等：$E(1-e^{-u}\mid\varepsilon)$	37.83	27.68	32.01	26.79
净效应：$E(e^{-u}-e^{-w}\mid\varepsilon)$	-16.67	-2.00	-9.15	0.180

说明：(1)、(2) 列按照城市初始创新水平分组；(3)、(4) 列按照财政科技支出与城市研发经费支出之比分组。

作用，具体而言，良好的地区创新环境能够增强努力不平等对城市创新水平的正向影响，同时削弱机会不平等对城市创新水平的负向影响。因此，改善城市创新环境对于实现收入分配与创新驱动增长的协同发展具有重要意义。

4.1.5 结论

促进收入分配更加合理、有序，对于中国现阶段创新驱动发展战略的实施具有重要意义，而其中首要问题在于厘清收入不平等影响技术创新的作用机理。与现有以需求引致创新为研究视角的文献相区别，本书主要从结构分解的视角分析收入不平等对中国技术创新水平的影响，着重探究了机会不平等和努力不平等对技术创新的异质性作用效果。结合CGSS微观调查数据与地级市层面的面板数据，利用双边随机边界模型（Two-tier SFA）进行研究，结果表明：

（1）努力不平等和机会不平等对城市创新水平的影响存在较为明显的异质效应，具体而言，前者使城市实际创新水平高于基准水平约24.91%，后者则使城市实际创新水平低于基准水平约29.40%，最终促使收入不平等对城市创新水平的净效应为-4.49%。上述结果表明，中国当前的收入分配状况在一定程度上阻碍了创新驱动战略的实施。同样从收入不平等结构分解的视角看，雷欣等（2017）的研究结果表明，机会不平等和努力不平等的作用效果相互抵消，导致总的收入不平等对经济增长的影响不显著；而石大千（2018）的研究则表明，努力不平等对经济增长的正向影响超过机会不平等对经济增长的负向影响，并认为这在一定程度上能够较好地解释改革开放以来中国经济"高增长、高不平等"并存的现象。与上述文献相比，本书的研究结论存在明显差异，根本原因在于，与雷欣等（2017）、石大千（2018）以传统意义上的经济增长为研究对象有所区别，本书主要考察收入不平等对技术创新的影响，创新作为一种特殊的产出品，其对人力资本的要求更高，对团队协作等社会资本的依赖性也更强，因而机会不平等对其产生的负向影响更加突出。因此，本书的结论表明，在创新驱动发展阶段，就目前的收入不平等结构状况而言，已经难以实现"高不平等、高创新增长"模式，为实现经济的高质量发展，改善收入不平等结构、降低机会不平等程度势在必行。

（2）从时间维度上看，收入不平等对城市技术创新的负向作用效果表现得十分稳定；而从空间维度上看，收入不平等对城市创新水平的净效应在西部地区为 -5.28%，其绝对值略高于东部地区的 -4.18% 和中部地区的 -4.13%。进一步的研究表明，城市创新环境在收入不平等作用于城市创新水平的过程中具有十分重要的调节作用。良好的地区创新环境能够增强努力不平等对城市创新水平的正向影响，同时削弱机会不平等对城市创新水平的负向影响。这一结果表明，改善城市创新环境不仅可以直接影响城市创新水平，而且还能够通过收入不平等变量间接作用于城市创新水平。

4.2 收入不平等对技术效率的影响

技术效率是指在给定条件下，一个企业的实际产出与生产边界（或潜在产出）之比（Farrell，1957），用以衡量在现有的技术水平下，生产者获得最大产出的能力。现代经济增长理论和各国的发展经验均表明，推动技术进步和提高技术效率水平同为转变经济增长方式的核心，二者缺一不可。但我国地方政府在重视技术进步的同时，对技术效率的改善却没有给予足够的关注，这导致我国技术效率提升的进程相对缓慢，全国平均技术效率较为低下，且地区间差异明显（陈青青等，

2011；王思薇，2010 等），严重制约了我国经济增长方式的转变。本节从结构分解的视角研究收入不平等对区域技术效率的影响，对于我国经济增长方式的转变具有十分重要的理论意义。

4.2.1 相关文献综述

技术效率问题一直以来都是学界关注的焦点，国内外学者对该问题的研究主要集中在两个方面。第一，技术效率的定义与测度。Farrell（1957）第一次从要素投入的视角对技术效率进行定义：在保持市场价格、生产技术等条件不变的情形下，为生产特定数量的产品，理论上所需消耗的最小成本占企业实际消耗成本的比例。与 Farrell 不同，Leibenstein（1966）从产出的视角界定技术效率，即在要素投入规模、结构及市场价格等保持不变的条件下，企业实际产出量与理论上所能够达到的最大产出水平之比。根据经济学中关于生产函数的定义，这种具有投入或产出最优性质的函数称为前沿生产函数或生产边界。目前，对前沿生产函数的估计方法主要有两种：一种是以数学规划为主的非参数方法（Afriat，1972；Varian，1984；Fare，1985）；另一种则是以计量为主的参数方法，如随机前沿分析法（Stochastic Frontier Analysis，SFA）。基于这两种估计方法，许多学者展开了关于技术效率的测度研究。Albert（1998）基于 1986—1991 年西班牙各地区的混合经济数据，运用随机前沿分析法（SFA）测度了区域技术效率，发现各区域均存在 15%～19% 的 X - 低效率。Fare 和 Grosskopf（1997）基于 1979—1988 年 OPEC 17 个国家的数据，研究发现，富裕国家比贫穷国家具有显著更高的技术效率。王思薇（2010）利用中国省级面板数据研究发现，中国区域技术效率较低，其中，东部地区技术效率高于其他区域。刘传哲和王艳丽（2006）、方先明等（2008）基于 2000—2005 年的中国省级面板数据研究发现，相对于经济落后地区，经济发达地区的技术效率普遍更高。

第二，分析影响区域技术效率的因素[①]。许多国内学者从环境、科

---

① 对于技术效率的研究包括宏观层面的区域技术效率和微观层面的企业技术效率，本章的关注点是前者。

技创新、区域经济一体化、区位、市场化改革、金融发展、对外开放以及产业集聚等各个方面对影响区域技术效率的因素进行了研究。例如，何枫（2003）、徐琼（2006）、姚伟峰等（2007）发现金融中介、城市化进程、科技投入、劳动力结构及对外开放水平等均为影响区域技术效率的重要因素。徐琼（2009）以浙江省为例分析了经济外向度、金融发展、城市化与产业集聚、科技发展对区域技术效率的影响。王思薇（2010）利用中国省级面板数据研究发现，技术创新、市场化改革和人力资本均与区域技术效率正相关，而金融危机则与区域技术效率负相关。

可见，现有研究已从多个方面对影响区域技术效率的因素进行过有益的探讨。然而，一个非常重要的因素却较少被提及：转型期的中国机会不平等可能通过社会资本渠道对区域技术效率的提高产生较严重的制约作用。

区域技术效率普遍偏低且地区间差异较大是中国转型期间的典型特征之一，我们认为，在探讨区域技术效率背后的因素时需要特别考虑由收入分配问题引起的社会资本变化。转型期中国的收入不平等及其对社会资本的损害，可能是理解当前区域技术效率问题的一个重要视角。有鉴于此，我们尝试以社会资本为切入点来探讨机会不平等和努力不平等对区域技术效率的异质性影响。与本章相关的研究主要涉及两个方面：一是机会不平等与社会公平感之间的关系。Konow（1996，2001）认为，"责任原则"可能是决定公平感最重要的原则，个体所得到的分配结果应该与其应付责任的某些变量（如努力程度等）保持相关关系，而与其无法或不应当承担责任的某些外生变量（如先天禀赋等）无关。Alesina和Angeletos（2005）利用世界价值观调查数据研究发现，相对于由努力因素引起的收入不平等，人们更加倾向于认为由出身和社会关系因素引起的收入不平等是不公平的。李春玲（2005）根据中国社会科学院社会学研究所"当代中国社会结构变迁研究"课题组的一项全国抽样调查数据进行分析后发现，收入差距本身并不是导致社会不公平感的根源，权力对收入分配的干预以及权钱交易和官员腐败等现象才是社会不公平感产生的根源之一。二是机会不平等与经济增长之间的关系。Marrero和Rodriguez（2013）考察美国26个州收入调查的动态面板数据后发现，机会不平等会通过人力资本配置渠道对长期经济增长产生负面影响。Mitra（2014）利用101个国家的非平衡面板数据研究了由性别因素导致的不平等对经济增长的影响。张影强（2010）也从理论上阐述了机会不平等与经济增长之间的关系。

综上所述，现有研究对理解机会不平等、社会资本和区域技术效率三者之间的关系提供了广阔的视角和有价值的结论。但仍存在如下需要改进之处：第一，在大量研究机会不平等的文献当中，多集中于对机会不平等的测度，而对机会不平等的经济效应的研究极为少见，更没有文献直接研究机会不平等对区域技术效率的影响。尽管 Marrero 和 Rodriguez（2013）从人力资本配置的视角研究了机会不平等对经济增长的长期影响，但缺乏对机会不平等中短期作用效果的考察，而且相对于经济增长，机会不平等对技术效率的影响作用更为直接。第二，在区域技术效率的相关文献中，鲜有学者从社会资本的视角探讨技术效率问题。然而，社会资本作为经济增长理论研究的重点领域之一，其在提高经济效率和转变经济增长方式过程中所具有的重要作用不应当被忽视。基于此，本章利用2008—2013年（2009年除外）的中国综合社会调查（CGSS）数据构建省级层面的机会不平等和努力不平等指标，并结合相应年份的省、市面板数据，试图从社会资本的角度，分析收入不平等的不同构成成分对我国区域技术效率的影响。

4.2.2 理论分析与研究假设

Marrero 和 Rodriguez（2013）提出了联系机会不平等与经济增长的"人力资本错配"机制：假设富人和穷人家的子女智力水平分布情况大致相同，由于富人家庭经济资源丰富，能够比较容易地承受子女的教育负担，而穷人家庭则不然，因此，会有更高比例的富人家庭子女接受高等教育。此时，若将一部分经济资源由富人家庭向穷人家庭转移，那么智力水平相对较高的一部分穷人子女将有机会接受高等教育，与此同时，一部分富人家庭将会选择不让自己资质一般的子女继续接受高等教育。这样，整个社会的人力资本水平将会得到提高。但在借贷约束条件下，穷人家庭无法以任何代价获得这种经济资源的转移，因此社会整体的人力资本水平要低于理想水平。这种以家庭经济背景为特征的机会不平等结合借贷约束所导致的人力资本错配将对经济的长期增长产生不利影响。

实际上，除了人力资本错配之外，机会不平等还可能通过社会资本渠道影响经济绩效。相比于人力资本错配机制，社会资本渠道的传导速度较快，更加适合进行中短期分析。尽管目前学界对于社会资本的定义并未形成一致意见，然而无论是 Putnam 等（1993）的"信任、规范和社会网络"定义，还是 Durlauf 和 Fafchamps（2005）"信息共享、群体认同以及团队合作"的特征描述，社会公平和社会信任以及由此引致的个体行为特征和群体协作状态都无疑是社会资本概念的核心要素。鉴于"责任原则"是公平概念中的三个重要原则之一，而且有可能是起主导作用的原则（Konow，2001），机会不平等程度越大，意味着归因于背景环境的"非责任"因素在决定个人收入中的作用越大，而这恰恰违背了"责任原则"，因而会降低社会公平感。一方面，社会公平感的缺失会破坏社会的和谐与稳定，进而带来巨大的社会运行成本并由此降低经济效率；另一方面，严重的机会不平等以及由此产生的社会不公平感将会打击底层群体的劳动积极性，从而导致效率损失。除了直接影响经济效率之外，社会公平感还可以通过影响社会信任间接作用于经济效率。作为经济交换的润滑剂，信任能够降低交易成本，促进人与人之间、组织之间、人与组织之间的协作。在福山（2001）看来，信任有助于群体之间建立合作关系，在市场交换经济中起到润滑作用，从而减小整个社会的交易费用。群体成员之间的信任关系能够代替一些政府无法供给的正式制度，提高信息的扩散效率，降低企业内部的委托代理费用，进而提高企业生产效率。然而，社会公平感的缺失将通过社会心理机制和新唯物主义机制等渠道降低社会信任度（Necherman and Torche，2007；Brockner and Siegel，1996），进而对经济效率造成损害。相反，由于努力不平等程度的上升意味着个体的努力付出获得了应有的回报，其不但不会对社会公平感和社会信任产生负面影响，反而可能激发个体的劳动积极性，并由此提高经济效率。基于此，提出以下理论假设。

假设1：机会不平等会通过社会资本渠道对经济效率产生负面影响，而努力不平等程度的上升则可能提高经济效率。

4.2.3 区域技术效率的度量

经济学中对技术效率的估计主要分为两种方法：以数学规划为主的非参数方法与以计量经济学方法为主的参数方法。Vanian（1984）与 Fare（1985）基于 Farrell（1957）和 Afriat（1972）的研究成果对非参数方法进行完善，其主要优势为不需要对生产函数进行估计，因而有效避免了因函数形式设定偏误所造成的问题；但非参数方法对样本数量和算法的要求较高，且无法揭示具体生产过程。而 Battese 和 Corra（1977）等提出的参数方法，则克服了确定性前沿生产函数对观测数据误差较为敏感且稳定性较差的不足（刘传哲、王艳丽，2006），并且，在合理设定模型形式的前提下，采用随机前沿模型并基于面板数据进行估计所得到的结果优于数学规划方法。因此，在研究技术效率时，许多学者更偏好使用参数法。目前随机前沿分析（SFA）技术在国内外得到了广泛发展。

本章利用面板随机前沿模型（Panel SFA）估计技术效率值。为了全面考察资本和劳动对总产出的贡献，选择对数型柯布－道格拉斯生产函数形式，并利用 Battese 和 Coelli（1992）模型对我国省级层面的面板数据进行估计。该模型的基本原理如下：

$$\ln rgdp_{it} = \alpha + \beta_1 \cdot \ln L_{it} + \beta_2 \cdot \ln K_{it} + v_{it} - u_{it} \quad (4.12)$$

其中，v_{it} 为随机扰动项，服从标准正态分布，即 $v_{it} \sim N(0, \sigma_v^2)$；$u_{it}$ 为技术无效率项，假设其不随时间变动①，即 $u_{it} = u_i$，且服从半正态分布 $u_i \sim N_+(\mu, \sigma_u^2)$。在这些假设条件下，可通过极大似然法（ML）对 u、α、β 等参数进行估计。技术无效率项可表示为：

$$ineff = 1 - E(\exp(-u_{it} \mid v_{it})) \quad (4.13)$$
$$ineff\_u = E(u_i \mid e_{it}) \quad (4.14)$$
$$ineff\_m = M(u_i \mid e_{it}) \quad (4.15)$$

模型（4.12）中的被解释变量 $\ln rgdp$ 为各省份相应年份的对数实际 GDP，$\ln K$ 和 $\ln L$ 分别表示对数实际资本存量（$\ln capital$）和对数从

---

① 由于本章数据的时间跨度较短，可以认为技术效率不随时间变动，而且在技术效率不变的假定下模型更容易收敛。

业人员数（ln*labor*），β_1 和 β_2 为待估系数。其中，资本存量的计算借鉴张军（2004）等的做法，采取永续盘存法，折旧率取 9.6%。所有数据均来自相应年份的《中国统计年鉴》。模型（4.12）的估计结果见表 4-8：

表 4-8 技术效率估计结果

变量	系数
ln*capital*	0.61***
ln*labor*	0.25***
gamma	0.98
log likelihood	174.28***

说明：*** 表示 Z 统计量在 1% 的水平下显著。

由表 4-13 可知，整个模型的对数似然值为 174.28，在 1% 的水平下显著，而且无效率波动占总波动的比例达到 98%，表明模型（4.12）的设定具有合理性。利用估计出的 u 值并结合式（4.13），可以计算各个地区的技术无效率值（表 4-9）。由式（4.13）估计出的无效率值在 0 到 1 之间，便于进行效率成分与无效率成分之间的对比，故许多学者将其作为无效率值的常用测度指标，本书遵此惯例，并在后文采用式（4.14）、式（4.15）的估计结果进行稳健性检验。

表 4-9 各省（区、市）技术无效率值列表

省（区、市）	无效率成分（*ineff*）	省（区、市）	无效率成分（*ineff*）	省（区、市）	无效率成分（*ineff*）
广东省	0.041	湖南省	0.512	海南省	0.621
上海市	0.112	湖北省	0.525	新疆	0.624
江苏省	0.308	内蒙古	0.526	安徽省	0.633
北京市	0.365	四川省	0.538	江西省	0.644
天津市	0.385	河南省	0.539	云南省	0.649
福建省	0.390	西藏	0.567	甘肃省	0.673
浙江省	0.394	吉林省	0.572	贵州省	0.696
山东省	0.403	山西省	0.583	青海省	0.742

续表 4-9

省 （区、市）	无效率成分 (*ineff*)	省 （区、市）	无效率成分 (*ineff*)	省 （区、市）	无效率成分 (*ineff*)
黑龙江省	0.426	广西	0.605	宁夏	0.774
辽宁省	0.449	重庆市	0.614		
河北省	0.503	陕西省	0.619		

说明：表中省（区、市）按无效率数值的升序进行排列。假定各地区的技术效率在本书的研究期限内不随时间变化。

4.2.4 计量模型构建、数据来源与变量说明

根据前文的理论分析，为了分析机会不平等对区域技术效率的影响机制，构建如下具体计量模型：

$$ineff_i = a + \lambda_1 \cdot opp_{it} + \lambda_2 \cdot effort_{it} + X_{it} \cdot \gamma + W_i + Z_t + \varepsilon_{it} \quad (4.16)$$

其中，下标 i 表示省（区、市），t 表示年份；技术无效率项（*ineff*）不随时间变化；*opp* 和 *effort* 分别表示机会不平等测度和努力不平等测度；ε 为随机扰动项，W 和 Z 分别为区位控制变量和时间固定效应，X 为省级控制变量，根据徐琼（2009）、王思薇（2010）、方先明等（2008）以及霍明等（2015）的研究成果并结合数据的可获得性，省级控制变量（X）包括：地区基础设施建设指标、经济发展指标、人力资本水平指标、对外开放水平指标以及科技发展水平指标等，变量定义和描述性统计如表4-10和表4-11所示。省级层面的变量数据来自相应年份的《中国统计年鉴》。本章所用数据时间跨度为2008—2013年（2009年除外）。

表 4-10 变量说明

变量	变量名称	变量定义
用于计算区域技术效率的变量	ln*rgdp*	对数实际GDP（万元）
	ln*capital*	对数实际资本存量（万元）
	ln*labor*	对数从业人员数（万人）
核心解释变量	*opp*	机会不平等测度
	effort	努力不平等测度

续表 4-10

变量	变量名称	变量定义
控制变量	rexway	高速公路密度（高速公路里程数/区域面积）
	riexport	进出口总额与GDP之比
	lnhigh	每十万人口中高等学校平均在校生数（取对数，人）
	lnpatent	国内专利有效数（取对数，件）
	r_deposit	金融发展指标（金融机构年末存款余额与GDP之比）
	rfdi	外商直接投资与GDP之比
	rrd	研发经费内部支出与GDP之比
	urban	城镇化率（以城镇人口占比表示,%）

表 4-11 变量的描述性统计

变量名	平均值	标准差	最小值	最大值
lnrgdp	18.15	1.050	14.92	20.04
lncapital	19.17	1.060	15.37	20.86
lnlabor	7.520	0.900	5.100	8.790
opp	0.120	0.080	0.030	0.560
effort	0.370	0.110	0.060	0.640
rexway	0.020	0.020	0	0.130
riexport	0.330	0.390	0.040	1.700
lnhigh	7.700	0.360	6.880	8.820
lnpatent	10.10	1.650	5.440	13.33
r_deposit	1.600	0.680	0.750	4.570
rfdi	0.020	0.020	0	0.080
rrd	0.010	0.010	0	0.060
urban	51.86	14.42	21.90	89.60

说明：进出口和外商直接投资数据按照当年美元对人民币年平均汇率转换为以人民币计价。

4.2.5 实证结果分析

4.2.5.1 基本回归结果

根据模型（4.17）所得到的基本回归结果如表4－12所示。从中可知，无论采取何种技术无效率测度，机会不平等（opp）的系数均在1%的水平下显著为正，而努力不平等（effort）的系数则不显著，表明机会不平等程度的上升会显著降低技术效率水平，而努力不平等则不然。

表4－12 机会不平等对区域技术效率的影响

解释变量	(1) ineff_te	(2) ineff_u	(3) ineff_m
opp	0.196***	0.408***	0.409***
	(0.06)	(0.12)	(0.12)
effort	0.0110	0.118	0.118
	(0.07)	(0.17)	(0.17)
rexway	-0.001	0.606	0.609
	(0.34)	(0.71)	(0.71)
riexport	-0.259***	-0.299***	-0.299***
	(0.05)	(0.10)	(0.10)
lnhigh	0.080**	0.046	0.047
	(0.04)	(0.07)	(0.07)
lnpatent	-0.045***	-0.113***	-0.113***
	(0.01)	(0.02)	(0.02)
r_deposit	0.061***	0.088***	0.089***
	(0.02)	(0.03)	(0.03)
rfdi	0.763**	1.047	1.047
	(0.36)	(0.79)	(0.79)
rrd	2.453**	4.339**	4.342**
	(1.05)	(2.02)	(2.02)

续表 4-12

解释变量	(1) ineff_te	(2) ineff_u	(3) ineff_m
urban	-0.004** (0.00)	-0.008 (0.01)	-0.008 (0.01)
east	-0.037** (0.02)	-0.123*** (0.04)	-0.123*** (0.04)
midd	-0.022 (0.01)	-0.059* (0.03)	-0.059* (0.03)
year2010	-0.018 (0.02)	-0.003 (0.05)	-0.003 (0.05)
year2011	0.013 (0.02)	0.067 (0.05)	0.067 (0.05)
year2012	0.026 (0.03)	0.104* (0.06)	0.104* (0.06)
year2013	0.033 (0.03)	0.134** (0.07)	0.134** (0.07)
常数项	0.521*** (0.19)	1.750*** (0.35)	1.749*** (0.35)
观测值	145	145	145
R^2	0.898	0.868	0.868

说明：***、**、* 分别表示在1%、5%和10%水平上显著；括号中的数据为稳健标准误。东部地区包括：北京、天津、河北、辽宁、上海、江苏、浙江、福建、山东、广东以及海南；中部地区包括：山西、吉林、黑龙江、安徽、江西、河南、湖北以及湖南；其他省（区、市）为西部地区。为了便于呈现回归系数，r_deposit 和 lnpatent 均乘以 10^{-2}。

此外，在控制变量中，进出口总额与GDP之比（riexport）的回归系数在1%的水平下显著为负，表明进出口贸易可以提高区域技术效率，这与刘传哲和王艳丽（2006）、徐琼（2009）等的研究结果一致。此外，以研发经费内部支出与GDP之比（rrd）衡量的科技创新指标也对技术效率产生负面影响，表明我国研发投入的成果转化效率较低（王思薇、安树伟，2009），而以国内有效专利数（lnpatent）衡量的科技创新指标则有助于技术效率的提升。从区位上看，东、中部地区的技术无效率值显著低于西部地区。

4.2.5.2 稳健性检验

在区域技术效率的估计中，不同的模型设定形式可能导致不同的估计结果。表4-13中（1）、（2）、（3）列考虑资本和劳动力的交互作用，采用超越对数生产函数估计技术无效率值，结果均无显著差异；此外，考虑到一般的省（区、市）与直辖市之间通常存在较为显著的差异，（4）列剔除直辖市样本，估计结果依然稳健。

表4-13 稳健性检验

解释变量	超越对数生产函数			剔除直辖市
	$ineff\_te$ (1)	$ineff\_u$ (2)	$ineff\_m$ (3)	$ineff\_te$ (4)
opp	0.176*** (0.06)	0.375*** (0.11)	0.375*** (0.11)	0.141*** (0.04)
$effort$	0.026 (0.08)	0.151 (0.18)	0.151 (0.18)	0.017 (0.07)
观测值	145	145	145	125
R^2	0.888	0.861	0.861	0.909

说明：***、**、*分别表示在1%、5%和10%水平上显著；括号中的数据为稳健标准误。(4)列中剔除北京、天津、上海和重庆。

4.2.5.3 分地区估计结果

考虑到我国各地区经济发展的不平衡性，机会不平等对区域技术效率的影响可能存在一定的地区差异性。表4-14按照地理区域进行分组回归，结果表明，机会不平等对区域技术效率的负向影响在东部地区最为显著，西部地区次之，而在中部地区则变得不显著。可能的原因在于，根据前文的机制分析，收入水平较高的群体感受到更强烈的不公平感并具有更高的不信任水平，东部沿海地区通常具有较好的就业机会与较高的收入水平，因此该地区机会不平等程度的上升对社会资本的损害更加严重,且大量受教育程度较高的中、西部劳动力向东部沿海地区转移的过程使得该问题更加突出。此外,西部地区的机会不平等程度普遍较高,相对于中部地区而言,其对区域技术效率的损害更加严重。

表4-14 地区异质性

解释变量	东部地区（1）	中部地区（2）	西部地区（3）
opp	0.204***	-0.033	0.147**
	(0.05)	(0.27)	(0.07)
$effort$	-0.031	-0.222*	0.092
	(0.05)	(0.12)	(0.09)
控制变量	是	是	是
观测值	51	40	54
R^2	0.961	0.757	0.851

说明:***、**、*分别表示在1%、5%和10%水平上显著;括号中的数据为稳健标准误。

4.2.6 结论

本节结合2008—2013年(2009年除外)的中国综合社会调查(CGSS)数据以及相应年份的省级面板数据,在对我国省级层面的技术无效率值、机会不平等程度以及努力不平等程度进行定量测度的基础之上进行实证研究,结果表明,机会不平等对我国区域技术效率存在显著的负向影响,而且这种负效应在东部地区最为显著,西部地区次之,中部地区则变得不显著;而努力不平等对我国区域技术效率的影响则并不显著。

4.3 本章小结

本章分别从技术创新和技术效率两个维度分析并实证检验了收入不

平等的不同构成成分(机会不平等和努力不平等)对经济效率的异质性影响,主要结论有:第一,基于双边随机边界模型(Two-tier SFA)的研究结果显示,机会不平等促使城市创新水平低于基准水平,而努力不平等则促使城市创新水平高于基准水平,两者的综合效应导致收入不平等对城市创新水平的净影响为负,且该净效应存在显著的空间异质性;第二,机会不平等对我国区域技术效率存在显著的负向影响,而努力不平等对我国区域技术效率的影响则并不显著。

笔者进一步认为社会资本传导机制是机会不平等对经济效率产生负向影响的重要作用机制,并由此导致其与努力不平等对经济效率的影响差异。具体而言,机会不平等通过影响社会公平感、社会信任、社会稳定、社会流动预期以及主观幸福感等社会资本中介变量,进而对经济效率产生不利影响,而努力不平等则不然。为进一步验证社会资本传导机制的有效性,本书将在下一章对其进行严格的实证检验。

5 收入不平等影响经济效率的社会资本传导机制分析

基于第二章中对社会资本概念的内涵界定，本章从社会公平感、社会信任、社会稳定、社会流动预期以及居民主观幸福感五个方面详细分析并实证检验机会不平等和努力不平等对社会资本的异质性影响，从而验证收入不平等影响经济效率的社会资本传导机制。

5.1 社会资本传导机制之一：收入不平等与主观公平感

公平和正义历来是人类社会追求的价值目标和社会文明进步的重要标志。而且，作为社会资本的重要组成部分，社会公平也是促进社会经济可持续发展的基本要求。一方面，民众对于收入分配的不公平感将产生强烈的社会不满情绪，而这不仅会降低社会信任和社会协作水平，甚至还可能引发社会动荡，对经济发展产生不利影响；另一方面，社会不公平感还会抑制部分群体的劳动积极性，因为他们认为努力工作不会获得公平的回报，从而降低社会发展活力。鉴于此，对我国的社会公平感进行研究具有十分重要的现实意义。

自从机会不平等的概念被提出以来（Roemer，1993、1998），许多学者认为机会不平等与社会公平感之间存在紧密的联系（Alesina and Angeletos，2005；李骏、吴晓刚，2012）。然而，公平感作为一种主观感受，其判定原则至少有三种：责任原则（accountability principle）、效率原则（efficiency principle）和需要原则（needs principle）（Konow，1996，2001），而且这三种原则并不统一，甚至相互冲突，究竟哪一种原则起主导作用，目前在学界并无定论。此外，面对不同的文化和制度背景，是否存在一般意义上的公平仍然存在争议。因此，本书想要提出的问题是，在中国独特的制度和文化背景下，社会公平感是否是机会不平等的主观映射？如果是，机会不平等会对社会公平感产生怎样的影响？这种影响在不同的社会群体中是否存在显著的异质性？

5.1.1 关于公平感的相关文献回顾

公平有两层含义，一是指道德上对的或好的，二是指应得的①。前者是广义的道德判断，而后者是较为具体、狭义的公平概念。可见，理解"公平"概念的关键在于"应得"二字。在 Elster（1992）、Yaari 和 Bar-Hillel（1984）、Zajac（1995）等的研究基础之上，Konow（1996，2001）认为，一般意义上的公平概念可能包含三个相互冲突的原则：责任原则、效率原则和需要原则。其中，责任原则是指个体所得到的分配结果应该与其应付责任的某些变量（如努力程度等）保持相关关系，而与其无法或不应当承担责任的某些外生变量（如先天禀赋等）无关。换言之，当个体获得的分配结果与其应付责任的投入不相称时，就被视为不公平。效率原则是指分配应当按照有利于实现社会帕累托有效的原则实施。需要原则是指处于先天劣势的一方所获得的分配结果应当能够满足其最基本的生存需要。在 Konow（2001）看来，现实中，人们对公平的判断取决于对以上三个基本原则的权衡取舍，尽管在很多情况下，责任原则常常起到主导作用，是公平概念的"精髓"。

至于是否存在一般意义上的公平，或者说公平的含义是否随具体的背景条件（如制度、文化等）不同而发生改变，目前在学界仍然存在争议。一些学者认为公平是一个依赖于具体背景环境的高度差异化的现象。比如，Shiller 等（1991）就持有这样的观点，Elster（1990，1992）甚至把这种随制度和地理环境因素而变的公平称之为"局部公平"。Isaac 等（1991）也提出过一种依赖于制度环境的公平理论，并指出"目前还无法构建一种适用于各种制度背景的具有一般性的公平理论"。此外，Aristotle（1976）、Baumol（1986）、Nozick（1974）等也都提出过关于公平的规范性（Normative）理论，但每一种理论都取决于对具体背景条件的设定。除了规范研究之外，也有不少实证研究表明公平是一种依赖于具体环境背景（context-specific）的现象，因而不具有一般

---

① 参见《韦氏新大学词典（第七版）》（*Webster's Seventh New Collegiate Dictionary*）。另外，在汉语词典中，公平是指处理事情合情合理，不偏袒某一方或某一个人，即参与社会合作的每个人承担着他应承担的责任，得到他应得的利益。两种定义异曲同工。

性。在这方面具有代表性的文献包括 Elster（1992）、Greenberg（1996）、Walzer（1983）和 Young（1994）等。

然而，针对以上"局部公平"的观点，Konow（2001）提出了自己的批评和异议。他认为，人们的公平观念的确会受到具体背景条件的影响，但却并不会因背景条件的变化而发生根本性的改变。背景条件之所以起作用，是因为它会影响人们对公平原则的理解和权衡，而并非由于缺乏一般性的公平原则。除了制度、文化和地理等大的背景环境之外，Konow 在其实证调查中还引入了一些小的背景条件，如不同的调查群体、不同的陈述变量以及不同的信息量等。在剔除这些背景差异之后，Konow 发现存在显著的一般性公平观念。

因此，在 Konow 看来，背景条件只会影响人们对公平"三原则"（责任原则、效率原则和需要原则）的权衡取舍，而无法从根本上改变公平的含义。那么，在中国特殊的制度和文化背景下，人们将如何进行权衡取舍？此时，责任原则是否依然起到主导作用？

一些国内学者对影响我国社会公平感的因素进行了研究。马磊和刘欣（2010）基于 2005 年的中国综合社会调查（CGSS）数据研究发现，相对比较因素对于中国城市居民的分配公平感起决定性作用。无论和自身过往情形相比，抑或与他人状况进行对比，"局部比较论"均获得有说服力的经验支持。对于中国城市居民而言，自身社会经济地位与收入分配公平感之间并不存在显著的正相关关系。王甫勤（2010）考察了社会流动对我国居民分配公平感的影响，发现城市居民（或受教育程度较高者）相对农村居民（或受教育程度较低者）的流动机会较多，因此他们会付出更多努力或投资，对上向流动的期望较高，因而当他们达到理想目标时，分配公平感较强，但是一旦他们没有获得上向流动，便产生较强的相对剥夺感和分配不公平感；相反，农村居民（或受教育程度较低者）由于流动机会较少，对上向流动的付出或投资较少，期望也较低，因此当他们获得上向流动时，分配公平感较强，即使没有获得上向流动（或发生下向流动），他们也不会觉得分配不公平。

然而，无论是"局部比较论"还是"社会流动"因素，都没有触及决定社会公平感的根本因素。为此，也有一些学者进行了更深入的研究。李春玲（2005）基于中国社会科学院社会学研究所"当代中国社会结构变迁研究"课题组的一项全国抽样调查数据进行研究，发现收入差距本身并非引起社会不公平感的原因,"关系经济"与官员腐败等现象才是导致社会不公平感的主要因素;人们能够接受因个体才智与技能差异而导致的收入差距,但难以容忍因权力因素而引致的收入差距。王甫勤(2011)基于 2006 年 8 月到 2007 年 1 月上海大学社会学系"上海市居民的阶层地位与社会意识"调查数据,对当前中国大城市居民的分配公平感及其形成机制进行分析后发现,"归因偏好"对分配公平感的影响比社会经济地位的影响更加显著:越是将社会不平等归因于个人绩效因素(内因),其分配公平感就越强;越是将社会不平等归因于权力、政策因素(外因),其分配不公平感就越强。廉思和张琳娜(2011)通过对我国北京、上海、广州、武汉、西安、重庆、南京七个城市的"大学毕业生低收入聚居群体"的社会经济地位以及社会公平感进行调查研究后发现,此类群体认为导致社会不公平现象的主要因素包括权力、家庭出身和阶层,其相对剥夺感较为强烈,对社会资源的世袭和继承有较强的不公平感。

综上所述,现有研究为理解机会不平等和社会公平感之间的关系提供了广阔的视角和有价值的结论。但仍存在如下需要改进之处:尽管部分文献在一定程度上揭示了责任原则在决定社会公平感中所起的重要作用,但并未构建以责任原则为基础的综合性指标,而且调查数据多限于部分地区,不具有全国代表性,同时也缺乏严格的计量经济分析。本书试图采用全国性的样本数据将收入不平等按照责任原则分解为机会不平等和努力不平等,检验其对社会公平感的影响,并进一步分析这种公平感知在家庭背景和当前收入水平上的异质性。可能的贡献主要体现在以下三个方面:①国外主要从全局或局部比较的视角研究个体的相对经济地位对分配公平感的影响,但对相对经济地位背后影响因素的分析较为有限,尤其忽视了机会不平等的影响作用。本书则基于"责任原则"构建客观的机会不平等指标,系统分析机会不平等对社会公平感的影响,检验"责任原则"在中国特殊的制度和文化背景下的适用性,为公平内涵的界定提供经验佐证。②在有限的国内研究中,尚无学者直接从机会不平等角度研究居民的社会公平感,本书基于中国全国范围内的大样本数据,构建基于"责任原则"的机会不平等指标,分析其对居民社会公平感的影响,进一步补充和发展了相关研究成果。③本书充分考虑了机会不平等变量潜在的内生性问题,确保了研究结论的可靠性和稳健性。此外，还详细分析了不同家庭背景、不同家庭背景与当前收入组合下机会不平等对社会公平感的差异性影响，有利于全面认识和理解机会不平等的公平效应。

5.1.2 理论分析与研究假设

基于 Rawls（1971）、Dworkin（1981）、Arneson（1989）等的研究成果，Roemer（2003）认为影响收入分配结果的因素可以包括环境和努力两类[①]，其中，环境是指个人无法控制因而也无需为之承担责任的部分，努力则是指个人应当为其承担责任的部分。由环境因素引起的收入不平等称为机会不平等，而由努力因素引起的不平等称为努力不平等。根据这一定义，如果"责任原则"在公平概念中起主导作用，则收入不平等中的机会不平等成分，而非努力不平等成分，与社会公平感之间的关联性更为紧密。归因于权力、政策因素（外因）而非个人绩效因素（内因）的社会不平等会使人产生更强烈的不公平感（王甫勤，2011）。机会不平等程度越大，意味着归因于背景环境的"非责任"因素在决定个人收入中的作用越大，而这恰恰违背了"责任原则"，会使人们的不公平感更加强烈。相反，努力不平等程度越大，表明现实的收入分配符合"责任原则"，如此，即使不能提高公众的社会公平感，至少也不会使人们感觉到更加不公平。基于此，提出以下理论假设。

假设2：机会不平等会提高社会不公平感，而努力不平等则不然。

此外，不同类型的群体对机会不平等的公平感知可能存在差异。家庭背景较好的群体通常是机会不平等的受益者，随着机会不平等程度的上升，该群体能够从父辈获得更多的资源辅助；相反，家庭背景较差的群体在机会不平等的社会环境中会遭受更大的挫败感和"被剥夺"感，因而对机会不平等的不公平感知更加强烈。据此，提出以下理论假设3。

---

① Lefranc 等（2009）在环境和努力二元因素之外，引入第三类运气因素，考虑到运气的中性性质，这种三元因素分析框架本质上可视为环境—努力二元分析框架的一个应用。

假设3：相对而言，随着机会不平等程度的上升，家庭背景较差的群体能够感受到更强烈的社会不公平感。

然而，即使同样面临较差的家庭背景条件，不同的个体由于自身努力程度和机遇的不同，结果也会存在较大的差异。一部分个体可能丧失向上流动的信心，安于现状、不思进取因而始终处于社会底层；另一部分个体勇于奋进、积极向上，并最终依靠自己的勤奋和努力获得较高的社会地位和收入水平。那么，在同样较差的家庭背景条件下，当前处于不同社会地位和收入水平的群体对机会不平等的不公平感知存在何种差异？对于当前社会地位和收入水平较低的群体，如果因为屡次受挫而放弃努力，则会产生较为强烈的社会不公平感；但若一开始就安于现状，对机会不平等的社会现实就不会有太多体会，社会不公平感也会较弱。而对于当前社会地位和收入水平较高的群体，如果认为自己的努力得到了应有的回报，则不公平感知较弱；反之，如果在努力奋斗的过程中，认为自己所取得的成就并未达到预期水平，则会将这种现实与预期之间的差异归咎于机会不平等，从而感受到更强烈的社会不公平感。并且，这部分群体（家庭背景较差而当前社会地位较高）通常具有较高的受教育水平，在与家庭背景较好的群体进行直接竞争的同时，其公平的认知能力也较强，因而社会不公平感会更加强烈。因此，在同样较差的家庭背景条件下，不同社会地位或收入水平的群体，对机会不平等的公平感知差异将因具体情况而异，需要经过实证的检验。据此，提出如下两个备选的理论假设（4a、4b）：

假设4a：在家庭背景条件较差的群体当中，当前社会地位或收入水平较低的子群体对机会不平等的不公平感知更加强烈。

假设4b：在家庭背景条件较差的群体当中，当前社会地位或收入水平较高的子群体对机会不平等的不公平感知更加强烈。

5.1.3 计量模型构建、变量定义与数据来源

5.1.3.1 计量模型构建

被解释变量为被调查者的社会公平感知，是一个有序离散变量，取

5 收入不平等影响经济效率的社会资本传导机制分析

值范围为 1~3。故需要利用有序概率模型（Ordered Probit Model）对其进行分析。模型的基本原理如下。

设定不可观测的指示函数（index function）为：

$$y^* = x'\beta + \varepsilon \quad (5.1)$$

其中，y^* 不可观测。存在 y 与 y^* 之间的关系：

$$y = \begin{cases} 0, & \text{若 } y^* \leq k_0 \\ 0, & \text{若 } k_0 < y^* \leq k_1 \\ \cdots\cdots \\ 0, & \text{若 } k_{j-1} < y^* \leq k_j \\ \cdots\cdots \\ 0, & \text{若 } k_{J-1} < y^* \end{cases} \quad (5.2)$$

其中，$k_0 < k_1 < \cdots\cdots < k_j < \cdots\cdots < k_{J-1}$ 为待估参数。假设 $\varepsilon \sim N(0,1)$（将扰动项 ε 的方差标准化为 1），则：

$$\begin{aligned} P(y = 0 \mid x) &= P(y^* \leq k_0 \mid x) = P(x'\beta + \varepsilon \leq k_0 \mid x) \\ &= P(\varepsilon \leq k_0 - x'\beta \mid x) = \varphi(k_0 - x'\beta) \end{aligned} \quad (5.3)$$

$$P(y = 1 \mid x) = P(k_0 < y^* \leq k_1 \mid x) = \varphi(k_1 - x'\beta) - \varphi(k_0 - x'\beta) \quad (5.4)$$

$$\cdots\cdots$$

$$P(y = j \mid x) = P(k_{j-1} < y^* \leq k_j \mid x) = \varphi(k_j - x'\beta) - \varphi(k_{j-1} - x'\beta) \quad (5.5)$$

$$\cdots\cdots$$

$$P(y = J \mid x) = 1 - \varphi(k_{J-1} - x'\beta) \quad (5.6)$$

于是，样本似然函数为：

$$L = \prod_{i=1}^{n} \prod_{j=1}^{J} (F(k_j - X\beta) - F(k_{j-1} - X\beta))^{Z_{ij}} \quad (5.7)$$

其中，Z_{ij} 定义为：若个体 i 选择 j，则 $Z_{ij}=1$，否则 $Z_{ij}=0$。得到样本似然函数之后，待估参数 $\{k_0, k_1, k_2, \cdots, k_{J-1}, \beta\}$ 可通过极大似然法（MLE）进行估计。

根据前文的理论分析，为了分析机会不平等对社会公平感的影响机制，构建如下具体计量模型：

$$just_{ijt} = \beta_0 + \beta_0 \cdot opp_{jt} + \beta_0 \cdot effort_{jt} + \lambda_1 X_{it} + \lambda_2 Z_{jt} + \varepsilon_{ijt} \quad (5.8)$$

其中，下标 i 表示个体，j 表示个体所在省（区、市），t 表示时间；被解释变量（just）是序数形式的社会公平感测度；opp 和 effort 分别表示省级层面的机会不平等测度和努力不平等测度；X 表示个体层面的控制变量，包括性别、年龄、受教育程度、个人年收入、当前家庭经济状况以及青少年时期的家庭地位等[1]；Z 表示地区层面的控制变量，包括地区经济发展水平、产业结构以及社会保障水平等；ε 表示随机干扰项。对于上述计量模型，在随机干扰项与解释变量不相关的假设下，采用极大似然法（MLE）获得的参数估计量具有一致性。

5.1.3.2　变量定义与描述

被解释变量为个体的社会公平感，衡量个体对当前社会现状的公平感知。本书采用对问卷"总的来说，您认为当今的社会公不公平？"的回答来度量个体的社会公平感。问卷要求被访者在数字 1～5 之间选择，1 表示"完全不公平"，2 表示"比较不公平"，3 表示"说不上公平但也不能说不公平"，4 表示"比较公平"，5 表示"完全公平"[2]。故将"完全不公平"和"比较不公平"两项进行合并，统称为"不公平"，同样，将"完全公平"和"比较公平"两项也进行合并，统称为"公平"。这样，社会公平感指标（just）可分为三个等级："不公平"、"居中"和"公平"，对应取值分别为"1"、"2"和"3"。从表 5-1 的统计信息可以发现，社会公平感的均值约为 2.05，这说明，我国居民整体的社会公平感一般，既不认为很公平也不认为不公平。

借鉴 Alves 和 Rossi（1978）、Shepelak 和 Alwin（1986）、Robinson 和 Bell（1978）、Form 和 Hanson（1985）、Wegner（1991）、怀默霆（2009）、刘欣（2010）等相关研究，本书选取的个体层面的控制变量包括被调查者性别、年龄、个人收入、当前家庭经济状况、受教育程度等。地区层面的控制变量包括三个方面：一是地区经济状况，如人均 GDP 和产业结构等；二是地区文化水平，用每十万人口中的高中阶段平均在校生数衡量；三是地区社会保障水平，采用人均社会保障和就业支出指标。变量的描述性统计如表 5-1 所示。

---

[1]　相关变量的具体介绍将在后文的变量定义部分给出。
[2]　和其他年份相比，2010 年的问题和选项虽然略有差异，但并无本质区别。

5 收入不平等影响经济效率的社会资本传导机制分析

表 5-1 变量的描述性统计

变量	英文名	变量描述	平均值	标准差	最小值	最大值
社会公平感	just	参见变量定义	2.05	0.88	1	3
机会不平等	opp	如前文测度	0.10	0.06	0.03	0.56
努力不平等	effort	如前文测度	0.37	0.10	0.06	0.64
收入不平等	total	如前文测度	0.47	0.14	0.09	0.95
性别	gender	1 表示男，0 表示女	0.54	0.50	0	1
年龄	gage2	将年龄由低到高排列后平均分为三组，当处于第二组时，gage2 取 1，否则取 0	0.34	0.47	0	1
	gage3	当处于第三组时，gage3 取 1，否则取 0	0.34	0.47	0	1
个人收入	lninc	被访者上年总收入（元，取对数）	9.20	1.12	6.19	11.72
家庭经济状况	position_m	认为目前家庭经济状况在当地处于平均水平取 1，否则取 0	0.54	0.50	0	1
	position_h	认为目前家庭经济状况在当地高于或远高于平均水平取 1，否则取 0	0.08	0.27	0	1
14 岁时的家庭地位	rank	将 14 岁时家庭地位由低到高分为 10 等，取值为 1~10	3.05	1.87	1	10
受教育程度	educ_m	被访者教育水平为初中时取 1，否则取 0	0.32	0.47	0	1
	edu_h	被访者教育水平为初中以上时取 1，否则取 0	0.37	0.48	0	1

续表 5-1

变量	英文名	变量描述	平均值	标准差	最小值	最大值
地区经济发展水平	lnpgdp	所在地区[省（区、市）]的人均GDP（元）取对数	10.58	0.46	9.48	11.51
地区产业结构	rsed	所在地区[省（区、市）]的第二产业增加值占GDP的比重（%）	48.85	7.74	22.30	59.30
地区文化水平	lnmedu	所在地区[省（区、市）]每十万人口高中阶段学校平均在校生数（人）取对数	8.05	0.26	7.18	8.50
地区社会保障水平	lnp_security	所在地区[省（区、市）]人均社会保障和就业支出（元）的对数	6.52	0.44	5.74	7.92

说明：为了保证数据的跨年可比性，总收入（lninc）和人均社会保障支出（lnp_security）均采用消费价格指数（CPI）进行价格调整。

5.1.3.3 数据来源与说明

本书所使用的数据结合了微观和宏观两部分。微观数据来源于2010年、2011年、2012年和2013年的CGSS数据，其中，2010年包含31个省级行政区，2011年包含26个省级行政区（除内蒙古、海南、西藏、宁夏和新疆），2012年包含29个省级行政区（除海南和西藏），2013年包含28个省级行政区（除海南、西藏和新疆）。根据研究需要，本书对样本进行如下处理：①将调查对象的年龄限定为18～69岁；②删除上年个人年收入回答中"不知道""拒绝回答"以及收入为0的样本；③对于家庭经济状况、14岁时家庭经济地位以及受教育程度等相关问题，删除回答为"不知道""拒绝回答""说不清"的样本。最终有效样本容量为27267个，其中2010年7705个，2011年3798个，2012年8126个，2013年7638个。宏观数据为省级层面的控制变量数据，来自相应年份的《中国统计年鉴》，对于少量缺失值采取移动平滑处理。

5.1.4 实证结果与分析

5.1.4.1 参数估计结果

根据模型（5.8）所得到的基本回归结果如表5-2所示。

表5-2中（1）列是不施加任何控制变量的回归结果，此时，机会不平等（opp）的回归系数显著为负，而努力不平等（$effort$）的系数显著为正。（2）列在（1）列的基础上添加个体层面的控制变量，（3）列则继续在（2）列的基础上添加地区层面的控制变量和年份虚拟变量。最终，机会不平等（opp）的回归系数依然在5%的水平下显著为负，而努力不平等（$effort$）的系数则变得不显著。这说明，随着机会不平等程度的上升，人们的社会公平感会显著下降；相反，社会公平感对努力不平等并不敏感。于是，假设2得证。

表5-2 机会不平等对社会公平感的影响

解释变量	(1) 机会不平等1	(2) 机会不平等2	(3) 机会不平等3	(4) 总收入不平等1	(5) 总收入不平等2
opp	-0.551***	-0.440***	-0.292**		
$effort$	0.709***	0.289***	0.042		
$total$				-0.089	-0.144
$total^2$					0.054
$gender$		0.064***	0.053***	0.054***	0.054***
$gage1$		0.008	0.012	0.012	0.012
$gage2$		0.089***	0.114***	0.114***	0.114***
$lninc$		-0.072***	-0.052***	-0.054***	-0.054***
$position\_m$		0.332***	0.337***	0.337***	0.337***
$position\_h$		0.463***	0.462***	0.463***	0.463***
$educ\_m$		-0.173***	-0.162***	-0.162***	-0.162***
$educ\_h$		-0.252***	-0.229***	-0.229***	-0.229***
$lnpgdp$			-0.164***	-0.177***	-0.179***
$rsed$			-0.001	-0.001	-0.001
$lnmedu$			0.182***	0.175***	0.173***
$lnp\_security$			0.134***	0.129***	0.128***
年份固定效应	否	否	是	是	是
观测值	27267	27267	27267	27267	27267
伪R^2	0.002	0.017	0.020	0.020	0.020

说明：***、**、*分别表示在1%、5%和10%水平上显著；表中省略稳健标准误。

(4)、(5)列是社会公平感（just）对总收入不平等（total）的回归结果。考虑到二者之间可能存在的非线性关系，(5)列在(4)列的基础上增加了总收入不平等的平方项（$total^2$）。但最终的结果都不显著。这表明，本书将总收入不平等划分为机会不平等和努力不平等具有相当程度的合理性，换言之，如果不把总收入不平等按照"责任原则"进行区分，将得不出任何有价值的结论。这也进一步证明，在中国特殊的制度和文化背景下,责任原则在社会公平感中依然发挥着主导作用。

尽管发现机会不平等对社会公平感有显著的正向影响,但表5-2中(3)列机会不平等(opp)的回归系数-0.292本身不具有任何实际意义。为了进行定量分析,需要进一步计算出机会不平等对公平感取值概率的边际效应。结果如表5-3所示。

表5-3 机会不平等和努力不平等对社会公平感的边际效应

边际效应	不公平	一般	公平
机会不平等程度上升0.1	1.07%**	0.039%**	-1.11%**
努力不平等程度上升0.1	-0.16%	-0.005%	0.16%

表5-3中的第二行表明,当机会不平等程度上升0.1时①,人们感到不公平的概率将平均上升1.07%,感到一般(或居中)的概率平均上升0.039%,而感到公平的概率将减少1.11%。相反,努力不平等的变化对社会公平感无显著影响。

接下来对控制变量进行分析[以表5-2中的(3)列为例进行说明]。在个体层面上,性别的回归系数显著为正,表明相对于女性而言,男性的社会公平感更强;受访者受教育程度越高,社会公平感反而越低,这与王甫勤(2010)的研究具有一致性,因为受教育程度越高的群体对收入预期也越高,一旦预期没有达到就会产生相对更强烈的社会不公平感。此外,在给定客观(不)公平现状(即机会不平等程度保持不变)的条件下,社会公平感与个体年收入负相关,而与家庭相对经济地位正相关,这在一定程度上支持了社会公平感中以相对剥夺理论为基础的"局部比较理论"(Brickman et al., 1978; Wegner, 1991; Festinger, 1954; Frank, 1985)。

另外,在地区层面上,个体公平感与地区人均GDP成负相关,而与地区产业结构不相关;个体公平感与地区平均受教育水平正相关;人均社会保障和就业支出与个体公平感正相关,这意味着,加大地方政府社保支出是提高社会公平感的重要措施之一。

---

① 样本中机会不平等的平均值即为0.1。

5.1.4.2 稳健性检验

(1) 回归模型与样本选择。采用不同的回归模型和回归样本对以上基本结论进行稳健性检验。除了有序概率模型（Ordered Probit Model）之外，依次采用普通最小二乘法（OLS）和有序逻辑模型（Ordered Logit Model）进行估计的结果如表5－4中的（1）、（2）列所示。考虑到机会不平等对公平感取"居中"选项概率的影响比较小，因此去掉选择"居中"的样本个体，此时针对公平感问题的回答只有两种选项："不公平"与"公平"，选用概率单位（probit）模型对这种二元响应结果进行处理，回归结果如表5－4中的（3）列所示。最终结果表明，机会不平等（opp）的系数始终显著为负，而努力不平等的系数均不显著。这意味着，本书之前所得到的基本结论具有较强的稳健性。

表5－4 稳健性检验

解释变量	(1) ols	(2) ologit	(3) probit	(4) gmm	(5) iv-probit
opp	-0.235**	-0.462*	-0.418***	-4.279***	-6.232***
	(0.10)	(0.24)	(0.16)	(1.17)	(1.86)
$effort$	0.0310	0.0650	0.051	1.273***	1.804***
	(0.07)	(0.16)	(0.12)	(0.37)	(0.57)
个体控制变量	是	是	是	是	是
地区控制变量	是	是	是	是	是
年份控制变量	是	是	是	是	是
观测值	27267	27267	21397	27267	21397
R^2/伪R^2	0.043	0.021	0.038	—	—

说明：***、**、*分别表示在1%、5%和10%水平上显著；括号中的数据为稳健标准误。

(2) 内生性问题。本书构建了省级层面的客观机会不平等指标，相对于个体层面的主观机会不平等指标而言，有以下两点优势：其一，避免了反向因果问题，总体可以对个体产生影响，但个体对总体的影响一般可以忽略不计；其二，客观机会不平等指标与个体特征无关，从而有效避免了个体性格特征变量对模型的干扰作用。此外，本书还尽可能地纳入了省级和个体层面的控制变量，以减小遗漏变量偏误。尽管如此，限于数据的可获得性以及变量之间相互关联的复杂性，仍然可能存在遗留变量问题。为此，本书尝试选择合适的工具变量。

为寻找合适的工具变量，需对影响机会不平等的因素进行分析。机会不平等主要是指由家庭背景（包括经济、政治和文化背景等）引起的收入分配不平等。家庭背景影响个体收入的渠道主要有如下两种[①]：一是社会关系渠道，父母可以通过人脉关系或权力寻租为子女的职业发展提供便利；二是经济资源渠道，处于较高经济地位的父母可以利用丰裕的经济资源为子女提供优良的基础教育、医疗卫生等条件。因此，凡是能够对这两种作用渠道产生影响的因素都可能成为影响机会不平等的重要根源。在市场机制不健全的条件下，父母通过社会关系渠道为子女提供帮助的空间较大。正如 Stiglitz（2000）所言，随着市场化改革的不断深化，法律法规等正式制度将逐渐取代社会网络关系的作用。刘和旺和王宇锋（2010）也发现，如果把党员身份作为一种社会资本，那么随着中国市场化进程的逐步推进，政治资本收益呈现递减的趋势。因此，可以认为市场化程度是影响机会不平等的重要因素之一。另外，由于基础教育、公共卫生等基本公共产品和服务的有效供给对于纠正家庭背景、天生禀赋等环境因素所导致的收入差距具有重要意义，因此，基本公共品的供给和分布状况可能是影响机会不平等的又一重要因素。而且，基本公共品的供给主要对个体青少年时期的成长和教育产生作用，距离个体成年并获得工作收入有一段比较长的时间差距；市场化程度对于"关系"经济的影响也可能存在滞后性。据此，本书选取的三个工具变量分别为：十年前地方人均公共支出[②]、要素市场发育指数以及中介组织发育和法律指数。表 5-4 中的（4）、（5）列分别在（1）、（3）列的基础上进行工具变量回归。采用 GMM 方法进行估计时，可对工具变量的合理性进行检验，$K\text{-}P\ rk\ LM$ 统计量为 234.23，伴随概率为

---

① 根据 Marrero 和 Rodriguez（2013）的归纳，除书中列出的两种途径之外，家庭背景还可通过财富继承、子女偏好和志趣的养成等渠道对子女收入获得产生影响，但其与本书工具变量的选择关系不大。

② 包括地方人均教育支出、地方人均卫生支出、地方人均抚恤和社会福利救助支出、地方人均社会保障补助支出。

0.00，因此拒绝不可识别的原假设，可以认为所选用的工具变量与机会不平等之间存在较强的相关关系；Hansen J 统计量为 0.26，伴随概率为 0.88，也无法拒绝工具变量有效的假定。(4)、(5) 列的结果均表明系数估计值在 1% 的水平下显著为负。并且通过对比 OLS 和 IV，后者的估计结果大于前者，这是 IV 估计的局部处理效应（LATE）所致。OLS 和 IV 估计结果的符号性质与显著性水平基本保持一致，仅在系数大小上略有不同，这说明即便存在由于遗漏变量所导致的内生性问题，也不会颠覆本节的基本结论，即机会不平等的上升会降低社会公平感。

5.1.4.3 进一步的分析

（1）不同家庭背景条件下的公平感知。根据前文的理论分析，在机会不平等的社会环境下，个体的处境将因家庭背景条件的不同而存在差异。家庭背景较好的个体可能从机会不平等中获益，并因此具有较低程度的社会不公平感，而家庭背景较差的个体则相反。为对此进行检验，将样本按照家庭背景条件分类之后再进行回归。本书选取三个具有代表性的家庭背景条件指标，分别为被访者回忆自己 14 岁时的家庭经济地位①、被访者父亲的受教育程度以及被访者父亲的政治身份。结果如表 5-5 所示。

表 5-5 家庭背景差异

解释变量	(1)	(2)	(3)	(4)	(5)	(6)	(7)
	14 岁时家庭等级			父亲受教育程度		父亲政治身份	
	1~2 级	3~4 级	4 级以上	高中以下	高中（含）以上	非党员	党员
opp	-0.441**	0.023	-0.250	-0.295*	-0.209	-0.273*	-0.357
	(0.21)	(0.29)	(0.28)	(0.15)	(0.42)	(0.16)	(0.33)

---

① 考虑年龄对认知的限制，受访者当前对个人 14 岁时的家庭经济地位进行评估难免存在一定程度的偏差，但即使放弃该变量，仅采用父亲受教育程度和父亲政治身份两个变量进行分组回归，仍然可以证实家庭背景差异的存在。

续表 5-5

解释变量	(1)	(2)	(3)	(4)	(5)	(6)	(7)
	14岁时家庭等级			父亲受教育程度		父亲政治身份	
	1~2级	3~4级	4级以上	高中以下	高中（含）以上	非党员	党员
effort	0.419***	-0.140	-0.402**	0.149	-0.575**	0.0360	0.101
	(0.15)	(0.19)	(0.20)	(0.11)	(0.28)	(0.11)	(0.25)
个体控制变量	是	是	是	是	是	是	是
地区控制变量	是	是	是	是	是	是	是
年份固定效应	是	是	是	是	是	是	是
观测值	12660	8139	6468	23707	3560	22735	4532
伪 R^2	0.024	0.019	0.019	0.020	0.019	0.021	0.017

说明：***、**、*分别表示在1%、5%和10%水平上显著；括号中的数据为稳健标准误。被访者14岁时的家庭等级按照从低到高共分为10个等级，分别用整数1~10表示。

首先按照被访者回忆自己14岁时的家庭经济地位进行分组，结果如表5-5中（1）、（2）、（3）列所示。当个体的家庭背景条件较差（14岁时的家庭经济地位处于1~2级）时，机会不平等（opp）的系数在5%的水平下显著为负，而当个体的家庭背景条件较好（14岁时的家庭经济地位处于3级以上）时，机会不平等（opp）的系数变得不显著。表5-5中（4）、（5）列和（6）、（7）列分别以被访者父亲的受教育程度和政治身份作为分组变量，结果表明，当被访者父亲的受教育程度在高中以下或者政治身份为非党员时，机会不平等（opp）的系数显著为负，反之，该系数不显著。至此，假设3得以证实，即随着机会不平等程度的上升，家庭背景较差的群体能够感受到更强烈的社会不公平感。

（2）不同家庭背景和当前收入组合下的公平感知。除了家庭背景条件之外，被访者当前的收入水平也是影响公平感知的重要因素。接下来分析在不同的家庭背景和当前收入的组合下，个体对机会不平等的公平感知差异，结果如表5-6中的（1）~（6）列所示。

表5-6的参数估计结果显示，在"无背景、低收入"组合下，

机会不平等（opp）的系数不显著，而在"无背景、中高收入"，尤其是在"无背景、高收入"组合下，机会不平等（opp）的系数显著为负。这一结果证实了假设4b，即相对于家庭背景条件较差而当前社会地位或收入水平较低的群体，家庭背景条件较差而当前社会地位或收入水平较高的群体对机会不平等的不公平感知更加强烈。采用不同的家庭背景指标，结果大致相同（表5-7）。表5-7中，依次采用父亲政治身份（是否为中共党员）、父亲受教育程度和母亲受教育程度来衡量受访者家庭背景，结果表明，除父亲受教育程度之外，父亲政治身份和母亲受教育程度指标均支持假设4b。另外，表5-6中的（4）列显示，"有背景、低收入"群体对机会不平等同样有着较为强烈的不公平感知。原因可能是该部分群体在14岁以后家道中落，最终沦为"无背景"组。

按照前文对假设4b的理论解释，"无背景"群体即使凭借个人努力在当前获得了较高的收入水平，仍然对现实的机会不平等有着较为强烈的不公平感，其中一个很重要的原因在于，当前较高的收入水平与个体付出的努力程度以及由此产生的收入预期相比依然存在一定的差距，"无背景"群体很容易将这种差距归咎于现实世界的机会不平等，因而产生较为强烈的不公平感。为了对此进行进一步的检验，以受教育水平作为个体努力程度的代理变量，在基本回归模型（5.1）中添加机会不平等、个体受教育水平以及个体收入水平三者的交互项，结果如表5-6中的（7）、（8）列所示：与低教育水平组相比，较高教育水平群体若收入水平较低，则对机会不平等变动的公平感知更加强烈，而随着该群体收入水平的提高，这种感知的强烈程度逐渐下降。该结果进一步证实了上述解释的合理性。

5 收入不平等影响经济效率的社会资本传导机制分析

表 5-6 家庭背景与当前收入组合

解释变量	(1)	(2)	(3)	(4)	(5)	(6)	(7)	(8)
	无背景+低收入	无背景+中高收入	无背景+高收入	有背景+低收入	有背景+中高收入	有背景+高收入	高中	大学
	家庭背景与收入组合						教育与收入交互项	
opp	−0.344	−0.452*	−0.872**	−1.214**	−0.0370	−0.192	−0.130	−0.272*
	(0.33)	(0.27)	(0.41)	(0.56)	(0.27)	(0.37)	(0.17)	(0.15)
$opp * educ\_h * income\_l$							−0.984**	−1.360*
							(0.41)	(0.73)
$opp * educ\_h * income\_m$							−0.611**	−0.123
							(0.30)	(0.35)
$opp * educ\_h * income\_h$							−0.274	0.0140
							(0.28)	(0.22)
个体控制变量	是	是	是	是	是	是	是	是
地区控制变量	是	是	是	是	是	是	是	是
年份固定效应	是	是	是	是	是	是	是	是
观测值	5619	7041	2935	1982	7654	4382	27267	27267
伪 R^2	0.020	0.022	0.025	0.020	0.018	0.014	0.020	0.020

说明：***、**、* 分别表示在 1%、5% 和 10% 水平上显著；括号中的数据为稳健标准误。"无背景"表示被访者 14 岁时的家庭经济地位在第 1、2 级，"有背景"表示被访者 14 岁时的家庭经济地位在第 4 级（含）以上。将被访者上年的年收入按照从低排列高排列后平均分为三组，依次称为低收入组、中等收入组和高收入组，$income\_l$、$income\_m$、$income\_h$ 均为 0～1 虚拟变量，当个体处于低收入组时，$income\_l$ 取 1，否则取 0，以此类推。（7）、（8）列中个体的受教育水平以高中为分界点，高中以上为高受教育水平，$educ\_h$ 取 1，否则取 0；（8）列中个体的受教育水平以大学为分界点，大学以上为高受教育水平，$educ\_h$ 取 1，否则取 0。

表 5-7 不同类型的家庭背景指标

变量	(1) 父亲党员身份 高收入且父亲非党员	(2) 父亲党员身份 高收入且父亲为党员	(3) 父亲受教育程度 高收入且父亲受教育程度在高中以下	(4) 父亲受教育程度 高收入且父亲受教育程度在高中（含）以上	(5) 母亲受教育程度 高收入且母亲受教育程度在初中以下	(6) 母亲受教育程度 高收入且母亲受教育程度在初中（含）以上
opp	-0.522* (0.30)	0.024 (0.48)	-0.303 (0.27)	-0.808 (0.61)	-0.508* (0.26)	0.740 (0.77)
effort	-0.367* (0.20)	-0.522 (0.36)	-0.327* (0.19)	-0.663* (0.39)	-0.321* (0.18)	-1.222** (0.50)
个体控制变量	是	是	是	是	是	是
地区控制变量	是	是	是	是	是	是
年份固定效应	是	是	是	是	是	是
观测值	7067	2022	7122	1967	7902	1187
伪 R^2	0.017	0.018	0.016	0.019	0.016	0.027

说明：***、**、* 分别表示在 1%，5% 和 10% 水平上显著；括号中的数据为稳健标准误。

5.1.5 结论

本节结合 2010—2013 年的中国综合社会调查（CGSS）数据以及相应年份的省级面板数据，在对我国省级层面的机会不平等程度进行定量测度的基础之上，深入分析了机会不平等影响社会公平感的作用机制，并对其进行实证检验。结果表明：第一，机会不平等程度的上升会显著降低社会公平感，而努力不平等对社会公平感的影响则不显著；这说明，社会公平感很可能是机会不平等作用于经济效率的重要中介机制之一；第二，相对而言，随着机会不平等程度的上升，家庭背景较差的群体能够感受到更强烈的社会不公平感；第三，相对于家庭背景条件较差而当前收入水平较低的群体，家庭背景条件较差而当前收入水平较高的群体对机会不平等的不公平感知更加强烈。

5.2 社会资本传导机制之二：收入不平等与社会信任

社会信任是社会资本的重要组成部分之一，也是机会不平等作用于经济效率的重要中间机制，但却鲜有学者直接研究机会不平等对社会信任的影响。那么，机会不平等究竟是否会对社会信任产生影响？如果是，作用机制和作用效果如何？这种影响在不同的群体之中是否存在显著差异？对于这些问题的解答正是本节研究的重点。

5.2.1 关于社会信任的相关文献回顾

在经济领域中，信任指不确定性状况下，个体对其他经济行为者采取合作行为的乐观预期（Fafchamps，2004；Luo，2005）。在实际经济活动中，相当一部分个体是"有条件的合作者"，经济行为者之间的互动及对长期利益的预期是合作和信任发生的前提（Plattean，1994）。由此可知，信任产生的基本特征之一是信息不充分或者社会确定性不够（翟学伟，2014）。基于经济行为者的性质差异，信任可区分为个体之间的信任和个体对组织团体的信任（Newton，1999）。基于产生机制上的差异，Durlauf 和 Fafchamps（2005）进一步将个体之间的信任区分为个人化信任（personalized trust）和一般化信任（generalized trust），前者源于个体之间频繁的往来，后者则是以对象群体的动机、构成、教育背景等一般性知识为基础所产生的信任。一般化信任亦称社会信任，通常指对社会上大部分个体的信任（Durlauf and Fafchamps，2005）。福山将社会信任定义为"社会成员对他人行为符合社会规则、规范的期待"（Fukuyama，1995）。根据信任产生的依据不同，又可将其划分为基于道德品质的信任和基于制度的信任。道德上的默契为群体成员的相互信任打下了坚实的基础，而以保障社会公平公正为目的的法律制度设施则为彼此陌生的个体提供了互相合作与解决冲突的条件，由此使信任半径大幅增加（福山，2003）。

信任作为社会资本的重要组成部分之一，其对经济效率的影响历来受到学者的广泛关注，许多学者对这种影响机制进行了分析。福山（2001）认为，信任是经济交换的润滑剂，是许多经济交易所必须具有的公共品德，社会个体之间的信任是文化作用于经济的重要表现形式，甚至可能对经济效率产生决定性影响。此外，Blau（1964）、Lawler（1992）、Ledyard（1995）、Nooteboom（2002）与 Fukuyama（1995）等也都认为，信任能够降低社会经济关系中的不确定性，从而降低彼此合作的交易费用。

还有一部分学者考察影响信任的因素，这方面的研究主要包括微观和宏观两个层面。微观层面主要研究个体特征对社会信任水平的影响，即考察性别、年龄、婚姻状况、户籍等人口统计学特征以及教育程度、收入水平、宗教信仰与健康水平等如何作用于社会信任水平（Uslaner，2000；Putnam，2000；Alesina and Ferrara，2002；Berggren and Bjørnskov，2011；Barefoot and Maynard，1998；汪汇，2009）。宏观层面的研究认为，作为某种嵌入在特定社会环境中的社会关系，社会信任受到社会制度与社会结构的影响，此处的社会制度与社会结构主要指社区异质性、经济因素、政治环境、正式与非正式的制度安排等外部环境（Booth and Bayer，1998；Leigh，2006；Seligson，2002；张维迎和柯荣柱，2002；徐淑芳，2005）。

在宏观层面的研究中，收入不平等被认为是影响社会信任的一个重要因素。然而，在收入不平等如何作用于社会信任这一问题上，不同的学者持不同的看法。主流观点认为两者之间存在显著的负相关关系，即较高的不平等程度伴随较低的社会信任水平（Alesina and La Ferrara，2000；Jong-Sung You，2012；Werfhorst and Salverda，2012；裘斌，2012；申广军和张川川，2016）。对这种关系的解释机制包括社会心理机制与新唯物主义机制。社会心理机制认为收入不平等通过影响主观不平等观念进而作用于社会信任（Neckerman and Torche，2007），严重的主观不平等致使人们难以对其他收入群体产生认同感，抑或认为这样的收入分配与社会环境缺乏公平性。而支持新唯物主义机制的学者认为，不同程度的信任水平源于居民间可资利用的资源差异以及由此造成的彼此间应对社会风险与信任他人的成本差异。这种看法认为收入差距的扩大加剧阶层固化，而严重分化的社会更加封闭，不同阶层的群体彼此之间难以沟通，进而较难对他人产生信任并取得他人的信任（Spencer，2004；Wilkinson and Pickett，2009）。与主流观点持相反意见的看法则认为收入不平等与社会信任之间并无直接相关性，例如，Sander（2011）对西方发达国家的研究表明，控制国民财富变量后，收入不平等对社会信任的影响趋近于零。有类似结论的研究还包括 Knack 和 Zak（2001）、Uslaner（2003）、Leigh（2006）以及 Malcolm 和 Fairbrother（2013）等。

综上所述，现有研究对于理解社会信任的影响因素，尤其是社会信任与收入分配之间的关系具有十分重要的借鉴意义。但仍存在如下需要改进之处：不同性质的收入不平等对社会信任的影响可能存在差异性。按照来源进行划分，收入不平等可分解为努力不平等和机会不平等，前者取决于个人的努力程度差异，后者取决于家庭背景和社会制度等个人不可控制的环境因素（Roemer，1993、1998）。在这两种类型的不平等当中，机会不平等因与社会正义原则相违背，无法被人们所认可并被认为是不公平的；而努力不平等则相反，能够被人们所接受（刘华、徐建斌，2014）。因此，如果社会心理机制起作用，则应该是机会不平等通过公平感这一传导渠道，最终作用于社会信任，而努力不平等则不然。这意味着，将机会不平等和努力不平等进行分离而非混同处理，有助于我们厘清收入不平等对社会信任的作用机理，因而具有十分重要的理论意义。

并且，社会信任作为连接机会不平等与经济效率的重要中介变量，其重要性不言而喻。然而，却鲜有学者对机会不平等和社会信任之间的关系进行系统、深入地分析。本书拟利用具有全国代表性的微观调查数据将收入不平等按照责任原则分解为机会不平等与努力不平等，检验其对社会信任度的影响；并进一步分析这种影响在收入水平上的异质性。可能的贡献主要体现为：①利用中国微观层面的数据将收入不平等按照责任原则分解为机会不平等和努力不平等，并重点研究机会不平等对社会信任度的影响，有助于深入理解收入分配对社会信任的作用机制；②在社会心理机制的基础之上，构建了能够同时容纳主观认同感和个体性投机渠道的公平心理机制，是对社会信任相关理论成果的重要补充；③充分考虑了机会不平等变量潜在的内生性问题，确保了研究结论的可靠性和稳健性。此外，还详细分析了不同收入水平下机会不平等对社会信任感的差异性影响，有利于全面认识和理解机会不平等的信任效应。

5.2.2 理论分析与研究假设

将收入不平等按照来源可分解为努力不平等和机会不平等，由于机会不平等与社会正义原则相违背，因此通常被认为是不公平的，而努力不平等却往往能够被人们所接受。依据社会心理机制（Neckerman and Torche，2007），机会不平等程度的上升会降低社会公平感，进而降低人们对其他收入群体的主观认同感，最终损害人与人之间的信任关系。然而需要注意的是，社会公平感除了影响主观认同感之外，还会对个体性投机行为造成影响。在一个相对公平公正的社会环境中，与投机和背叛相比，人们选择信任与合作能够获得更高的预期收益，因而信任与合作占据主导地位。而在机会不平等条件下，人们预期无法通过个人努力以及和他人的信任与合作关系获得合理的公平收入，此时选择信任与合作所获得的预期收益会降低，甚至低于选择投机与背叛的期望收益，这样，投机与背叛便会成为个体的理性选择。"当个体性投机和市场逐利成为人们生活的主旋律时，信任的理所当然特征也随之消失"（翟学伟，2014）。本书将这种同时容纳主观认同感和个体性投机渠道的社会心理机制称为公平心理机制。因此，机会不平等作用于社会信任的理论机制如图5-1所示。据此，提出以下理论假设5。

假设5：机会不平等程度的上升会降低社会信任度，而努力不平等则不然。

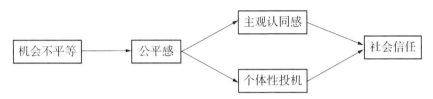

图5-1　机会不平等作用于社会信任的公平心理机制

此外，与上一章中对社会公平感的分析类似，在不同类型的群体当中，机会不平等对社会信任感的影响可能存在差异性。上一章的实证结果表明，机会不平等对社会公平感的影响存在家庭背景异质性和个体收入异质性，具体而言，机会不平等对社会公平感的负向影响主要体现在家庭背景较差且个体收入水平较高的群体当中。由于机会不平等通过社会公平感对社会信任产生影响，故在理论上，机会不平等对社会信任的影响也应存在家庭背景异质性和个体收入异质性。

但需要注意的是，和社会公平感相比，社会（不）信任存在"传染性"，即家庭背景条件较差的群体在与家庭背景条件较好的群体进行竞争时，可能产生比较强烈的社会不公平感并由此降低社会信任度。但家庭背景条件较好的群体在面对对方的不信任时，往往也会产生同样的不信任感，这种不信任感的扩散或"传染"最终可能消除家庭背景之分。

基于上述分析，提出如下待检验的理论假设6。

假设6：当前收入水平较高的群体当中，机会不平等对社会信任度的负向影响更加显著。

5.2.3 计量模型构建、变量定义与数据来源

5.2.3.1 计量模型构建

本书通过构建 logit 模型来定量分析机会不平等对社会信任的影响。模型的基本原理如下。

设定指示函数（index function）为：

$$y^* = x'\beta + \varepsilon \tag{5.9}$$

其中，y^* 为不可观测的潜变量。个体的选择规则为：

$$y = \begin{cases} 1, & \text{若 } y^* < 0 \\ 0, & \text{若 } y^* \leq 0 \end{cases} \tag{5.10}$$

因此，

$$P(y=1 \mid X) = P(y^* > 0 \mid X) = P(\varepsilon > -X'\beta \mid X) \tag{5.11}$$

假设 ε 服从 logit 分布，则

$$P(y=1 \mid X) = \Lambda(X'\beta) \equiv \frac{\exp(X'\beta)}{1+\exp(X'\beta)} \tag{5.12}$$

根据前文的理论分析，为了研究机会不平等对社会公平感的影响，构建如下具体计量模型：

$$trust_{ijt} = \beta_0 + \beta_0 \cdot opp_{jt} + \beta_0 \cdot effort_{jt} + \lambda_1 X_{it} + \lambda_2 Z_{jt} + \eta_j + \tau_t + \varepsilon_{ijt} \tag{5.13}$$

其中，下标 i 表示个体，j 表示个体所在省份（自治区、直辖市），t 表示时间；被解释变量（$trust$）是社会公平感测度，为二值变量；opp 和 $effort$ 分别表示省级层面的机会不平等测度和努力不平等测度；X 表示个体层面的控制变量，包括性别、年龄、受教育程度、个人年收入、婚姻状况以及当前家庭经济状况等①；Z 表示地区层面的控制变量，包括地区经济发展水平、产业结构以及社会保障水平等；η 和 τ 分别表示地区和年份固定效应；ε 表示随机干扰项。

5.2.3.2 相关变量定义与描述

本书采用对问卷"总的来说，您是否同意在这个社会上绝大多数人

---

① 全部变量的具体介绍将在后文的变量定义部分给出。

都是可以信任的?"的回答来度量个体的社会信任度。问卷要求被调查者在数值 1~5 之间做出选择,1 表示"完全不信任",2 表示"比较不信任",3 表示"无所谓",4 表示"比较信任",5 表示"完全信任"[①]。关于社会信任度的调查结果如表 5-8 所示。

表 5-8 信任度调查分布表

信任状况	频数	占比(%)
完全不信任	1296	4.53
比较不信任	5854	20.45
无所谓	3616	12.63
比较信任	15156	52.93
完全信任	2710	9.46

说明:表中数据为 2010 年、2011 年、2012 年和 2013 年调查的综合统计结果。

从表 5-8 中可观测到以下三条事实:第一,选择不信任(包括完全不信任和比较不信任)的比例占到 1/4 左右,而选择信任(包括比较信任和完全信任)的比例占到 60% 以上,表明中国民众的总体信任度较高;第二,选择完全不信任和完全信任这两种极端选项的比重较低;第三,选择无所谓信任不信任的比重较小,仅为 12% 左右。

考虑到"非常不同意"和"非常同意"这两种极端选项在实际调查结果中所占的比例较低,本书将"完全不信任"和"比较不信任"合二为一,统称为"不信任";同样,将"比较信任"和"完全信任"统一归并为"信任"。此外,考虑到人们往往高估自身的信任水平,(Alesina and Ferrara,2002),本书参照 Alesina 和 Ferrara (2002)、李涛等(2008)以及汪汇等(2009)的处理方法,将回答"无所谓信任不信任"群体归为"不信任"一类[②]。这样,社会信任度指标(trust)可分为两个等级:"不信任"和"信任",对应取值分别为"0"和"1"。

除了被解释变量之外,模型中的核心解释变量是分省测度的机会不平等指标。控制变量既包括个人层面,也包含地区层面。其中,个体层

[①] 和其他年份相比,2010 年的问题和选项虽然略有差异,但并无本质区别。

[②] 后文将进行稳健性检验。

面的控制变量包括受访者的性别、年龄、年收入、婚姻状况、受教育程度以及家庭经济地位等。如 Alesina 和 Ferrara（2002）基于美国 1974—1994 年间的纵贯数据开展研究，结果表明，少数种族（特别是黑人群体）、女性、收入水平及受教育程度较低者和最近经历过"不幸事件"的个体，其社会信任度较低。随着年龄的增加，个人社会经验日益丰富，社会信任水平逐渐提高；已婚者家庭生活稳定，拥有较强的抵御社会风险的能力，因而社会信任水平较高。地区层面的控制变量包括受访者所在地区的经济发展水平、产业结构、平均受教育程度以及地区社会保障支出水平等。比如，张维迎和柯荣柱（2002）发现地区经济发展水平对社会信任水平具有显著的正向影响。相关变量的描述性统计如表 5-9 所示。

5.2.3.3 数据来源说明

本节所使用的数据结合了微观和宏观两部分。微观数据为 2010 年、2011 年、2012 年和 2013 年的 CGSS 数据，根据研究需要，对样本进行如下处理：①将调查对象的年龄限定为 18～69 岁；②删除上年个人年收入回答中"不知道""拒绝回答"以及收入为 0 的样本；③对于家庭经济状况、14 岁时家庭经济地位以及受教育程度等相关问题，删除回答为"不知道""拒绝回答""说不清"的样本。最终有效样本容量为 27244 个，其中 2010 年 7701 个，2011 年 3795 个，2012 年 8126 个，2013 年 7622 个。宏观数据为省级层面的控制变量数据，来自相应年份的《中国统计年鉴》，对于少量缺失值采取移动平滑处理。

5.2.4 回归结果分析

回归结果分析如下。

5.2.4.1 基本回归结果

根据模型（5.13）所得到的回归结果如表 5-10 所示。

5 收入不平等影响经济效率的社会资本传导机制分析

表 5-9 变量的描述性统计

变量名	英文名	变量描述	平均值	标准误	最小值	最大值
信任感	trust	"不信任"取值0，"信任"取值1	3.43	1.05	1	5
机会不平等	opp	如前文测度	0.10	0.06	0.03	0.56
努力不平等	effort	如前文测度	0.37	0.10	0.06	0.64
性别	gender	1表示男，0表示女	0.54	0.50	0	1
年龄	age	受访者年龄	45.47	12.80	18	69
家庭经济状况	position_m	认为目前家庭经济状况在当地处于平均水平取1，否则取0	0.54	0.50	0	1
	position_h	认为目前家庭经济状况在当地高于或远高于平均水平取1，否则取0	0.08	0.27	0	1
受教育程度	educ_m	被访者教育水平为初中时取1，否则取0	0.32	0.47	0	1
	educ_h	被访者教育水平为初中以上时取1，否则取0	0.37	0.48	0	1
婚姻状况	married	已婚或同居取1，否则取0	0.85	0.36	0	1
个人收入	lninc	受访者上年总收入（元，取对数）	9.22	1.15	4.33	14.64
地区经济发展水平	lnpgdp	所在地区[省（区、市）]的人均GDP（元，取对数）	10.58	0.46	9.48	11.51
地区产业结构	rsed	所在地区[省（区、市）]的第二产业增加值占GDP的比重（%）	48.85	7.74	22.30	59.30

续表 5-9

变量名	英文名	变量描述	平均值	标准误	最小值	最大值
地区文化水平	lnmedu	所在地区[省（区、市）]每十万人口高中阶段学校平均在校生数（人）取对数	8.05	0.26	7.18	8.50
地区社会保障水平	lnp_security	所在地区[省（区、市）]人均社会保障和就业支出（元）的对数	6.52	0.44	5.74	7.92

说明：为了保证数据的跨年可比性，总收入（lninc）和人均社会保障支出（lnp_security）均采用消费价格指数（CPI）进行价格调整。

5 收入不平等影响经济效率的社会资本传导机制分析

表 5-10 机会不平等对社会信任感的影响

解释变量	不考虑收入异质性			考虑收入异质性	
	(1)	(2)	(3)	(4)	(5)
opp	0.20	0.46*	-0.26	4.64**	0.31
	(0.23)	(0.24)	(0.30)	(1.81)	(0.40)
$effort$	0.99***	0.19	0.41	0.45*	0.43
	(0.14)	(0.18)	(0.27)	(0.27)	(0.27)
$opp*lninc$				-0.52***	
				(0.19)	
$opp*income\_m$					-0.73**
					(0.34)
$opp*income\_h$					-0.87**
					(0.44)
$gender$		0.08***	0.08***	0.08***	0.08***
		(0.03)	(0.03)	(0.03)	(0.03)
age		0.02***	0.02***	0.02***	0.02***
		(0.00)	(0.00)	(0.00)	(0.00)
$position\_m$		0.31***	0.32***	0.32***	0.32***
		(0.03)	(0.03)	(0.03)	(0.03)
$position\_h$		0.51***	0.49***	0.49***	0.49***
		(0.05)	(0.05)	(0.05)	(0.05)
$educ\_m$		-0.02	-0.00	-0.00	-0.00
		(0.03)	(0.04)	(0.04)	(0.04)
$educ\_h$		0.13***	0.15***	0.15***	0.16***
		(0.04)	(0.04)	(0.04)	(0.04)
$married$		0.15***	0.13***	0.12***	0.13***
		(0.04)	(0.04)	(0.04)	(0.04)
$lninc$		-0.06***	-0.03*	0.03	0.00
		(0.01)	(0.02)	(0.03)	(0.02)

续表 5-10

解释变量	不考虑收入异质性			考虑收入异质性	
	(1)	(2)	(3)	(4)	(5)
ln*pgdp*		-0.30***	-2.05***	-1.95***	-1.98***
		(0.04)	(0.56)	(0.56)	(0.56)
rsed		0.00	0.03**	0.03**	0.03**
		(0.00)	(0.01)	(0.01)	(0.01)
ln*medu*		0.30***	0.25	0.23	0.24
		(0.08)	(0.24)	(0.24)	(0.24)
ln*p_securiy*		0.24***	0.03	0.06	0.04
		(0.04)	(0.23)	(0.23)	(0.23)
常数项	0.13***	-1.27	19.43***	17.80***	18.44***
	(0.05)	(0.95)	(5.29)	(5.33)	(5.31)
年份固定效应	否	否	是	是	是
省份固定效应	否	否	是	是	是
观测值	27244	27244	27244	27244	27244
伪 R^2	0.00	0.02	0.03	0.03	0.03

说明：***、**、*分别表示在1%、5%和10%水平上显著；括号中的数据为稳健标准误。将所有个体的收入按照从小到大进行排列后平均分为三组，若某个体处于中间组，则 income_m 取1，否则取0；若个体处于较高收入组，则 income_h 取1，否则取0。表中省去常数项。

表 5-10 中，(1)、(2)、(3) 列是不考虑收入异质性的回归结果。与 (1) 列相比，(2) 列包含了个体控制变量和随时间变化的地区控制变量，(3) 列在 (2) 列的基础上增加了年份固定效应和地区固定效应。(3) 列结果表明，机会不平等 (*opp*) 的系数为负，但并不显著。因此，理论假设 5 并未得到有力的实证支持。

考虑到不同收入群体中机会不平等对社会信任感的影响并不相同，因而在 (3) 列的基础上添加机会不平等与收入水平的交叉项 (*opp * lninc*)，结果如 (4) 列所示。从 (4) 列中可以发现，机会不平等 (*opp*) 系数在 5% 水平上显著为正，而交叉项 (*opp * lninc*) 系数则在 1% 水平上显著为负。经过简单计算可知，机会不平等对社会信任的作用效果由正转负的收入临界值为7480，如果将个体收入按照从低到高进行排列，则该数值处于第34百分位上。这表明，只有在中高收入群体中，机会不平等才会对个体的社会信任度产生显著的正向影响，而对低收入群体则不然。(5) 列与 (4) 列相比，将机会不平等与收入水平的交叉项替换成机会不平等与中等和高等收入组别的交互项，此时，机会不平等 (opp) 的系数不显著，但交叉项 ($opp*income\_m$ 和 $opp*income\_h$) 的系数均在5%的水平上显著为负。这与 (4) 列的回归结果具有一致性，表明假设6获得了较好的实证支持。

另外，从表5-10中还能发现努力不平等 ($effort$) 的回归系数并不存在一致的显著性，表明影响社会信任度的因素并非努力不平等而是机会不平等，这也在一定程度上说明新唯物主义机制并未得到实证支持。控制变量中，个体性别 ($gender$)、年龄 (age) 和家庭经济状况 ($position\_m$ 和 $position\_h$) 回归系数均显著为正，这与Alesina和Ferrara (2002) 的研究结论一致。

5.2.4.2 稳健性检验

(1) 模型与样本选择。除了Logit模型之外，本书还采用普通最小二乘法 (OLS) 和概率单位模型 (Probit Model) 进行回归分析，结果如表5-11中 (1)、(2) 列所示，与表5-10中的基本回归结果并无显著差异。(3) 列中剔除回答选项为"无所谓信任不信任"的个体，不再将其归入"不信任"类型；(4) 列中去掉样本观测值相对较少的三个地区（海南、西藏和新疆），结论依然稳健。

(2) 关于内生性。本书构建了省级层面的客观机会不平等指标，相对于个体层面的主观机会不平等指标而言，有以下两点优势：其一，避免了反向因果问题，总体可以对个体产生影响，但个体对总体的影响一般可以忽略不计；其二，客观机会不平等指标与个体特征无关，从而有效避免了个体性格特征变量对模型的干扰作用。此外，本书还尽可能纳入了省级和个体层面的控制变量，以减小遗漏变量偏误。尽管如此，限于数据的可获得性以及变量之间相互关联的复杂性，仍然可能存在遗留变量问题。为此，本书尝试选择合适的工具变量。

借鉴第四章工具变量的选择方法，本节选取的工具变量为：十年前人均财政卫生经费支出与人均财政教育支出之和、十年前政府与市场的关系指数及其与受访者年收入的对数的交互项。表 5-11（5）、（6）列分别在（1）、（2）列的基础上进行工具变量回归。（5）列采用 GMM 方法进行估计时，可对工具变量的合理性进行检验，$K-P\ rk\ LM$ 统计量为 396.8，伴随概率为 0.00，因此拒绝不可识别的原假设，可以认为所选用的工具变量与机会不平等之间存在较强的相关关系；$Hansen\ J$ 统计量为 0.641，伴随概率为 0.73，也无法拒绝工具变量有效的假定。(5)、(6) 列的系数估计值无论在方向还是在显著性上与（1）、（2）列相比均无显著差异。(7)、(8) 列是不添加交互项的工具变量回归结果，与表 5-10 中的基本回归结果亦无显著差异。以上工具变量回归的结果表明，本节的实证结论具有相当程度的稳健性。

(3) 分组回归及不同类型的分组选择。表 5-10 中通过添加机会不平等（opp）与收入交互项的方式，来体现机会不平等作用于社会信任的收入异质性。实际上，采用分组回归的方法也能得到类似的结论，如表 5-12 中（1）、（2）、（3）列所示，低收入组和中收入组中机会不平等变量（opp）的系数不显著，而高收入组中 opp 的系数在 10% 的水平下显著为负。这表明，在较高收入群体中，机会不平等对社会信任产生显著的负向影响，而在中低收入群体中，这种影响不显著，这与表 5-10 中的结论基本一致。

除了将个体按照收入水平平均分为三组之外，也可采用其他分组方式。例如，将个体以样本平均收入为分界点①，分为两组：平均收入以下组和平均收入以上组，回归结果如表 5-12 中的（4）~（7）列所示，其中，(4)、(5) 列对两组样本分别进行回归，结果显示，平均收入以下组中，机会不平等测度（opp）的系数不显著，而平均收入以上组中 opp 的系数在 10% 的水平下显著为负。该结果再次表明，机会不平等的负向影响只存在于较高收入群体中，与之前的基本结论保持一致。(6)、(7) 列采用机会不平等与收入虚拟变量的交互项进行回归的结果也得到相同的结论，具体不再赘述。

---

① 除了平均收入外，以中位收入为分界点得到的回归结果大致相同。

5 收入不平等影响经济效率的社会资本传导机制分析

表 5-11 稳健性检验

解释变量	(1)	(2)	(3)	(4)	(5)	(6)	(7)	(8)
	模型与样本选择				内生性处理			
	ols	probit	去中间项	去掉部分地区	ivreg	ivprobit	ivreg	ivprobit
opp	2.97***	2.85***	3.93*	4.56**	18.03***	13.58*	0.07	0.43
	(0.87)	(1.09)	(2.03)	(1.82)	(6.31)	(7.57)	(1.15)	(1.38)
$effort$	0.21	0.27	0.38	0.42	0.16	-0.01	0.14	0.04
	(0.13)	(0.17)	(0.31)	(0.27)	(0.41)	(0.05)	(0.42)	(0.51)
$opp*lninc$	-0.32***	-0.32***	-0.46**	-0.51***	-1.89***	-1.36*	—	—
	(0.09)	(0.11)	(0.21)	(0.19)	(0.65)	(0.77)	—	—
个体控制变量	是	是	是	是	是	是	是	是
地区控制变量	是	是	是	是	是	是	是	是
年份控制变量	是	是	是	是	是	是	是	是
观测值	27244	27244	23837	27001	27244	27244	27244	27244
伪 R^2 或 R^2	0.05	0.03	0.04	0.03	0.04	—	0.05	—

说明：***、**、*分别表示在 1%、5% 和 10% 水平上显著；括号中的数据为稳健标准误。(4) 列中去掉的观测值较少的地区包括：海南省、西藏自治区和新疆维吾尔自治区（观测值均在 200 以下）。(5)~(8) 列所选取的工具变量为：十年前人均财政卫生经费支出与人均财政教育支出之和、十年前政府与市场的关系指数及其与受访者年收入的对数的交互项。表中省去常数项。

97

表 5-12 按收入类型分组回归结果

解释变量	(1) 低收入组	(2) 中收入组	(3) 高收入组	(4) 平均收入以下	(5) 平均收入以上	(6) 交互项回归	(7) 交互项回归
opp	0.49 (0.59)	-0.03 (0.53)	-0.85* (0.50)	0.25 (0.38)	-0.95* (0.51)	0.18 (0.35)	-1.05** (0.42)
$effort$	1.00** (0.51)	0.48 (0.47)	-0.27 (0.48)	0.68** (0.33)	-0.14 (0.49)	0.45* (0.27)	0.45* (0.27)
$opp * highinc$						-1.23*** (0.46)	
$opp * lowinc$							1.23*** (0.46)
个体控制变量	是	是	是	是	是	是	是
地区控制变量	是	是	是	是	是	是	是
年份控制变量	是	是	是	是	是	是	是
观测值	9080	9081	9081	18755	8489	27244	27244
伪 R^2	0.05	0.03	0.03	0.04	0.04	0.03	0.03

说明：***、**、*分别表示在1%、5%和10%的水平上显著；括号中的数据为稳健标准误。表中结果均为logit模型回归结果，故解释变量为社会信任度变量（trust）。(1)、(2)、(3)列中，将所有个体的收入按照从小到大进行排列后平均分为三组，对各组分别回归；(4)～(7)列中，将所有个体按照平均收入分为两组，当个体收入高于平均收入时，变量highinc取1，否则取0；当个体收入低于平均收入时，变量lowinc取1，否则取0。其中，(4)、(5)列为分组回归结果，(6)、(7)列为交互项回归结果。表中省去常数项。

5.2.4.3 是否存在家庭背景异质性

根据前文的理论分析，由于（不）信任感存在"传染性"，即家庭背景较差群体的不信任感会扩散至家庭背景较好群体，故在理论上，机会不平等对社会信任的影响应不存在明显的家庭背景之分。为对此进行检验，分别将全样本和较高收入样本组按照家庭背景进行分组回归。回归结果如表 5－13 所示，表 5－13 中的 (1)、(2) 列将全样本按照家庭背景进行分组，结果显示，无论是家庭背景较好还是家庭背景较差的组，opp 系数均不显著，这在一定程度上说明机会不平等对社会信任的影响不存在家庭背景之分。另外，根据表 5－10 和表 5－5 的回归结果，机会不平等仅在较高收入组中对社会信任存在显著影响，因此，表 5－13 中的 (3) ~ (8) 列将样本限定在较高收入组中，然后按照家庭背景进行分组回归。选取的家庭背景指标包括三类：被访者 14 岁时的家庭等级、被访者父亲是否为党员身份以及被访者父亲的受教育程度。其中，(3)、(4) 列采用被访者 14 岁时的家庭等级作为家庭背景指标，结果表明，机会不平等 (opp) 系数仅在家庭背景较好组 (14 岁时的家庭等级在 3 级（含）以上) 中显著为负；(5) ~ (8) 列分别采用被访者父亲是否为党员身份、被访者父亲的受教育程度作为家庭背景指标，结果表明，机会不平等 (opp) 系数仅在家庭背景较差组（父亲非党员或父亲受教育程度在高中以下）中显著为负。选用不同的家庭背景指标，结果并不一致，因此没有证据表明机会不平等对社会信任的影响存在明显的家庭背景之分。

5.2.5 结论

关于收入不平等对社会信任的影响，本节在社会心理机制的基础之上，构建了能够同时容纳主观认同感和个体性投机渠道的公平心理机制，并结合 2010—2013 年的中国综合社会调查 (CGSS) 数据以及相应年份的省级面板数据，在对我国省级层面的机会不平等和努力不平等程度进行定量测度的基础之上，对其进行实证检验。结果表明：总体而言，机会不平等对我国社会信任度的影响并不显著；然而，在当前收入水平较高的群体中，机会不平等程度的上升会显著降低社会信任度，但

表 5-13 按家庭背景类型分组回归结果

解释变量	(1)	(2)	(3)	(4)	(5)	(6)	(7)	(8)
	全样本				较高收入组			
	14岁时家庭等级		14岁时家庭等级		父亲是否党员		父亲受教育程度	
	1~2级	3级以上	1~2级	3级以上	非党员	党员	高中以下	高中(含)以上
opp	-0.220	-0.070	-0.440	-1.19*	-1.00*	-0.900	-1.15**	0.290
	(0.44)	(0.43)	(0.87)	(0.65)	(0.59)	(1.04)	(0.57)	(1.27)
个体控制变量	是	是	是	是	是	是	是	是
地区控制变量	是	是	是	是	是	是	是	是
年份控制变量	是	是	是	是	是	是	是	是
观测值	12646	14598	2728	5760	6561	1927	6613	1874
伪 R^2	0.040	0.030	0.050	0.030	0.040	0.040	0.040	0.040

说明：***、**、* 分别表示在1%、5%和10%水平上显著；括号中的数据为稳健标准误。表中结果均为logit模型回归结果，被解释变量为社会信任度变量（trust）。被访者14岁时的主观家庭等级共分为10个等级，分别用整数1~10表示。"较高收入组"表示收入高于人均值。

这种影响在当前收入水平较低的群体中并不显著。此外，努力不平等对社会信任度并无显著影响，考虑到努力不平等在总的收入不平等中占有较大的份额，该结果表明新唯物主义机制并未得到有效的实证支持。

5.3 社会资本传导机制之三：收入不平等与社会犯罪研究

在机会不平等比较严重的条件下，人们的社会不公平感和社会不信任感会逐渐积累，最终可能引起犯罪等社会恶性事件的频发，从而降低整个社会的经济效率。那么，在中国当前的社会背景条件下，机会不平等程度的上升是否会对社会犯罪率产生显著影响呢？这是本节所要探讨的核心问题。

5.3.1 关于犯罪的相关文献回顾

5.3.1.1 犯罪成因理论

关于犯罪成因的解释最早可以追溯到古希腊的哲学家苏格拉底、柏拉图和亚里士多德等人，他们将犯罪归咎于人类的罪恶本性。经历了18世纪古典犯罪学派和19世纪实证犯罪学派的探索之后，现代关于犯罪成因的相关理论成果较为丰富。其中最具影响力的包括贝克（Becker）的犯罪经济学理论、默顿的紧张理论以及麦凯的社会解组理论。

犯罪经济学理论（economic theory of crime）是一门微观理论，最先由 Becker（1968）提出，而后 Ehitieh（1973）、Bloek 和 Heinike（1975）等在其基础上进行了扩充与完善。该理论认为，一个人实施犯罪，不是本性决定的，而是经过理性权衡的结果。个体对从事合法市场经济活动的预期收益和进行犯罪活动所能够获取的预期收益进行对比，在考虑犯罪成本的条件下选择是否进行犯罪。

社会解组理论（social disorganization theory）是一种社会犯罪理论，属于犯罪成因理论流派，Clifford R. Shaw 与 Herry D. McKay（1942）是该理论具有代表性的学者。其主要观点是，伴随社会流动的加速或收入分配差距的不断增大，个体对其周边群体的信任度不断降低，社会制度对社会成员行为的规范作用不断弱化,社会凝聚力减弱,犯罪率日渐攀升。

紧张理论(strain theory)是美国社会学家罗伯特·默顿(Merton, 1938)基于社会解组理论,借鉴社会失范(social anomy)概念提出的。根据该理论,可将社会越轨行为看作社会结构的产物。社会经济资源分配不均衡与滞塞的社会阶层流动相结合,将促使人们价值观与社会准则崩溃与瓦解。

5.3.1.2 收入分配不平等与刑事犯罪

吴一平和芮萌(2010)认为,根据犯罪经济学理论(Becker, 1968),在收入分配差距较大的地区,穷人从事合法劳动所能够获得的报酬非常低,而从事犯罪活动能够获取相对更高的回报。根据社会解组理论(Shaw and Mckay, 1942),当收入分配差距较大时,低收入群体和高收入群体之间的交流频率降低,社会凝聚力逐渐下降,犯罪率因而上升。而根据紧张理论(Merton, 1938),收入分配不平等意味着社会经济资源分布的不均衡,如果这种不均衡的结构因为缺乏流动性而固化,就会引起底层群体的不满和敌视情绪,进而诱发犯罪活动。

许多实证研究表明,收入分配不平等会提高社会犯罪率(Fajnzylber et al., 1998; Chiu and Madden, 1998; Kelly, 2000; Fajnzylber et al., 2002b; Imrohoroglu et al., 2004)。例如,Kelly(2000)基于1991年的美国数据研究发现,收入不平等对暴力犯罪产生显著的正向影响,并且指出犯罪的压力理论和社会紊乱理论可以较好地解释暴力犯罪。

部分国内学者利用中国的数据进行实证研究后,也得出类似的结论。胡联合等(2005)基于一元线性回归模型研究发现,收入分配差距对刑事犯罪存在较为显著的正向影响。谢旻荻和贾文(2006)基于中国2004年省级截面数据的研究结果表明,刑事犯罪率受到经济发展水平、收入分配差距等因素的显著影响。陈春良和易君健(2009)基于中国省级面板数据的实证结果表明,收入分配差距每上升1%,刑事犯罪率将会提高0.143%左右。吴一平和芮萌(2010)则基于中国省级面板数据采用动态面板模型研究表明,收入差距对刑事犯罪率具有显著的正向效应。除此之外,白雪梅和王少瑾(2007)、张家平等(2013)、孙静媛(2007)、陈屹立和张卫国(2010)、鲁元平和王韬(2011)等也对收入不平等与犯罪之间的关系进行了实证研究。

然而，也有部分研究表明收入分配差距对刑事犯罪率无显著影响（Doyle et al., 1999; Szwarcwald, 1999; Neumayer, 2005; Nilsson, 2004）或对不同类型的犯罪存在差异化影响（Kelly, 2000）。Saridakis（2004）基于美国时间序列数据，采用非限制性向量自回归模型估计收入差距和暴力犯罪之间的关系，结果表明收入不平等和犯罪率之间尽管存在短期关系，但并不存在显著的长期关系。

5.3.2 理论分析与研究假设

在理论方面，以上解释收入分配不平等和犯罪之间关联的主要理论存在一些不足之处。根据犯罪经济学理论，穷人由于从市场交易中获得的回报相对较少，参与犯罪活动的机会成本较低，潜在收益相对较高，因而更有可能进行犯罪。然而，如果在收入分配不平等的环境中，穷人的绝对收入水平足以满足最低的生存需求，并且处于收入上升态势，那么仅仅通过成本和收益的比较，穷人未必会选择犯罪，因为考虑到犯罪行为的巨大风险，绝大部分理性的穷人都会将犯罪作为迫不得已的最终举措。如果合法劳动可以满足生存需要，则不会轻易以身试法。由此看来，在物质生产日益繁荣的现代社会，犯罪经济学理论存在一定程度的不合理之处，在解释收入分配不平等影响犯罪活动的机制方面具有一定的缺陷。

紧张理论强调社会经济资源分配不均衡和缺乏流动性两者的共同作用，而缺乏流动性的潜在含义便是机会不平等。因此，该理论认为，在机会不平等比较严重的情况下，底层群体感到上升无望，引发仇视和不满情绪，进而产生犯罪。这一理论的暗含假定是，对机会不平等感知最强烈的是底层群体，该群体文化素质较低，本来就非常有限的发展空间在机会不平等的约束条件下更加狭小，因此才会对社会产生强烈的不满和敌视心理。然而这一假定与中国的实际情况并不相符。根据前文的实证结论，对机会不平等感知最强烈的实际上是中、高收入阶层。然而，一方面，该部分群体实施犯罪的机会成本较高，更不存在为了满足生存需要而被迫犯罪的可能性；另一方面，该群体的受教育水平平均较高，即使受到机会不平等的制约，依然存在一定程度的发展空间。

在实证方面,已有的实证文献都是直接研究收入分配不平等与犯罪之间的关系,虽然在理论上已经暗含机会不平等的概念甚至强调其在犯罪动机中所起到的核心作用,但却并没有将其从收入分配不平等中分离出来。这种将机会不平等和努力不平等混而为一的做法,一方面,无法区分两者对犯罪的不同作用机制;另一方面,也可能是导致诸多实证结论不稳健的重要原因。因此,本节尝试直接研究机会不平等与犯罪之间的关系,并提出如下研究假设7:

假设7:在中、高收入群体对机会不平等感知更为强烈的条件下,机会不平等对社会犯罪率并无显著影响。

5.3.3 计量模型构建与变量说明

本书通过构建如下计量模型来分析机会不平等对犯罪行为的影响:

$$y_{it} = \alpha + X_{it}\beta + \lambda_i + \gamma_t + \varepsilon_{it} \tag{5.14}$$

其中,下标 i 和 t 分别表示地区和时间;被解释变量表示社会犯罪率,用万人中被批捕数(取对数,ln$parrest$)来衡量;X 为一系列控制变量构成的向量,借鉴陈屹立和张卫国(2010)、Lochner 和 Moretti(2004)、Messner 和 Blau(1987)、Raphael(1999)、Neumayer(2003)以及 Fajnzylber 等(2002)等的研究成果,本书选取的控制变量主要包括财政支出中公共安全支出占比(rsafe)、人口密度(density)、平均工资水平(lnwage)等;λ 为地区固定效应;γ 为时间固定效应;ε 为随机扰动项。根据对 λ 和 γ 的不同设定,模型(5.14)可分别用混合 OLS、固定效应模型和随机效应模型进行估计。变量的说明和描述性统计分别如表 5-14 和表 5-15 所示。

5 收入不平等影响经济效率的社会资本传导机制分析

表5-14 变量说明

变量	变量名称	变量定义
被解释变量	ln$parrest$	万人中被批捕数（取对数，人）
	ln$pcharge$	万人中被提起公诉数（取对数，人）
核心解释变量	opp	机会不平等测度
	$effort$	努力不平等测度
控制变量	ln$pgdp$	所在地区（省、直辖市或自治区）的人均实际GDP（取对数，元）
	$rsafe$	财政支出中公共安全支出占比
	ln$psafe$	人均公共安全支出额（取对数，元）
	$density$	人口密度（万人/平方千米）
	$unemploy$	城镇登记失业率（%）
控制变量	$gender$	男女性别比（女性为100）
	$urban$	城镇化率（城镇人口占比,%）
	$rgdp$	实际GDP增长率（%）
	ln$wage$	在岗职工平均工资（取对数，元）
工具变量	ln$ptexpen$	10年前人均公共支出（取对数，元）。其中，公共支出包含财政用于教育、卫生经费、抚恤与社会福利救济费以及社会保障与补助支出之和。
	$market$	10年前市场化指数

表5-15 变量的描述性统计

变量名	平均值	标准差	最小值	最大值
ln$parrest$	1.90	0.32	1.28	2.73
ln$pcharge$	2.23	0.47	1.54	6.37
opp	0.12	0.08	0.03	0.56
$effort$	0.37	0.11	0.06	0.64
$rsafe$	0.06	0.01	0.00	0.10
ln$psafe$	5.78	0.50	4.78	7.43
$density$	0.04	0.07	0.00	0.38
$unemploy$	3.49	0.64	1.21	4.60

续表 5-15

变量名	平均值	标准差	最小值	最大值
lnpgdp	10.18	0.47	9.02	11.20
gender	105.1	3.23	96.45	114.5
lnwage	10.34	0.27	9.78	11.15
urban	51.86	14.42	21.90	89.60
rgdp	11.85	2.23	7.50	17.80
lnptexpen	5.38	0.47	4.29	6.50
market	4.71	1.75	0	9.35

说明：不同年份的人均公共支出（lnptexpen）和工资水平（lnwage）已经过消费价格指数（CPI）进行调整；表中所列为 2008 年、2010 年、2011 年、2012 年和 2013 年数据的综合统计结果。

万人中被批捕数（lnparrest）和万人中被提起公诉数（lnpcharge）来自各地区（省、自治区和直辖市）人民检察院相应年份的工作报告；机会不平等测度（opp）和努力不平等测度（effort）直接采用第三章的测度结果；其他数据均来自历年《中国统计年鉴》。

5.3.4 回归结果分析

5.3.4.1 基本回归结果

根据模型（5.14）所得到的基本回归结果如表 5-16 所示。

表 5-16 机会不平等对犯罪率的影响

解释变量	(1) OLS1	(2) OLS2	(3) 面板随机效应模型
opp	0.925** (0.40)	0.464 (0.36)	-0.118 (0.15)
effort	-1.012*** (0.25)	0.270 (0.23)	0.088 (0.15)

续表 5-16

解释变量	（1） OLS1	（2） OLS2	（3） 面板随机效应模型
rsafe		10.494*** (1.98)	2.173* (1.28)
lnpsafe		0.366*** (0.11)	0.409*** (0.09)
density		0.635 (0.47)	0.936** (0.44)
unemploy		-0.032 (0.03)	-0.080* (0.05)
lnpgdp		-0.211* (0.11)	-0.030 (0.19)
gender		0.016** (0.01)	0.004 (0.00)
lnwage		-0.245 (0.21)	-0.705*** (0.20)
urban		0.011** (0.01)	0.009* (0.01)
rgdp		-0.005 (0.01)	0.005 (0.01)
常数项	2.173*** (0.10)	1.631 (1.62)	6.290*** (1.12)
观测值	136	136	136
R^2	0.109	0.588	0.430

说明：***、**、*分别表示在1%、5%和10%水平上显著；括号中的数据为稳健标准误。在对固定效应模型和随机效应模型进行选择时，Hausman检验的P值为0.777，故采用随机效应模型。

表5-16中的（1）列显示，在不附加任何控制变量的条件下，机会不平等测度（opp）的系数在5%的水平上显著为正，即随着机会不平等水平的上升，犯罪率会显著上升。然而，在添加全部控制变量以尽

量避免遗漏变量偏误之后，机会不平等测度（opp）和努力不平等测度（effort）的系数都变得不显著［如（2）列所示］；而且，该结论在采用面板随机效应模型进行估计时依然成立［如（3）列所示］。以上回归结果与本书的理论假设 7 相一致，即机会不平等对于社会犯罪率并无显著影响。

另外，以（3）列面板随机效应模型为基准，在控制变量中，财政支出中公共安全支出占比（rsafe）和人均公共安全支出额的对数（lnpsafe）分别衡量政府对于地区公共安全的重视程度和保障地区公共安全的实际力度。理论上，随着这两个指标的上升，所在地区的治安环境应该得到改善，社会犯罪率会下降，但由于可能存在反向因果问题，即当所在地区的社会犯罪率上升时，地方政府对当地公共安全的重视程度与实际保障力度都会加大以便遏制治安环境的进一步恶化，因此二者之间又可能存在正相关关系，这也是回归结果中 rsafe 和 lnpsafe 的系数均显著为正的可能原因。地区人口密度（density）和城镇化率（urban）的系数也显著为正，表明人口密度越大的地区犯罪率越高，城镇化率越高的地区犯罪率也越高，这一结论与陈硕和章元（2014）、唐志良（2011）等的研究结论一致。张兴杰（1996）认为，城市化进程与社会解体程度呈正相关关系，社会解体程度与犯罪率亦呈正相关关系，因而城镇化率越高的地区犯罪率也越高。此外，地区平均工资水平（lnwage）的系数显著为负，意味着平均工资水平越高的地区犯罪的机会成本也越高，因此社会犯罪率较低，这与 Doyle 等（1999）、陈硕和章元（2014）等得出的结论相同。这些都表明本节的模型设定具有一定的合理性，与已有的研究并不存在显著差异。

5.3.4.2 稳健性检验

为了进一步证实以上实证结论的可靠性，本节进行了一系列稳健性检验，结果如表 5-17 所示。表 5-17 中的（1）列考虑到直辖市和非直辖市地区之间的差异，因此去掉四个直辖市（北京市、天津市、上海市和重庆市）样本之后进行回归；（2）列用万人中被提起公诉数（lnpcharge）替代万人中被批捕数（lnparrest）作为被解释变量进行回归。针对可能存在的解释变量内生性问题，本书尝试选择合适的工具变量予以处理。借鉴第四章工具变量的选择方法，本节选取的工具变量为：各地区十年前人均公共支出的对数（ln*ptexpen*）和十年前市场化指数（*market*），工具变量回归结果如表5-17中的（3）、（4）列所示。以上稳健性检验的结果均表明，机会不平等对社会犯罪率的影响并不显著，表5-17中的基本回归结果具有相当程度的稳健性。

表5-17 稳健性检验

解释变量	（1）去掉直辖市	（2）替代被解释变量	（3）IV估计（ln*parrest*）	（4）IV估计（ln*pcharge*）
opp	-0.125	-0.083	-3.497	-1.827
	(0.14)	(0.09)	(4.25)	(2.72)
effort	0.024	0.171	1.306	0.820
	(0.15)	(0.14)	(1.57)	(1.00)
观测值	116	136	136	136
R^2	0.330	0.462	0.631	0.872

说明：***、**、*分别表示在1%、5%和10%水平上显著；括号中的数据为稳健标准误。(1)、(2)列均采用随机效应模型，其中，(1)列去掉北京、天津、上海和重庆四个直辖市，(2)列用"万人中被提起公诉数"（ln*pcharge*）作为被解释变量；(3)、(4)列使用的工具变量包括：十年前人均公共支出的对数（ln*ptexpen*）和十年前市场化指数（*market*），过度识别检验的P值分别为0.54和0.43，即不能拒绝工具变量的外生性假定。所有回归均包含全部控制变量。

5.3.5 结论

研究结果表明机会不平等对社会犯罪率并无显著影响，该结论背后的理论依据在于：一方面，尽管社会的机会不平等和收入不平等程度较大，但低收入群体的绝对收入水平在上升，且大部分已经达到温饱水平以上，因而缺乏足够的"激励"去以身试法；另一方面，对机会不平等感知最为强烈的是中、高收入群体，而该群体不仅具有相对较高的绝对收入水平，同时也拥有比较高的受教育程度和向上流动的可能性，其犯罪的机会成本较高。

5.4 社会资本传导机制之四：收入不平等与社会流动预期

社会流动预期作为一种重要的心理因素，可以对人们当前的经济行为产生一定的反馈调节作用，欧阳英（2005）甚至将人类的心理预期以及对预期的追寻视为社会进步的主观解释因素，与作为客观解释因素的生产率处于同等重要的地位。因此，社会流动预期对经济效率的影响与社会公平感、社会信任度以及社会稳定等有类似之处，然而，社会流动预期不仅和当前的机会不平等相关，也与人们对未来机会不平等的变化预期密切相关，内在关联较为复杂。

5.4.1 文献回顾、理论分析与研究假设

5.4.1.1 相关文献回顾

随着"中国梦"的提出，对于居民社会流动预期的研究逐渐成为热点。"中国梦"是理性的、基于现实且切合实际的梦想，是通过努力奋斗完全有可能实现的梦想。如果具体到个体层面，就是每一个社会个体基于自身的实际情况，做出对未来的美好憧憬和期盼，如正当获取财富、提高社会地位等，并愿意付诸努力将之实现。从这个角度来看，"中国梦"是一种基于有逻辑的认知和判断的理性的心理预期。社会流动预期是个体基于自身的实际情况和客观的社会环境，所做出的对未来阶层流动的积极或消极的心理预期。这与"中国梦"的内涵非常契合[①]。

根据"期望价值"理论，人类从事任何活动，都必须获得有价值结果的期望（Feather，1982）。有科学研究表明，除预期本身所基于的良好客观基础之外，预期还可以通过自我暗示形成自我激励，对激发和调动潜在的能力起到一定的作用（Rosenthal and Jacobson，1968）。因

[①] "中国梦"是中国人的总体追求与每个人的个体追求紧密结合在一起的憧憬和期盼，只有每个人都为美好梦想而奋斗，才能汇聚起实现"中国梦"的磅礴力量（李君如，2013）。

此，个体层面的社会流动预期不仅是当前良好现实状况的主观反映，同时也是对美好未来的积极追寻。这种追寻反过来会对个体当前的决策和行为进行反馈调节，因而具有重大的社会经济意义。欧阳英（2005）甚至将人类的心理预期以及对预期的追寻视为社会进步的主观解释因素，与作为客观解释因素的生产率处于同等重要的地位。

总体而言，对居民社会流动预期产生影响的因素包含两大类，其一是个体因素，其二是制度环境因素。相比于个体因素，制度环境因素的影响更具一般性，并在一定程度内具有可调节性，因而受到人们更广泛的关注。而在众多制度环境因素中，机会不平等无疑处于最突出的地位，赵晓（2013）甚至认为当前实现"中国梦"最大的障碍就是公平正义问题。本节拟探究机会不平等这一当前较为突出的制度环境因素与居民社会流动预期之间的关系。试图解答以下问题：机会不平等是否对社会流动预期产生影响？如果是，作用机制和作用效果如何？这种影响在不同的群体间是否存在显著的差异性？以及具有怎样的政策含义？

在极少数关于机会不平等与社会流动预期的相关研究中，吴炜（2016）利用2012年中国劳动力动态调查数据，分析了青年群体的社会流动预期，认为社会流动预期不仅与个体本身的因素，如性别、年龄、受教育程度以及性格特征等相关，还会受到社会因素的影响。当前，人们在面临严峻的就业形势与巨大的职场竞争压力的同时，还需面对由住房、户籍等因素导致的机会不平等。然而，该研究既未深入分析如机会不平等之类的社会因素影响社会流动预期的作用机制，也未提供相关的经验佐证。江求川（2014）用"成功可控性"[①]等指标测度个体的主观机会不平等程度，研究发现，主观机会不平等感知越高，个体向上的社会流动预期越低。然而，采用主观机会不平等指标研究其与社会流动预期的关系，容易受到个体心理、性格等不可控特征的影响，计量估计结果可能存在较大的偏差。比如，自信乐观、勤奋努力的个体，更倾向于认为成功可控性高、贫困源于懒惰，该类型的群体拥有积极向上的心态，并在实际工作中付诸努力，因而向上的社会流动预期也较高。这样，认为成功可控性高或贫困源于懒惰与向上社会流动预期之间的正相

[①] 江求川（2014）认为，如果个体成就主要靠把握机会或努力争取获得，则成功可控性较高；反之，若主要靠运气、天生能力或掌权者操纵等因素获得，则成功可控性较低。

关关系可能是由个体的积极性格所致，二者之间并不存在直接的正相关关系。此外，作者也忽视了未来十年中机会不平等变化（预期）的影响，遗漏了当前机会不平等作用于社会流动预期的另一个重要机制。实际上，十年预期期限是一段比较长的时间跨度，在此期间，客观机会不平等状况会发生变化，对社会流动预期的影响也会发生变化。

本节欲探究机会不平等这一重要的制度环境因素对个体社会流动预期的影响，通过将总效应分解为直接效应和间接效应，试图厘清机会不平等作用于社会流动预期的内在机理和传导机制，并考察我国未来一段时间内机会不平等变化的动态趋势。

5.4.1.2 理论分析与研究假设

预期的主要特征包括主观性和客观性两个方面，其中，主观性指预期是人们对未来事物发展态势的一种判断，因而无法脱离进行预期的个人而独立存在；客观性指个人总是根据一定的信息，例如过去的经验、现已掌握的数据和获得的信息，来进行预期（杨玉生，1996）。因此，预期是人们基于已经发生或正在发生的客观事实所做出的主观判断。对于机会不平等预期而言，人们关注的客观事实或接收到的基础信息有两点：一是当前的机会不平等程度；二是政府部门为促进社会公平正义已经实施、正在实施或声明将要实施的政策措施。

依据 Roemer（2003）对机会不平等的定义，机会不平等程度越大，表明收入分配中，取决于家庭背景和社会制度等个人不可控的环境因素的比例越高，人们改善自身状况的制度限制也越大（孙三百，2014）。如果当前机会不平等程度较小，并且预期未来机会不平等程度会下降，则大部分家庭背景较差或一般的个体受到外部环境的制约因素会减小，依靠个人努力所获得的回报将更加合理，因此，会有向上的社会流动预期。反之，如果当前机会不平等程度较高，并且预期未来机会不平等程度会上升（或至少保持不变），这部分个体依靠个人努力向上流动的机会将变得更小，因此向上的社会流动预期较低。

由此可知，社会流动预期取决于当前的机会不平等程度以及人们对未来机会不平等变化的预期，而人们对未来机会不平等变化的预期又取决于当前的机会不平等程度，以及政府为实现社会公平目标而实施的政策措施。因此，可将当前的机会不平等程度对社会流动预期的作用效果

5 收入不平等影响经济效率的社会资本传导机制分析

分解为直接效应与间接效应（图5-2）。直接效应基于上述提及的第一点客观事实或基础信息，指当前的机会不平等程度通过影响个体当前的经济环境，如当前的创业、就业与晋升机会等，进而对未来社会流动预期所产生的持续性影响。间接效应基于上述两点客观事实或基础信息的结合，指当前的机会不平等程度结合政府为实现社会公平正义目标而实施的政策措施，影响人们对未来机会不平等变化的预期，进而作用于社会流动预期。

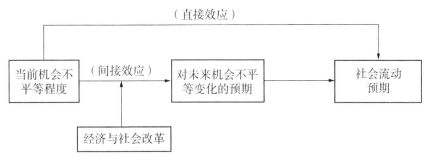

图5-2 当前机会不平等程度影响社会流动预期的理论机制

一般认为，在机会不平等的定义中，取决于家庭背景和社会制度等个人不可控的环境因素主要包括户籍制度、父母受教育程度和社会地位、家庭所拥有的社会关系以及个体性别等。关于机会不平等对个体创业、就业和晋升机会的影响，现有文献已有比较充分的论述和经验支持。余向华和陈雪娟（2012）认为，中国劳动力市场分割程度比较严重，就业机会配置机制、工资决定机制及工作条件等在不同的子市场中差异显著，且不同子市场间自下而上流动困难，农村户籍群体在国有部门、管理岗与技术岗等优势领域所遭受的进入歧视较为普遍。徐秋慧（2012）则将农民工与城市居民之间的就业机会差异归结为不同利益集团之间的矛盾和冲突。另有一些关于社会资本与就业关系的研究，如孙三百（2013）通过实证研究发现，社会资本在劳动者获取合意就业中的作用，相当于劳动者增加5~10年的教育所产生的影响。章元和王昊（2011）基于上海的调查数据研究表明，好工作的获取对社会关系的依赖度较高，而社会关系与家庭背景的相关性较高，因此在劳动市场上存在较为明显的机会不平等。陈钊等（2009）、李宏彬等（2012）等的研究也都得出类似的结论。此外,针对个体的创业行为,Aldrich(1998)、Djankov(2006)等的研究发现,家庭网络对于个体创业存在积极的影响,创业者在创业之初往往倾向于向其父母寻求财务帮助。边燕杰和张磊(2006)研究发现,在中国经济转型背景下,社会网络对于信息传递起着至关重要的作用,企业活动依托于社会网络;马光荣和杨恩艳(2011)的研究也表明,拥有更多社会网络的农民会有更多的民间借贷渠道,从而更有可能创办企业。可见,机会不平等会对个体的创业、就业、晋升机会等产生影响,而这种影响直接关系到个体的职业发展和个人价值的提升,势必会对其社会流动预期产生作用。

接下来对机会不平等作用于社会流动预期的直接效应和间接效应进行具体分析。一方面,当前机会不平等程度越高,则大部分家庭背景较差或一般的个体受到外部环境的制约会更多,依靠个人努力来提高社会地位将变得更加困难,故向上的社会流动预期会更低,因此,直接效应为负。另一方面,如果政府以社会公平公正为目标实施一系列行之有效的政策措施,那么人们预期未来的机会不平等程度会下降,并且,当前机会不平等程度越高的地区改革空间越大,将在更大程度上受到改革政策的影响,因而预期未来机会不平等的下降幅度也越大,并由此产生更为显著的向上的社会流动预期;反之,如果政府对社会公平正义不够重视,或者虽然重视但改革的政策力度不够,不足以使民众产生积极的心理预期,那么人们对未来机会不平等程度的预期将与当前的机会不平等程度保持一致,甚至趋于恶化。此时,当前机会不平等程度越高的地区,人们对该地区未来机会不平等程度的预期也越高,并由此降低人们向上的社会流动预期。因此,间接效应可能为正也可能为负,具体符号取决于政府为实现社会公平目标所实施的政策措施对人们的心理预期产生的作用效果①。

根据以上分析,当前的机会不平等程度对社会流动预期的总效应为直接效应和间接效应之和,具体分为如表 5-18 所示的三种情况。

改革开放以来,我国经济高速增长、人民生活水平得到普遍提高的同时,社会阶层也急剧分化,社会成员收入差距不断扩大,公平正义问

---

① 预期的时间跨度越长,则未来的机会不平等程度在该时间段内越有可能发生变化,间接效应越显著。本研究的时间跨度为十年。

5 收入不平等影响经济效率的社会资本传导机制分析

题日益突出。该问题的产生存在深层次的体制原因，如市场经济体制不完善、社会保障体制不完善、政府职能转换不到位以及国家在城乡教育资源投入上的不均衡等。

表5-18 总效应分解类型

类型	直接效应（D）	间接效应（I）	二者关系	总效应
类型1	负	正	D < I	正
类型2	负	正	D >= I	负（或零）
类型3	负	负	—	负

说明：效应为"正"表示某地区当前的机会不平等程度越高，则向上的社会流动预期越显著。

为了实现社会公平正义和经济的可持续发展，国家有关部门对机会不平等及与之相关的体制机制问题给予了高度重视。党的十四大首次提出"兼顾公平与效率"，并在随后的十四届三中全会中将其修改为"效率优先，兼顾公平"；十六大报告进一步强调公平正义的重要性，并提出以司法保障作为实现社会公平正义的重要途径。上述论断作为重要的指导思想，引导我国收入分配制度改革不断向实现社会公平正义的方向迈进。中共十六届六中全会则要求以"促进社会公平正义"为着力点构建社会主义和谐社会。2007年党的十七大报告中，"公平正义"出现频率骤增，提出要在提高人民生活水平的同时，不断深化收入分配制度改革，积极构建公平正义和谐的社会主义社会。党的十八大报告指出和谐稳定是社会发展的必要前提，主张建立完善的社会公平保障制度，促进权利公平、规则公平和机会公平，切实实现社会公平正义。我国收入分配制度的改革，旨在协调公平与效率之间的关系，以期进一步完善社会主义市场经济、构建具有中国特色的社会主义和谐社会。

因此，在以促进社会公平公正为重要目标的经济与社会改革背景下，我们有理由推测，人们预期未来一段时间我国机会不平等程度下降的可能性比较大，即当前机会不平等的间接效应可能为正，若间接效应足够大以至于超过直接效应，则总效应也可能为正。为对此进行检验，提出以下理论假设8。

假设8：在政府部门努力促进社会公平正义的改革背景下，当前较高的机会不平等程度将提高向上的社会流动预期。

此外，当前机会不平等程度对社会流动预期的影响在不同类型的群体当中可能存在显著的异质性（表5-19）。首先是家庭背景差异，廉思和张琳娜（2011）发现，以低收入、弱家庭背景为主要特征的"蚁族"相对剥夺感较强，并对社会资源的世袭与继承有较强的不公平感。对于家庭背景条件较差的群体而言，当前较高的机会不平等程度对其择业与晋升所产生的阻碍作用更大，并因此在较大程度上削弱其向上的社会流动预期，故直接效应增大；与此同时，如果预期未来机会不平等程度会下降，则家庭背景较差群体的处境将得到更大程度的改善，由此对未来社会地位变迁的积极预期也更加强烈，故间接效应也会增大。由于两种效应一正一负，因此总效应的变动情况并不确定。但如果假设8成立，即间接效应超过直接效应，间接效应的变动超过直接效应的变动，则预期总效应增大。

表5-19 不同类型群体的作用效应分析列表

个体特征	直接效应（-）	间接效应（+）	总效应	预期总效应
家庭背景较差	增大	增大	不确定	增大
年龄增长	先增后减	先增后减	不确定	增大
非农业户籍	增大	增大	不确定	增大
受教育水平较高	增大	增大	不确定	增大
性格乐观积极	减小	增大	增大	增大

说明："-"表示直接效应为负，"+"表示间接效应为正。

其次是年龄差异，刚开始随着个体年龄的增大，个体将逐渐步入职位晋升的黄金期，该时间段内个体职位晋升的顺利与否，将对后续的职业发展产生重大影响。考虑到直接效应，当前机会不平等对个体职位晋升所产生的负面影响，因此，预期随着个体年龄的增大，直接效应将增大；但随着个体年龄的进一步增大，未来上升空间会缩小，"职业地位提升的几率会下降"（吴炜，2016），此时，当前机会不平等对个体职位晋升所产生的负面影响也会减小，即直接效应将减小。在直接效应先增大后减小的过程中,间接效应也会发生类似的变化。一般而言,个体年龄越大,其生活阅历和工作经验就越丰富,对机会不平等的感知也更加敏锐,对于机会不平等可能对自身发展造成的影响也会有更加深刻的体悟。因此,对于较高年龄组的群体而言,当预期未来机会不平等程度将会下降时,向上的社会流动预期会更加强烈,即间接效应更大;但是,随着年龄的进一步增大和事业发展空间的逐步缩小,间接效应也会随之减小。同样,如果假设8成立,预计间接效应的变动超过直接效应的变动,则预期总效应增大,但随着年龄的进一步增加,总效应增大的幅度将减小。

再次是户籍和受教育程度差异。考虑到家庭背景较好的群体大多属于非农业户籍①,而处于同一户籍性质的群体更容易形成竞争,因此家庭背景较差并且属于非农业户籍的群体通常面临更为直接和激烈的竞争,当前机会不平等对其就业选择和职位晋升的影响更大。与此同时,该类群体对机会不平等的感知也更加强烈,当预期未来机会不平等程度将会下降时,其向上的社会流动预期也会更加强烈。因此,对于非农业户籍群体而言,当前机会不平等的直接效应和间接效应都会增大,若假设8成立,间接效应的变动超过直接效应,则预计总效应增大。同样,家庭背景较好的群体通常也具有较高的受教育水平,因此家庭背景较差并且受教育水平较高的群体往往会和家庭背景较好的群体形成直接的竞争关系。与以上分析思路类似,对于受教育水平较高的群体而言,当前机会不平等的直接效应和间接效应都会增大,若假设8成立,间接效应的变动超过直接效应,则预计总效应增大。

最后是性格特征差异。对于性格乐观积极自信的个体而言,即使自身的择业和职位晋升受到当前机会不平等的负向影响,也会对未来有相对乐观的预期,因此直接效应会减小。同样,该类型的个体对于政府部门改善社会公平环境的政策措施也会有更加积极的态度,对未来机会不平等的下降预期也更加乐观,因此间接效应会增加。由于两种效应的符号相反,故减小的直接效应和增加的间接效应相结合,将导致总效应增加。

---

① 在本研究所选取的样本数据中,14岁时家庭等级在5级以上的群体中非农业户籍占到60%以上。

基于上述分析，提出待检验的理论假设9a、9b、9c、9d和9e。

假设9a：相对而言，在家庭背景条件较差的群体当中，当前机会不平等程度对社会流动预期的正向影响更加显著。

假设9b：相对而言，在年龄较大的群体当中，当前机会不平等程度对社会流动预期的正向影响更加显著，但随着年龄的进一步增长，这种影响幅度将趋于下降。

假设9c：相对于农业户籍群体，在非农业户籍群体当中，当前机会不平等程度对社会流动预期的正向影响更加显著。

假设9d：相对而言，在受教育水平较高的群体当中，当前机会不平等程度对社会流动预期的正向影响更加显著。

假设9e：相对而言，在性格乐观积极的群体当中，当前机会不平等程度对社会流动预期的正向影响更加显著。

5.4.2 计量模型构建、数据来源与变量定义

5.4.2.1 计量模型构建

根据前文的理论分析，为了检验机会不平等对社会流动预期的作用效果，构建如下计量经济模型：

$$exp\_grade_{ijt} = a + \lambda_1 \cdot opp_{it} + \lambda_2 \cdot effort_{it} + X_{it} \cdot \gamma + Z_j \cdot \varphi + \tau_t + \pi_i + \varepsilon_{ijt} \tag{5.15}$$

其中，下标i表示地区省（区、市），j表示个体，t表示年份；exp_grade表示主观上个体预期社会等级的变化；opp和$effort$分别为地区层面的机会不平等和努力不平等测度指标；X为随时间变化的地区控制变量；Z为个体特征变量；τ和π分别为年份固定效应和地区固定效应。由于被解释变量为二值虚拟变量[①]，因此采用Logit模型对其进行估计。根据已有的研究成果（吴炜，2016；江求川，2014等），与社会流动预期相关的个体特征变量包括：性别、年龄、受教育程度、健康状况、婚

---

① 关于被解释变量的构建，参见后文变量定义与描述部分。

姻状况、政治身份、户籍、宗教信仰、民族、个体上年的全年总收入、个体当前所处社会等级、个体过去十年所处社会等级的变化、家庭经济状况在当地所处等级等；考虑到个体所在地区当前的经济因素和失业状况可能会对其社会流动预期产生影响，因而地区层面的控制变量包括：所在地区实际人均GDP、所在地区实际GDP增长率、所在地区产业结构以及失业率等。

5.4.2.2 数据来源与说明

本书所使用的微观数据来源于2010、2011、2012和2013年的中国综合社会调查（CGSS），其中，2010年包含31个省级行政区，2011年包含26个省级行政区（除内蒙古、海南、西藏、宁夏和新疆），2012年包含29个省级行政区（除海南和西藏），2013年包含28个省级行政区（除海南、西藏和新疆）。根据研究需要，对样本进行如下处理：①将调查对象的年龄限定为18～50岁[①]；②对于家庭经济状况、受教育程度、上年个人年收入等与个体特征变量相关的问题，删除回答为"不知道""拒绝回答""说不清"的样本。最终有效样本容量为18841个，其中2010年5477个，2011年2578个，2012年5501个，2013年5285个。宏观数据为地区省（区、市）层面的控制变量数据，来自相应年份的《中国统计年鉴》，对于少量缺失值采取移动平滑处理。

5.4.2.3 相关变量定义与描述

本研究的被解释变量为主观上个体预期社会等级的变化，即社会流动预期。CGSS调查问卷中存在这样的问题："在我们的社会里，有些人处在社会的上层，有些人处在社会的下层，您认为您自己目前在哪个等级上？您认为您十年前在哪个等级上？您认为您十年后将会在哪个等级上？"。问卷要求被调查者在整数1～10之间选择，数字越大表示社会等级越高。本研究用十年后所处等级与目前所处等级二者之间的差值衡量个体的社会流动预期。理论上，社会流动预期的取值在-9和9之间，当取值为正时，表示个体有向上的社会流动预期；当取值为负时，

[①] 原因在于，本研究的预期跨度为十年，而大部分群体在60岁前后退休，退休群体与未退休群体之间存在明显的异质性。在年龄段的选择上，后文会进行稳健性检验。

表示个体有向下的社会流动预期；而当取值为0时，表示个体预期十年后的社会等级不会发生变化。为了尽可能减小被调查者回答问题时由于主观偏误所造成的影响，本研究将社会流动预期分为两类，一类是向上的社会流动预期（对应取值为正），另一类是向下或不变的社会流动预期（对应取值为负或零）。并且，针对这种二元被解释变量的情形，采用 Logit 模型进行估计①。另外，在个体控制变量中包含过去实际的社会流动状况，该变量用个体当前所处社会等级与十年前所处社会等级的差值衡量，具体处理方式同上述一致。其他变量的说明以及描述性统计如表 5-20 所示。

表 5-20 变量说明与描述性统计

变量名	英文名	变量定义	均值	标准差	最小值	最大值
社会流动预期	exp_grade	见文中说明	0.73	0.44	0	1
过去实际社会流动	real_grade	见文中说明	0.51	0.50	0	1
机会不平等	opp	如前文测度	0.08	0.07	0.03	0.56
努力不平等	effort	如前文测度	0.31	0.14	0.13	0.64
当前所处社会等级	ngrade	受访者当前的主观社会等级，取值从 1~10（整数），表示社会等级逐渐提高	4.25	1.67	1	10
受访者性别	gender	受访者为男性时，取值为 1，否则取 0	0.49	0.50	0	1
受访者年龄	age	受访者年龄	36.98	8.73	18	50
受访者家庭经济状况所属等级	position_m	见注（1）	0.56	0.50	0	1
	position_h		0.08	0.27	0	1

① 后文会采用其他模型进行稳健性检验。

续表 5-20

变量名	英文名	变量定义	均值	标准差	最小值	最大值
受访者受教育程度	educ_m	见注（2）	0.34	0.47	0	1
	educ_h		0.44	0.50	0	1
受访者健康水平	health1_m	见注（3）	0.20	0.40	0	1
	health1_h		0.71	0.45	0	1
受访者婚姻状况	married	已婚或同居取1，否则取0	0.83	0.38	0	1
受访者政治身份	polt	受访者为中共党员取1，否则取0	0.10	0.30	0	1
受访者户口性质	huko	受访者为非农户口取1，否则取0	0.45	0.50	0	1
受访者宗教信仰	religio	受访者有宗教信仰取1，否则取0	0.11	0.32	0	1
受访者种族	ethn	受访者为汉族取1，否则取0	0.91	0.29	0	1
受访者年收入	lninc	受访者上年总收入取对数（元）	7.49	2.75	0	9.71
受访者所在省份的人均实际GDP	lnpgdp	受访者所在省份的人均实际GDP取对数（元）	10.76	0.57	9.48	11.44

续表 5-20

变量名	英文名	变量定义	均值	标准差	最小值	最大值
受访者所在省份的产业结构	rsed	受访者所在省份的第二产业增加值占 GDP 之比	41.85	13.76	22.30	59.30
受访者所在省份的实际 GDP 增长率	gdp_r	受访者所在省份的实际 GDP 增长率	10.89	2.69	7.50	17.40
受访者所在省份的失业率水平	unemploy	受访者所在省份的城镇登记失业率	2.84	1.15	1.21	4.40
受访者所在省份的通胀率	cpi_s	受访者所在省份的消费价格指数	3.71	1.15	2	6.14

说明：为了保证数据的跨年可比性，受访者年收入（lninc）采用消费价格指数（CPI）进行价格调整；考虑到部分受访者的调查收入为 0，因此对所有收入加 1 之后再取对数。①受访者家庭经济状况在所在地的水平分为 5 档，从低到高依次为：远低于平均水平、低于平均水平、平均水平、高于平均水平、远高于平均水平，当受访者处于第三档时，$position\_m$ 取值为 1，否则取 0；当受访者处于第四或五档时，$position\_h$ 取值为 1，否则取 0。②当受访者受教育水平为初中时，$educ\_m$ 取值为 1，否则取 0；当受访者受教育水平为高中（含）以上时，$educ\_h$ 取值为 1，否则取 0。③当受访者的主观健康测度为"一般"时，$health1\_m$ 取 1，否则取 0；当受访者的主观健康测度为"一般"以上时，$health1\_h$ 取 1，否则取 0。

5.4.3 回归结果与分析

5.4.3.1 基本回归结果

根据模型（5.15）得到的基本回归结果如表 5-21 所示。（1）列不包含任何控制变量，此时，机会不平等（opp）的系数尽管为正，但并不显著，原因可能是遗漏了较多的相关变量。个体层面的变量，如受访者受教育程度、收入水平以及受访者家庭经济状况等变量，不仅会

表5-21 机会不平等对社会流动预期的影响

解释变量	因变量：对十年后的社会流动预期			
	（1）	（2）	（3）	（4）
opp	0.206	0.610*	0.839***	1.737***
effort	0.474***	0.578***	-1.094***	-2.400***
ngrade		-0.122***	-0.120***	-0.144***
g1_grade		0.886***	0.902***	1.052***
gender		-0.007	-0.013	-0.028
gage1		0.924***	0.926***	0.918***
gage2		0.308***	0.306***	0.295***
position_m		0.170***	0.178***	0.180***
position_h		0.173**	0.176**	0.165**
educ_m		0.103**	0.111**	0.137**
educ_h		0.0330	0.0690	0.143**
health1_m		0.239***	0.239***	0.199***
health1_h		0.333***	0.331***	0.328***
married		-0.126**	-0.142***	-0.159***
polt		-0.106*	-0.112*	-0.114*
huko		-0.279***	-0.273***	-0.215***
religio		0.206***	0.203***	0.201***
ethn		-0.195***	-0.186***	-0.206***
lninc		-0.014*	-0.012*	-0.004
lnpgdp			-0.407***	-0.028
rsed			0.013***	0.016
gdp_r			-0.008	-0.047
unemploy			-0.092**	-0.173
常数项	0.824***	0.565***	5.205***	1.063
地区固定效应	否	否	否	是
年份固定效应	否	否	否	是
观测值	18841	18841	18841	18827
伪R^2	0.001	0.066	0.070	0.082

说明：***、**、*分别表示在1%、5%和10%水平上显著；表中省略异方差稳健标准误。

对受访者的社会流动预期产生影响，也在一定程度上与当前的机会不平等程度存在关联，遗漏这些变量可能导致系数估计值有偏；另有一些个体层面的变量，如受访者性别、种族、年龄以及宗教信仰等仅与受访者的社会流动预期相关，而与当前的机会不平等程度不相关，遗漏这些变量虽然不至于影响到估计系数的无偏性，但也会增大标准误，降低估计系数的显著性。此外，地区层面的变量，如受访者所在省份的经济发展水平、产业结构等都可能同时与当前的机会不平等程度和受访者的社会流动预期相关，从而产生遗漏变量偏误问题。因此，(2)、(3)、(4)列依次在前一列的基础上添加个体特征控制变量、随时间变化的地区控制变量以及地区和年份固定效应控制变量，随着控制变量的逐步纳入，机会不平等（opp）的估计系数逐渐增大，显著性也逐步提高，最终如(4)列所示，机会不平等（opp）的系数为 1.737 且在 1% 的水平下显著。因此，本书的基本假设 8 得到了初步证实：在政府以社会公平正义为目的的改革政策影响下，当前机会不平等程度越高的地区预期未来机会不平等程度将出现较大幅度的下降，由此导致当前机会不平等的间接效应为正，且间接效应超过直接效应，因此，总效应为正，即当前机会不平等程度越高，向上的社会流动预期越显著。当然，此处将回归结果中的相关关系解释为因果关系，难免有些牵强，尽管地区层面的机会不平等很难受到个体层面的社会流动预期的影响，即较少有反向因果的担忧，但是遗漏变量问题仍可能存在。对此，后文将进行稳健性检验。

另外，努力不平等的系数显著为负，一种可能的解释是：努力不平等程度越高意味着因努力程度差异而导致的收入分布离散度越高，这说明该地区的竞争非常激烈，而在这种残酷的竞争压力下，很少有人能够做出未来会有向上流动的乐观预期。在个体控制变量中，当前的社会等级（$ngrade$）与流动性预期成负相关关系，表明当前社会等级越高，向上流动的空间越小，因此预期未来向上流动的概率越低；过去十年实际社会流动（$g1\_grade$）的系数显著为正，说明过去向上的社会流动体验会提高未来进一步向上流动的心理预期；年龄组别变量（$gage1$ 和 $gage2$）系数显著为正，表明相对于高年龄组，中低年龄组预期向上流动的概率更高；受访者家庭经济状况、受教育水平和健康状况均与社会流动预期成正相关关系；有宗教信仰者相对于无宗教信仰者有更高的向上流动预期概率。

5.4.3.2 异质性分析

(1) 家庭背景异质性。为了检验家庭背景异质性，尝试将全样本按照家庭背景的优劣程度进行划分，后进行分组回归。本书选取的家庭背景变量包含三类，分别为：受访者14岁时的家庭等级、受访者父亲的受教育程度以及受访者母亲的受教育程度。回归结果如表5-22所示。表5-22中（1）~（4）列以受访者14岁时的家庭等级作为家庭背景的衡量指标。比较（1）列和（2）列可知，当家庭背景程度较好时［受访者14岁时的家庭等级在5级（含）以上］，当前机会不平等指标（opp）对社会流动预期（exp_grade）的影响并不显著；而当家庭背景程度较差时（受访者14岁时的家庭等级在5级以下），当前机会不平等指标（opp）对社会流动预期的影响在1%的水平下显著为正，且系数大小是前者的3倍以上。进一步将家庭背景程度较差的群体分为非常差（14岁时的家庭等级为1~2级）和比较差（14岁时的家庭等级为3~4级）两个子群体，分别进行回归后发现，两个子群体的回归结果均显著为正，这也进一步排除了（1）列结果不显著是由样本规模所致的可能。（5）、（6）列以父亲的受教育程度作为家庭背景的衡量指标，结果表明，当父亲受教育程度较高时（高中以上），当前机会不平等指标（opp）对社会流动预期（exp_grade）的影响并不显著；而当父亲受教育程度较低时（高中以下），当前机会不平等指标（opp）对未来社会流动预期（exp_grade）的影响显著为正。（7）、（8）列以母亲的受教育程度作为家庭背景的衡量指标，结果类似，即当母亲受教育程度较高时（初中以上），系数不显著，而当母亲受教育程度较低时（初中以下），系数显著为正。从而理论假设9a得到了经验支持。

(2) 年龄异质性。为检验年龄异质性，将受访者按照年龄划分为两组，分别为低年龄组（18~35岁）和高年龄组（36~50岁），回归结果如表5-23的（1）、（2）列所示，在低年龄组中机会不平等的系数（opp）不显著，而在高年龄组中机会不平等（opp）的系数显著为正。另外，由表5-22的结果可知，在家庭背景较差的子样本中，机会不平等对社会流动预期产生显著影响，因此本研究剔除受访者14岁时家庭等级在5级以上的样本，再依据年龄进行分组，结果如表5-23中的（3）、（4）列所示，除了回归系数更大以外结果并无显著差别。（5）、（6）、（7）列中进一步将全样本按照年龄大小划分为三组，在低年龄组中

表 5-22 家庭背景异质性

解释变量	(1)	(2)	(3)	(4)	(5)	(6)	(7)	(8)
	14 岁时的家庭等级				父亲受教育程度		母亲受教育程度	
	>=5 级	5 级以下	1~2 级	3~4 级	>=高中	高中以下	>=初中	初中以下
opp	0.704 (0.69)	2.365*** (0.56)	1.477** (0.73)	3.799*** (0.96)	0.798 (1.09)	1.900*** (0.47)	0.834 (1.09)	1.872*** (0.48)
$effort$	-1.980** (0.78)	-2.493*** (0.53)	-1.873*** (0.72)	-3.682*** (0.84)	-2.757** (1.11)	-2.293*** (0.48)	-2.903*** (0.99)	-2.228*** (0.50)
控制变量	是	是	是	是	是	是	是	是
观测值	5060	13767	7622	6145	3325	15489	4816	14011
伪 R^2	0.108	0.073	0.075	0.084	0.121	0.076	0.118	0.073

说明：***、**、* 分别表示在 1%、5% 和 10% 水平上显著；括号中的数据为稳健标准误。所有回归都包含表 5-21 中的全部控制变量。

5 收入不平等影响经济效率的社会资本传导机制分析

表5-23 年龄异质性

解释变量	全样本		14岁时家庭等级<5子样本		全样本		
	(1)	(2)	(3)	(4)	(5)	(6)	(7)
	18~35岁	36~50岁	18~35岁	36~50岁	18~29岁	30~39岁	40~50岁
opp	1.309	1.982***	1.736	2.674***	-0.306	2.584***	1.719***
	(0.84)	(0.51)	(1.27)	(0.64)	(1.25)	(0.84)	(0.56)
effort	-2.060**	-2.709***	-3.028***	-2.629***	-1.756	-2.732***	-2.675***
	(0.81)	(0.53)	(1.10)	(0.64)	(1.14)	(0.78)	(0.61)
控制变量	是	是	是	是	是	是	是
观测值	7640	11187	5102	8665	4372	5951	8504
伪R^2	0.069	0.073	0.068	0.066	0.080	0.057	0.075

说明：***、**、*分别表示在1%、5%和10%水平上显著；括号中的数据为稳健标准误。所有回归都包含表5-21中的全部控制变量。

127

回归系数不显著,而在中高年龄组中系数显著为正,并且相比于高年龄组,中间年龄组回归系数的绝对值更大。这说明,对于较高年龄组的群体而言,当预期未来机会不平等程度将会下降时,向上的社会流动预期会更加强烈,即当前机会不平等的间接效应更大;但随着年龄的进一步增大,个体职业地位提升的几率减小,机会不平等对社会流动预期的影响程度存在一定幅度的下降。理论假设9b同样获得了经验支持。

(3) 户籍和受教育程度异质性。为了检验户籍和受教育程度异质性,将全部家庭背景较差的群体[①](即14岁时家庭等级在5级以下)依次按照户籍性质和受教育程度予以划分,并分别进行回归分析,结果如表5-24所示。比较(1)、(2) 列可知,非农业户籍样本中机会不平等的系数估计值更大;对比(3)、(4) 列或者(5)、(6) 列可知,受教育水平较高的群体中机会不平等的系数估计值也显著增大。因此,实证结果也在一定程度上证实了理论假设9c和9d。

表5-24 户籍和受教育程度异质性

解释变量	(1)	(2)	(3)	(4)	(5)	(6)
	户籍		受教育程度			
	农业户籍	非农业户籍	大学以下	大学(含)以上	高中以下	高中(含)以上
opp	1.944***	3.262***	2.189***	3.184**	1.938***	3.131***
	(0.74)	(0.92)	(0.62)	(1.37)	(0.70)	(1.03)
$effort$	-2.499***	-3.001***	-2.181***	-3.793***	-1.786***	-3.560***
	(0.71)	(0.87)	(0.60)	(1.35)	(0.68)	(0.94)
控制变量	是	是	是	是	是	是
观测值	8422	5345	11242	2521	8598	5169
伪 R^2	0.062	0.100	0.071	0.130	0.064	0.117

说明:***、**、*分别表示在1%、5%和10%水平上显著;括号中的数据为稳健标准误。所有回归都包含表5-21中的全部控制变量。选取14岁时家庭等级在5级以下的样本。

(4) 性格特征异质性。为了检验当前机会不平等影响社会流动预期的性格特征差异,在基准模型(5.15)的基础上添加机会不平等

---

① 以全样本进行回归结果并无显著差别。

(opp）与性格特征变量的交互项。本书选取的性格特征变量包含两类，分别为衡量个体乐观程度的变量和衡量个体自信程度的变量。关于个体乐观程度，2010 年、2012 年以及 2013 年的 CGSS 问卷中均存在这样的问题——"在过去的四周中，您感到心情抑郁或沮丧的频繁程度是？"，回答选项包括"总是""经常""有时""很少""从不"，对应取值为 1～5（整数），据此构建个体乐观程度二值变量（optimistic），当上述回答取值为 1 或 2 或 3 时，该二值变量取值 0，当上述回答取值为 4 或 5 时，该二值变量取值 1。关于个体自信程度，在所有年份的调查问卷中并不存在完全一致的问题，但在 2010 年、2011 年和 2012 年的问卷中均存在如下类似的问题——"在过去的四周中，我觉得有信心处理好自己的问题的频繁程度为"[①]，回答选项为"从来没有""很少""有时""经常""非常频繁？"，对应取值为 1～5（整数），据此构建个体自信程度二值变量（confidence），当上述回答取值为 1 或 2 或 3 时，该二值变量取值 0，当上述回答取值为 4 或 5 时，该二值变量取值 1。

回归结果如表 5-25 所示。表 5-25 中的（1）、（2）列增加机会不平等（opp）与个体乐观程度变量（optimistic）的交互项，考虑到 2011 年问卷调查中，不存在与其他年份相一致的测度个体乐观程度的问题，因此，在（1）、（2）列中去掉 2011 年样本观测值，仅采用 2010 年、2012 年和 2013 年的样本进行回归分析。此外，与（1）列相比，（2）列中剔除了乐观程度"居中"的样本，结果表明，机会不平等（opp）与其交互项（opp * optimistic）的系数均显著为正。这意味着在乐观程度较高群体中，当前机会不平等程度对个体社会流动预期的正向影响更显著。（3）、（4）列增加机会不平等（opp）与个体自信程度变量（confidence）的交互项。结果表明，机会不平等及其交互项的系数均为正，与预期相符，但却并不显著，这可能与个体自信程度变量的缺失值较多、样本观测值较少，且 opp 与 opp * optimistic 之间存在较强的

[①] 该问题对应 2011 年的调查问卷，2010 年的问题为"近四周以来，感到自己能有效地处理生活中所发生的重要改变的频繁程度为？"，回答选项包括"从不""很少""有时""经常""总是"，对应取值为 1～5（整数）；2012 年的问题为"您是否同意随着年龄增长，我从生活中悟出了许多道理，这使我变得更坚强、更有能力？"，回答选项包括"非常不同意""不同意""有点不同意""有点同意""同意""非常同意"，对应取值 1～6（整数），当该变量取值为 5 或 6 时，二值变量取值 1，否则取值 0。

共线性有关。(5)、(6)列按照个体自信程度进行分组回归,结果显示,在自信程度较高组中,机会不平等(opp)的系数显著为正,而在自信程度较低组中,机会不平等(opp)的系数并不显著,且前者的系数大小是后者的两倍。这在一定程度上也证实了在自信程度较高群体中,当前机会不平等程度对个体社会流动预期的正向影响更显著。因此,假设9e在一定程度上得到了经验支持。

表5-25 性格特征异质性

解释变量	(1) 全部观测值	(2) 删除乐观程度居中观测值	(3) 全部观测值	(4) 删除自信程度居中观测值	(5) 自信程度较高群体	(6) 自信程度较低群体
opp	1.284* (0.67)	1.891** (0.90)	1.299 (0.90)	1.360 (1.31)	2.09*** (0.60)	1.06 1.25
opp * optimistic	1.493*** (0.58)	1.628** (0.82)				
optimistic	-0.224*** (0.07)	-0.071 (0.11)				
opp * confidence			0.503 (0.92)	0.516 (1.32)		
confidence			0.109 (0.12)	0.180 (0.18)		
控制变量	是	是	是	是	是	是
观测值	16225	12862	7161	5480	5280	1881
伪R^2	0.086	0.087	0.091	0.099	0.102	0.089

说明:***、**、*分别表示在1%、5%和10%水平上显著;括号中的数据为稳健标准误。所有回归都包含表5-21中的全部控制变量。(1)、(2)列添加机会不平等变量(opp)与个体乐观程度变量(optimistic)的交互项;(3)、(4)列添加机会不平等变量(opp)与个体自信程度变量(confidence)的交互项,(5)、(6)列采用全样本分组回归。

5.4.3.3 稳健性检验

(1)回归模型设定。在之前的实证分析中,本书将社会流动预期计算为受访者十年后所处等级与目前所处等级之间的差值,并且为了尽可能降低主观偏误,将社会流动预期变量按照差值是否大于0定义为二值变量,最终采用Logit模型进行计量分析。当然,为了更精细地刻画社会流动预期的变化,也可以对社会流动预期变量取更多的数值等级。表5-26中的(1)、(2)列赋予社会流动预期变量5个数值等级:当计算出的社会流动预期差值小于0时,exp_grade 取1;当差值等于0、1、2时,对应的 exp_grade 取值分别为2、3和4;当差值大于2时,exp_grade取值5。并且依次采用普通最小二乘(OLS)和有序概率模型(Ordered Probit Model)进行估计。表5-26中的(3)列赋予社会流动预期变量3个数值等级:当计算出的社会流动预期差值小于0时,exp_grade 取1;当差值等于0时,exp_grade 取值为2;当差值大于0时,exp_grade 取值为3,并采用有序概率模型(Ordered Probit Model)进行估计。结果并无显著差异。

(2)样本选择。考虑到许多受访者会选择在55岁后陆续退休,因此45~50岁之间的个体其社会流动预期可能存在异常。为此,剔除年龄在40~50岁之间的样本,对模型重新进行回归分析,结果如表5-26中的(4)列所示。此外,为排除部分特殊地区对模型估计的干扰,(5)列删除观测值最少的四个地区样本:海南、西藏、宁夏和新疆;(6)列删除四个直辖市样本。结果均与表5-21中的基本回归结果无显著差异。

(3)关于内生性。本节构建了省级层面的客观机会不平等指标,相对于个体层面的主观机会不平等指标而言,有以下两点优势:其一,避免了反向因果问题,总体可以对个体产生影响,但个体对总体的影响一般可以忽略不计;其二,客观机会不平等指标与个体特征无关,从而有效避免了个体性格特征变量对模型的干扰作用。此外,本节还尽可能纳入了省级和个体层面的控制变量,以减小遗漏变量偏误。尽管如此,限于数据的可获得性以及变量之间相互关联的复杂性,仍然可能存在遗留变量问题。为此,本节尝试选择合适的工具变量。

借鉴第四章工具变量的选择方法,本节选取的两个工具变量分别为:十年前人均财政卫生经费支出与人均财政教育支出之和、十年前政府与市场关系指数。表5-26中的(7)列在(1)列的基础上进行工具变量回归,结果并无显著差异。在对工具变量的有效性进行检验时,$K-P\ rk\ LM$ 统计量为804.84,伴随概率为0.00,因此拒绝不可识别的原假设,可以认为所选用的工具变量与机会不平等之间存在较强的相关关系；$Hansen\ J$ 统计量为 2.47，伴随概率为 0.12，也无法拒绝工具变量有效的假定。因此，本节选取的工具变量具有一定程度的合理性。而且，在检验核心解释变量（opp）是否存在内生性时，$Durbin-Wu-Hausman$ 统计量为 1.26，伴随概率为 0.26，无法拒绝回归元外生性的假定，即模型并不存在明显的内生性问题。由此可见，本节之前所做的模型设定和基本回归结果具有相当程度的可信度。当然，基于众所周知的原因，现实中很难找到完全外生的工具变量，此处采用工具变量进行回归分析，也仅仅是为结果的稳健性提供辅助说明，不应赋予更高的期望。

表 5-26 稳健性检验

解释变量	(1) OLS	(2) Oprobit (1)	(3) Oprobit (2)	(4) 40岁以下样本	(5) 删除观测值较少地区	(6) 删除直辖市	(7) GMM
opp	0.843***	0.826***	0.900***	1.933***	1.745***	1.885***	1.653**
	(0.19)	(0.20)	(0.25)	(0.64)	(0.43)	(0.46)	(0.79)
$effort$	-0.788***	-0.802***	-1.310***	-2.323***	-2.374***	-2.258	-1.100***
	(0.19)	(0.19)	(0.25)	(0.60)	(0.43)	(0.49)	(0.36)
控制变量	是	是	是	是	是	是	是
观测值	18841	18841	18841	11199	18504	11796	18841
R^2/伪 R^2	0.112	0.041	0.068	0.074	0.082	0.085	0.111

说明：***、**、* 分别表示在 1%、5% 和 10% 水平上显著；括号中的数据为稳健标准误。所有回归都包含表 5-21 中的全部控制变量。(5) 列中所用工具变量为十年前人均财政卫生经费支出与人均财政教育支出之和以及十年前政府与市场关系指数。

5.4.3.4 进一步的讨论：关于作用机制

在本节理论分析部分，将当前机会不平等对社会流动预期的作用机制分解为直接效应和间接效应。其中，间接效应指人们基于当前的机会不平等程度以及政府已经或将要采取的促进社会公平正义的政策举措，对未来的机会不平等变化做出预测，进而作用于社会流动预期。与直接

5 收入不平等影响经济效率的社会资本传导机制分析

效应相比,间接效应涉及人们对政府相关政策有效性的心理预期。据此,我们可以尝试对间接效应进行检验,基本思路如下:若人们对政府部门的信任度更高,或者对政府过去所实施的某些重大政策举措满意度更高,则对政府已经或将要采取的促进社会公平正义的政策举措会有更大的信心和更为积极的政策效果预期,如此一来,人们会预期未来机会不平等程度下降的幅度更大,从而向上的社会流动预期更为显著,即间接效应会更大,而在直接效应不变的条件下,总效应会更大。相反,若人们对政府部门的信任度较低,或者对政府过去所实施的某些重大政策举措满意度较低,则间接效应会较小,总效应也较小。按照这一思路,可在基准回归模型中添加机会不平等变量与政府信任度或政府政策满意度变量的交互项来对间接效应进行检验。

检验结果如表5-27和表5-28所示。表5-27中的(1)列添加机会不平等(opp)与政府信任度指标变量($trust\_govern$)的交互项($opp * trust\_govern$),结果表明,opp系数显著为正,$opp * trust\_govern$系数尽管为正,但并不显著,这可能缘于二者之间存在较强的共线性;(2)、(3)列按照人们对政府的信任度进行分组回归,其中,(2)列为政府信任度较低组,(3)列为政府信任度较高组,结果表明,两者机会不平等(opp)系数均在1%的水平下显著为正,但后者的系数值为前者的两倍以上,表明,人们对政府的信任度越高,当前机会不平等对社会流动预期的正向影响越大,该结论在一定程度上证实了间接效应的存在性。

另外,根据上述分析检验的思路,间接效应与人们对政府部门的政策预期密切相关,因而与对政府的信任度——而非对其他机构的信任度或一般化的信任——关联较为紧密。因此,如果将政府信任度指标替换为企业信任度指标或一般化信任指标,则不同信任水平的组别之间,opp系数不应存在较大的差异性。确实,表5-27中的(4)、(5)列与(6)、(7)列的回归结果证实了这一点,从而进一步验证了间接效应的存在性。

表5-28在基准模型中添加政府环境治理满意度指标,其中,(1)~(3)列为地方政府环境治理满意度,(4)~(6)列为中央政府环境治理满意度。(1)列中,机会不平等指标与政府环境治理满意度指标的交互项($opp * performance\_lg$)系数显著为正,符合预期,而opp系数

不显著可能与样本量大幅减小有关①；(2)、(3) 列的分组回归结果显示，在环境治理满意度较高组中，opp 系数显著为正，而在环境治理满意度较低组中，系数值接近于 0 且不显著，这与 (1) 列的回归结果一致，表明机会不平等对社会流动预期的正向影响在政府环境治理满意度水平较高的组别中明显较大。同样，或许由于样本量较小的缘故，(4)～(6) 列的回归结果并不显著，但系数符号均与预期相符，且 (5) 列与 (6) 列相比，opp 系数值显著增大。因此，表 5-28 的回归结果也在一定程度上证实了间接效应的存在。

表 5-27 作用机制检验 (一)

解释变量	(1)	(2)	(3)	(4)	(5)	(6)	(7)
		政府信任		企业信任		一般化信任	
	交互项	低信任组	高信任组	低信任组	高信任组	低信任组	高信任组
opp	1.798***	1.402**	3.000***	2.396**	2.902**	1.639**	1.792***
	(0.55)	(0.63)	(1.15)	(1.13)	(1.09)	(0.73)	(0.54)
opp * trust_govern	0.306						
	(0.63)						
trust_govern	0.060						
	(0.08)						
控制变量	是	是	是	是	是	是	是
观测值	13251	8206	5034	6848	3831	7625	10994
伪 R^2	0.086	0.080	0.104	0.092	0.102	0.087	0.084

说明：***、**、* 分别表示在 1%、5% 和 10% 水平上显著；括号中的数据为稳健标准误。所有回归都包含表 5-21 中的全部控制变量。CGSS 问卷 2010 年、2011 年、2012 年和 2013 年存在关于政府信任度、企业信任度和一般信任度的问题①，若回答的信任度在中等以上，则 trust_governl 取 1，否则取 0；高信任组表示信任度在中等以上，低信任组表示信任度在中等以下。

---

① 关于政府环境治理满意度，仅有两年数据 (2010 年和 2013 年)。

5 收入不平等影响经济效率的社会资本传导机制分析

表5-28 作用机制检验(二)

解释变量	(1)	(2)	(3)	(4)	(5)	(6)
	地方政府环境治理满意度			中央政府环境治理满意度		
	交互项	高满意度组	低满意度组	交互项	高满意度组	低满意度组
opp	0.638	5.464*	0.001	1.064	2.773	0.001
	(1.21)	(3.24)	(1.29)	(1.24)	(1.95)	(1.29)
$effort$	-0.368	-1.232	0.145	-0.360	-1.114	0.145
	(0.88)	(1.86)	(1.01)	(0.86)	(1.37)	(1.01)
$opp * performance\_lg$	3.226**					
	(1.44)					
$performance\_lg$	-0.145					
	(0.09)					
$opp * performance\_cg$				1.071		
				(1.20)		
$performance\_cg$				0.044		
				(0.09)		
控制变量	是	是	是	是	是	是
观测值	5899	2132	3767	5899	2537	3767
伪 R^2	0.077	0.076	0.080	0.076	0.067	0.080

说明:***、**、*分别表示在1%、5%和10%水平上显著;括号中的数据为稳健标准误。所有回归都包含表5-21中的全部控制变量。CGSS问卷2010年和2013年中存在政府环境治理满意度的问题,若回答满意度较高,则 $performance\_lg$ 和 $performance\_cg$ 取值为1,否则取值0[①]。高满意度组表示 $performance\_lg$ 或 $performance\_cg$ 取值为1的组,低满意度组表示 $performance\_lg$ 或 $performance\_cg$ 取值为0的组。

---

① 具体问题为"在解决中国国内环境问题方面,您认为近五年来,中央政府做得怎么样?"以及"在解决您所在地区环境问题方面,您认为近五年来,地方政府做得怎么样?",选项包括"片面注重经济发展,忽视了环境保护工作""重视不够,环保投入不足""虽尽了努力,但效果不佳""尽了很大努力,有一定成效"以及"取得了很大成绩",若受访者选择后两项,则 $performance\_lg$ 和 $performance\_cg$ 取值为1,否则取值0。

5.4.4 结论

社会流动预期不仅是当前现实状况的主观反映，同时也是对美好未来的积极追寻。这种追寻反过来会对个体当前的决策和行为进行反馈调节，因而具有重大的社会经济意义。由于社会流动预期涉及人们对未来状况的心理预期，故受当前机会不平等的影响较为复杂，包含直接效应和间接效应两方面。直接效应指当前的机会不平等程度通过影响个体当前的经济环境，如当前的创业、就业与晋升机会等，对未来社会流动预期所产生的持续性影响。间接效应指当前的机会不平等程度结合政府为实现社会公平正义目标而实施的政策措施，影响人们对未来机会不平等变化的预期，进而作用于社会流动预期。

本节的实证分析结果表明：机会不平等作用于社会流动预期的直接效应为负，间接效应为正。具体而言，当前较高的机会不平等程度会对居民社会流动预期产生直接的负向影响，但在政府以实现社会公平正义为目标的改革措施的影响下，人们预期未来机会不平等程度会有所下降，并由此产生向上的社会流动预期。这意味着积极的政策预期对于打破机会不平等所引起的阶层固化、提高社会劣势群体的社会流动预期具有十分重要的意义；同时，机会不平等对社会流动预期的影响有很强的群体异质性：在家庭背景条件较差、年龄相对较大、受教育程度较高、非农业户籍以及性格较为乐观自信的群体当中，人们预期未来机会不平等程度下降的可能性更大，因而机会不平等影响社会流动预期的间接效应更大。此外，努力不平等对社会流动预期具有显著的负向影响，一种可能的解释是，努力不平等程度越高意味着因努力程度差异而导致的收入分布离散度越高，这说明该地区的竞争非常激烈，而在这种残酷的竞争压力下，很少有人能够做出未来会有向上流动的乐观预期。

5.5 社会资本传导机制之五：收入不平等与居民幸福感

已有研究表明，幸福感的提升有助于改善人际关系、提高个体工作的努力程度以及就业积极性（Frank，1999；李树、陈刚，2015），因而对于提升经济效率具有一定的积极意义。本小节重点探究收入不平等的不同构成成分对居民主观幸福感的异质性影响。

5.5.1 导论

现有研究通常采用生活满意度或者幸福感作为个体主观效用的衡量指标，并以基尼系数作为不平等的综合指标测度，实证检验收入不平等对居民幸福感的影响，但研究结论并不一致（陈永伟，2016；孙计领，2016；马红鸽和席恒，2020；Ngamaba et al.，2017；SchrÖder，2018）。除不同国家或地区的社会环境差异、数据和计量方法选择上的不同等因素外，一个很重要的原因就是未能考察收入不平等的内部结构问题，从而无法有效区分不同因素导致的收入不平等对幸福感的异质性影响。这是本研究需要重点解决的问题之一。

此外，尽管有许多学者做出了开创性的贡献，但对于收入不平等和幸福感之间关联机制的研究仍然是幸福经济学的核心难题之一，在理论和实证两方面均有待深入分析。从研究视角上看，分析收入不平等对幸福感的影响包括比较视角与规范视角。比较视角强调在一定的群体范围（参照组）内，人们更加关心自己的相对收入而非绝对收入（Adalgiso et al.，2019）。一方面，当个体发觉群体中其他人的收入上升时，预期自身收入也会上升，因而幸福感会随之增强，此为"示范效应"，主要从动态发展的视角考虑问题（Senik，2004）；另一方面，当个体发现自身收入低于参照组中其他人的收入时，会产生"被剥夺感"[①]，因而幸福感会下降，此为"相对剥夺效应"（Clark and Frijters，2008）。然而，如果其他人的收入比自己高的原因是付出了更多辛勤的努力，那么一定程度的收入差距未必会使人产生被剥夺感。而且"相对剥夺效应"仅考虑自身收入低于他人收入的情况，而并未考虑自身收入高于他人收入的情况。规范视角是指人们对参照组的整体收入分配状况持有公正的评价，该评价结果与个人（包括自己和他人）的收入无关。然而这种"公正的评价"依据何种原则去判断以及如何进行定量测度需进一步的探究。

[①] 也有研究表明，在特殊的群体范围（如家庭）中，相对收入对居民幸福感的影响与性别身份认同有关（程超和温兴祥，2018），未必会产生"被剥夺感"。

本书认为"不平等厌恶"和"公平偏好"是收入不平等影响幸福感的两类更为根本性的心理机制。无论是比较视角中的"相对剥夺效应",还是规范视角中对"公正评价"的判断都是"不平等厌恶"和"公平偏好"两种心理机制的联合作用结果。部分研究之所以并未明确区分"不平等厌恶"机制和"公平偏好"机制,主要原因是对"不平等"和"不公平"这两个概念的界定含糊不清。事实上,"不平等"和"不公平"二者并不完全等同,并不是所有的"不平等"都是"不公平"的(李骏、吴晓刚,2012)。

"公平偏好"心理已被行为经济学家普遍证实,这种心理可能源于人类本能,并在长期的社会进化史中得以固化(董志强,2011)。"公平偏好"心理不仅对个体的动机与行为产生重要影响(Fehr and Schmidt,1999;Fehr and Falk,2002),而且在再分配政策的制定中也扮演重要角色(汪良军、童波,2017)。2006年的世界银行发展报告也肯定了人类具有"公平偏好"心理倾向,并认为公平对社会发展起着重要的促进作用。

与"公平偏好"心理并行的是"不平等厌恶"心理。研究表明,在控制其他条件相同的情况下,平等的分配更为人们所偏爱;大量实验经济学的经验证据也表明,对不平等的厌恶是人们普遍具有的心理特征(汪良军、童波,2017)。这种对分配结果"不平等"的厌恶与分配过程是否公平并无必然联系。例如,明知他人比自己收入高完全是因为对方工作更加勤奋,但如果这种差距过大,依然会心存不满以至于对自身幸福感产生负向影响。这种不满与公平无关,纯粹出于对结果不平等的厌恶心理。

概言之,"不平等厌恶"表现出的是对分配结果差距过大的难以容忍,并不十分关心导致分配结果差距的原因是否合理;"公平偏好"则更多地表现出对分配过程中机会平等(或公平)的追求。然而,现有研究在分析收入不平等对居民幸福感的影响时,并未对上述两种不同的作用机制予以明确区分。例如,孙计领等(2018)将收入不平等分解为优势不平等指数和劣势不平等指数后发现,无论在收入分配中处于优势地位抑或劣势地位的群体,其幸福感均会受到显著的负向影响,并将作用机制归结为普遍存在的"不平等厌恶"心理,很显然,此处并未将"不平等厌恶"与"公平偏好"两种心理机制区分开来。但他们进一步的研究也表明，个体主观收入公平感在收入不平等影响幸福感的过程中发挥着重要的调节作用，因而尽管意识到"公平偏好"心理机制的存在，却只将其作为外在的、仅在收入不平等影响幸福感的过程中发挥调节作用的因素。事实上，本书更倾向于认为，和"不平等厌恶"一样，"公平偏好"心理也是收入不平等影响居民幸福感的直接心理机制。

本书将对 Fehr 和 Schmidt（1999）的不平等厌恶模型进行拓展，从而在一个统一的理论框架下，分析在收入不平等影响幸福感的过程中，"不平等厌恶"和"公平偏好"两种心理机制的不同作用效果。本书的基本思路是，收入不平等的不同构成成分在影响居民幸福感时对应着不同的心理机制。本书借鉴 Roemer（1998）的机会平等理论分析框架，将收入不平等分解为机会不平等和努力不平等，前者表示由个体环境因素（如家庭背景、社会制度等）决定的收入分配差距，后者则表示由个体努力因素（如工作或学习努力程度等）决定的收入分配差距。我们认为，一定程度的努力不平等可以体现"多劳多得"的公平价值观，因而能够满足居民的"公平偏好"心理，而过高的努力不平等则会激发民众的"不平等厌恶"心理，因此，预期随着努力不平等程度的上升，居民幸福感水平先上升后下降；机会不平等程度的上升则明显有悖于"公平偏好"心理（刘华、徐建斌，2014），因此会负向作用于幸福感。此外，"不平等厌恶"心理和"公平偏好"心理可能存在相互影响，通常在公平感较低的环境下，民众的"不平等厌恶"心理会更加强烈。因此，预期随着机会不平等程度的上升，努力不平等对幸福感的负向影响将更加显著。

基于上述理论分析，本研究借鉴 Almas 等（2011）、雷欣等（2017）等的研究成果，利用 2013 年的中国综合社会调查（以下简称CGSS2013）数据将我国县（市、区）层面的收入不平等分解为努力不平等和机会不平等，然后实证检验其对居民幸福感的作用效果。实证结果基本证实了上述理论推断：努力不平等对居民幸福感的影响呈现出先上升后下降的"倒 U"型特征；在较高的机会不平等条件下，努力不平等对居民幸福感的负向影响显著增强；而随后的分组检验结果也进一步证实了"公平偏好"心理和"不平等厌恶"心理的存在。

5.5.2 理论分析与模型设定

5.5.2.1 收入不平等影响幸福感的机制:"不平等厌恶"与"公平偏好"

实验经济学家普遍认为,个体既存在自利倾向也存在利他倾向,因此效用函数中应当包括社会偏好。最为典型的是 Fehr 和 Schmidt(1999)提出的不平等厌恶模型(以下简称 FS 模型)。FS 模型假定效用函数形式为 $U_i = U(y_i, y_{-i})$,其中 y_i 是参与人自身的收益,y_{-i} 是他人的收益,参与人关注分配结果是否平等,人们有减少与他人差异的动机。然而,越来越多的研究表明,除了实际收益之外,参与人也会关注自身的应得收益,并将其与实际收益进行对比(李骏、吴晓刚,2012)。参与人不仅存在"不平等厌恶"心理,也存在"公平偏好"心理。对此,本研究在 FS 模型基础上将效用函数的形式进一步拓展为 $U_i = U(y_i, y_{-i}, y_i^*)$,其中 y_i^* 表示参与人 i 的应得收益。在有 n 个参与人($i=1, 2, \cdots, n$)的条件下,参与人 i 的效用函数可具体表示为:

$$U(y_i) = y_i - \frac{\alpha_1}{n-1}\sum_{j \neq i}\max(y_j - y_i, 0) - \frac{\alpha_2}{n-1}\sum_{j \neq i}\max(y_i - y_j, 0)$$
$$- \beta_1 \max(y_i - y_i^*, 0) - \beta_2 \max(y_i^* - y_i, 0) \qquad (5.16)$$

式中,等式右边的第二项和第三项表示"不平等厌恶"导致的效用损失,当 $y_i < y_j$ 时,表示参与人 i 处于收入相对劣势地位;当 $y_i > y_j$ 时,表示参与人 i 处于收入相对优势地位。预期 $\alpha_1 > 0$,可将其归因为"嫉妒"(envy),即人们不希望别人的收入高过自己。α_2 可能大于 0 或小于 0,当 $\alpha_2 > 0$ 时,称为"同情"(compassion),表示不喜欢别人的收入比自己低;当 $\alpha_2 < 0$ 时,称为"自豪"(pride),表示收入比别人高可以带来正效用(Hopkins,2008)。我们认为"嫉妒"和"同情"是"不平等厌恶"心理的两种具体表现,因收入不平等而生发的该心理会引致效用损失。孙计领等(2018)的研究也表明,"不平等厌恶"心理在我国确实存在,即使自身收入高于他人收入,也更多地表现出"同情",而非"自豪"。

等式右边的第四项和第五项表示"公平偏好"心理导致的效用损失。在社会历史的长期发展过程中,向往公平是人类根深蒂固的价值取向。当 $y_i > y_i^*$ 时，参与人 i 的实际收入高于应得收入，此时参与人 i 处于公平相对优势地位；当 $y_i < y_i^*$ 时，参与人 i 的实际收入低于应得收入，参与人 i 处于公平相对劣势地位。由于"公平偏好"心理的存在，我们预期 $\beta_1 > 0$ 且 $\beta_2 > 0$，但 $\beta_1 < \beta_2$，即当自身的实际收入偏离应得收入时，参与人感知的社会公平程度会下降，因而产生效用损失，但在实际收入低于应得收入条件下产生的效用损失更大。

5.5.2.2 机会不平等、努力不平等与居民幸福感

越来越多的学者意识到，以基尼系数衡量的收入不平等指标可能存在较大的问题，原因在于，收入分配的公正、公平问题才是引发公众不满情绪进而对社会运行和经济效率产生重要影响的根本原因，而笼统的收入不平等并不能完全反映收入分配的公平问题（李骏、吴晓刚，2012；雷欣等，2017）。

鉴于此，Roemer（1998）认为，决定个体收入多少的因素可分为"努力因素"和"环境因素"两类，前者表示受个体自主控制并与自身努力程度密切相关的因素（如学习或工作勤奋程度等），后者则代表个体无力控制的环境因素（如家庭背景、性别、制度环境等）。根据这一划分思路，Roemer（1998）将由"环境因素"导致的收入不平等定义为"机会不平等"；Marrero 和 Rodríguez（2012）则将由"努力因素"引起的收入分配差距定义为"努力不平等"。"机会不平等"和"努力不平等"的上述界定已获得学界的广泛接受与沿用（Francesco and Alessio，2019）。在上述两类"不平等"中，机会不平等通常有悖于社会公平正义原则，但一定程度的努力不平等则不然（刘华、徐建斌，2014）。

因此，基于"公平偏好"心理，机会不平等有损社会公平，会对居民幸福感产生负向影响；而一定程度的努力不平等意味着"付出越多，收获越多"，符合公平准则，因而会对居民幸福感产生正向影响。但由于"不平等厌恶"心理的存在，当努力不平等超出一定限度时仍然有可能对居民幸福感产生负向影响。据此，本书构建如下计量经济模型检验机会不平等和努力不平等对居民幸福感的不同作用效果：

$$happy_{ij} = \alpha_0 + \alpha_1 \cdot gini\_e_j + \alpha_2 \cdot gini\_e_j^2 + \beta \cdot gini\_o_j +$$

$$\theta \cdot gini\_o_j \cdot gini\_e_j + \lambda \cdot X_{ij} + \varepsilon_{ij} \qquad (5.17)$$

式中，下标 i 表示个体，j 表示地区（市区或县）；$happy$ 为幸福感指标变量；$gini\_e$ 为努力不平等指标变量，$gini\_o$ 为机会不平等指标变量；X 为控制向量，包括个体特征变量和区位虚拟变量；ε 为随机扰动项。

根据上述理论分析，预期 $\alpha_1 > 0$，$\alpha_2 < 0$，即一定程度的努力不平等符合公平原则，可通过"公平偏好"心理机制对幸福感产生正向影响，但过高的努力不平等则会通过"不平等厌恶"心理机制对幸福感产生负向影响；预期参数 β 小于 0，即机会不平等违背公平原则，会通过"公平偏好"心理机制对幸福感产生负向影响。此外，考虑到"公平偏好"和"不平等厌恶"两种心理机制可能存在相互作用，在一个公平程度较低的社会环境中，人们的"不平等厌恶"心理可能会更加强烈（孙计领等，2018），因此预期交互项 $gini\_e * gini\_o$ 的系数 θ 小于 0（表 5-29）。

表 5-29 模型 (5.17) 中待估参数的符号预期

变量	作用机制	待估参数	符号预期
$gini\_e$	公平偏好	α_1	+
$gini\_e^2$	不平等厌恶	α_2	-
$gini\_o$	公平偏好	β	-
$gini\_e * gini\_o$	公平偏好和不平等厌恶	θ	-

5.5.3 变量构建与数据来源说明

5.5.3.1 机会不平等和努力不平等的定量测度

测度机会不平等与努力不平等的主要方法包括"参数法"和"非参数法"两类。前者需要构建环境变量、努力变量以及收入变量之间的函数关系，后者则直接按照环境变量进行分组，而后计算组间不平等和组内不平等。采用"非参数法"的典型研究有 Roemer（1998）、Marrero 和 Rodriguez（2013）、Sanoussi（2018）等；采用"参数法"的主要文献则包括 Almas 等（2011）、Assaad 等（2018）、Toshiaki（2019）、雷欣等（2018）、史新杰等（2018）、李莹和吕光明（2019）等。"非参数法"的优势在于不需要依赖环境变量、努力变量以及收入变量之间具体函数关系的构建，且易于操作；但其缺点是必须限制环境变量的数目且对样本容量要求较高。与之相比，"参数法"能够同时考察复杂多样的环境变量集与努力变量集，尽可能地降低遗漏变量偏误，并且对样本容量的要求较低。本研究欲测度县（市、区）层面的机会不平等和努力不平等指标，而大型的微观调查数据划分到该层面后，各个地区的样本量已然十分有限，因此，将选择"参数法"对机会不平等和努力不平等指标进行定量测度。

本书借鉴 Roemer（1998）、Almas 等（2011）、雷欣等（2017）等的研究成果，通过构建"反事实"收入分布对机会不平等和努力不平等进行定量测度。具体测度方法如下：

（1）建立"反事实"收入函数。假定影响个体收入的主要因素包括个体应当为之承担责任的环境变量和不应为之承担责任的努力变量：

$$\ln y_i = \alpha + \beta x_i^e + \gamma x_i^c + e_i \quad (5.18)$$

式（5.18）中，y_i 表示个体 i 的实际收入；x_i^e 表示个体 i 的努力变量集；x_i^c 代表个体 i 的环境变量集；e_i 为随机扰动项，代表影响收入的其他因素（如运气等不可观测变量）。构建以下"反事实"收入函数：

$$\ln y_i^j = \alpha + \beta x_i^e + \gamma x_j^c + e_j \quad i,j = 1,2,\cdots,N \quad (5.19)$$

式（5.19）中，N 为样本量，对其进行去对数化变形后可得：

$$y_i^j = \exp(\alpha + \beta x_i^e + \gamma x_j^c + e_j) \quad i,j = 1,2,\cdots,N \quad (5.20)$$

对式（5.20）进行平均化处理后可得：

$$\tilde{y}_i = \frac{1}{N}\sum_{j=1}^{N} y_i^j = \frac{1}{N}\sum_{j=1}^{N}\left[\exp(\alpha + \beta x_i^e + \gamma x_j^c + e_j)\right] \quad i,j = 1,2,\cdots,N \quad (5.21)$$

式（5.21）中，$\tilde{y}_i$ 表示个体 i 付出自身努力程度（x_i^e）并分别处于 N 个个体的环境中所取得的"虚拟"收入的平均值。由于在平均化的过程中，环境变量与不可测变量的影响被"中和"掉，因此"反事实"收入 $\tilde{y}_i$ 分布的不平等完全由努力因素所致。为使"反事实"收入总额与实际收入总额保持一致，我们以"反事实"收入占比为权重对实际收入总额进行重新分配，从而给出由个体 i 努力因素决定的收入：

$$y_i^{effort} = \left[\frac{\tilde{y}_i}{\sum_j \tilde{y}_j}\right] \cdot \sum_i y_i \qquad i,j = 1,2,\cdots,N \qquad (5.22)$$

同样，也可构建如下"反事实"收入函数：

$$\ln y_{i,j} = \alpha + \beta x_j^e + \gamma x_i^c + e_j \qquad i,j = 1,2,\cdots,N \qquad (5.23)$$

对式（5.23）去对数化后：

$$y_{i,j} = \exp(\alpha + \beta x_j^e + \gamma x_i^c + e_j) \qquad i,j = 1,2,\cdots,N \qquad (5.24)$$

对式（5.24）进行平均化处理后：

$$\hat{y}_i = \frac{1}{N}\sum_{j=1}^N y_{i,j} = \frac{1}{N}\sum_{j=1}^N [\exp(\alpha + \beta x_j^e + \gamma x_i^c + e_j)] \qquad i,j = 1,2,\cdots,N$$

$$(5.25)$$

式（5.25）中，$\hat{y}_i$ 表示个体 i 处于自身背景环境（x_i^e）下并分别付出 N 个个体的努力之后所取得的"虚拟"收入的平均值。由于在平均化的过程中，努力变量与不可测变量的影响被"中和"掉，因此"反事实"收入 $\hat{y}_i$ 分布的不平等完全由环境因素所致。为使"反事实"收入总额与实际收入总额保持一致，我们以"反事实"收入占比为权重对实际收入总额进行重新分配，从而给出由个体 i 环境因素决定的收入：

$$y_i^{opp} = \left[\frac{\hat{y}_i}{\sum_j \hat{y}_j}\right] \cdot \sum_i y_i \qquad i,j = 1,2,\cdots,N \qquad (5.26)$$

（2）机会不平等与努力不平等的测度。基于上述定义的 y_i^{effort} 和 y_i^{opp}，以及实际收入 y_i，本研究采用基尼系数对努力不平等、机会不平等以及收入不平等进行定量测度①：

$$gini\_e = \frac{1}{2N^2\mu^{effort}}\sum_{i=1}^N\sum_{j=1}^N |y_i^{effort} - y_j^{effort}| \qquad (5.27)$$

$$gini\_o = \frac{1}{2N^2\mu^{opp}}\sum_{i=1}^N\sum_{j=1}^N |y_i^{opp} - y_j^{opp}| \qquad (5.28)$$

$$gini\_r = \frac{1}{2N^2\mu}\sum_{i=1}^N\sum_{j=1}^N |y_i - y_j| \qquad (5.29)$$

其中，μ^{effort} 和 μ^{opp} 分别表示由努力因素和环境因素决定的收入分布的平均值，μ 代表实际收入分布的平均值。

---

① 后文将采用其他不平等测度指标进行稳健性检验。

5.5.3.2 其他变量

(1) 环境变量和努力变量的选择。在测度机会不平等和努力不平等变量时需要选择合适的环境变量集和努力变量集。环境变量指不受个体控制从而不应为之承担责任的因素，主要选取的变量包括：受访者性别、年龄、民族、父亲受教育程度、母亲受教育程度、父亲政治面貌、母亲政治面貌、父亲就业状态、母亲就业状态、城乡户籍状况、受访者所在省份、受访者14岁时家庭经济等级等。努力变量指个体在相当程度上能够自主控制故需要为之承担责任的因素，主要选取的变量包括：受访者受教育程度、就业状态（非农、务农或无业）、政治面貌、婚姻状况等。

(2) 影响幸福感的其他变量。根据现有研究，除机会不平等和努力不平等外，影响居民幸福感的其他变量还包括：个体年龄、年龄的平方、性别、民族、户籍、政治面貌、受教育程度、个体年收入、父母教育程度、父亲政治面貌、个体宗教信仰、健康状况、社会阶层流动经历、社会阶层流动预期、家庭年收入、家庭经济水平、受访者所在区域等。变量释义与描述性统计详见表5-30。

关于被解释变量幸福感（$happy$），在 CGSS 问卷 2013 中与幸福感相关的问题是："总的来说，您认为您的生活是否幸福？"受访者的回答选项有："很不幸福""比较不幸福""居于幸福与不幸福之间""比较幸福""完全幸福"。本书将其分别赋值为 1、2、3、4、5。

5.5.3.3 数据来源说明

本研究数据来源于《中国综合社会调查（2013）》（CGSS 2013）。CGSS 数据采用多阶分层概率抽样设计，向社会完全开放，是研究我国居民就业、生活、价值观等问题的公认的权威数据，同时该数据覆盖范围广，囊括中国内地所有省级行政单位，具有很好的全国代表性。本研究仅选择 2013 年的 CGSS 数据，主要基于如下考量：首先，CGSS 数据并非面板数据，如果将多个年份的数据混合在一起，则不同年份的抽样误差可能会对结果产生较大影响，而且一些关键变量（如收入等）的测度也会受到价格波动的影响。此外，部分指标的不连贯性也会对研究结果产生负面影响；其次，CGSS 2013 提供的家庭背景信息较为充分，且被许多研究广泛采用，数据质量较高，非常适合本研究所需。根据研究需要，对样本进行如下处理：①剔除关键指标数据缺失的样本；②剔除年收入为 0 的样本；③剔除样本数量在 40 以下的县（市、区）①。最终包括 8978 个样本。

表 5-30　相关变量的描述性统计

变量	变量释义	平均值	标准差	最小值	最大值
$happy$	幸福感	3.780	0.820	1	5
$gini\_r$	收入不平等指数	0.440	0.110	0.160	0.670
$gini\_e$	努力不平等指数	0.230	0.090	0.060	0.460
$gini\_o$	机会不平等指数	0.270	0.100	0.070	0.660
age	年龄	47.66	15.71	16.00	95.00
age^2	年龄平方	2518	1565	256	9025
$gend$	性别（虚拟变量，男=1）	0.520	0.500	0	1
$minzu$	民族（虚拟变量，汉族=1）	0.920	0.280	0	1
$hukou$	户籍（虚拟变量，非农业户籍=1）	0.410	0.490	0	1
$polic$	政治面貌（虚拟变量，党员=1）	0.110	0.310	0	1
$educ$	教育程度	8.880	4.570	0	19
$lninc$	个人年收入（取对数）	8.690	3.080	0	13.82
$religion$	是否有宗教信仰（有=1）	0.100	0.300	0	1
$healthy$	自评健康（整数1~5，分类变量，依次更健康）	3.740	1.070	1	5
$grade\_before$	社会阶层流动经历	0.800	1.500	-9	9
$grade\_exp$	社会阶层流动预期	0.970	1.310	-6	9
$educ\_f$	父亲教育程度	4.800	4.490	0	19
$educ\_m$	母亲教育程度	3.130	4.130	0	19
$polic\_f$	父亲政治面貌（虚拟变量，党员=1）	0.130	0.330	0	1

---

① 本研究需采用回归方法测度县（市、区）层面的机会不平等和努力不平等指标，如果样本量过小会造成回归结果不稳健。后文将对此进行稳健性检验。

续表 5-30

变量	变量释义	平均值	标准差	最小值	最大值
ln*inc_fam*	家庭年收入（取对数）	10.44	1.300	0	14.51
rank_fam	家庭经济等级［虚拟变量，平均水平（含）以上=1］	0.650	0.480	0	1
east	区位虚拟变量（东部=1）	0.400	0.490	0	1
middle	区位虚拟变量（中部=1）	0.340	0.470	0	1

说明：社会阶层流动经历（*grade_before*）用当前社会等级与十年前社会等级之差表示，属分类变量，取值-9到9（整数）；社会阶层流动预期（*grade_exp*）用预期十年后社会等级与当前社会等级之差表示，属分类变量，取值-9到9（整数）；硕士研究生以上、大学本科、大学专科、高中（包括职业高中、普通高中、中专和技校）、初中、小学、私塾、没有受过任何教育分别赋值为19、16、15、12、9、6、3、0。

5.5.4 实证结果与分析

5.5.4.1 基本回归结果

模型（5.17）的估计结果如表 5-31 所示。在不施加任何控制变量的条件下，变量 $gini\_e$ 和 $gini\_e^2$ 的估计系数一正一负，且均在5%的水平下显著；变量 $gini\_o$ 与交互项 $gini\_e*gini\_o$ 的系数均为负，但仅有后者在5%的水平下显著［如表 5-31 中的（1）列］。（2）列在（1）列的基础上添加个体和家庭层面的控制变量，（3）列则进一步添加区位虚拟变量，结果与（1）列相比并无显著差别。

上述回归结果与表 5-29 做出的理论预期基本相符。一定程度的努力不平等能够促进居民幸福感（公平偏好机制），但过高的努力不平等会对居民幸福感产生负向影响（不平等厌恶机制）；机会不平等尽管没有直接负向作用于幸福感，但随着机会不平等程度的上升，民众的"不平等厌恶"心理会增强，努力不平等对居民幸福感的负向影响增大（公平偏好机制与不平等厌恶机制）。

表 5-31 收入不平等对幸福感的影响

变量	(1)	(2)	(3)	(4)
$gini\_e$	2.195**	1.872**	2.349***	
	(0.91)	(0.78)	(0.74)	
$gini\_e^2$	-4.452**	-3.431**	-4.454***	
	(1.72)	(1.46)	(1.37)	
$gini\_o$	-0.202	0.113	0.227	
	(0.19)	(0.18)	(0.17)	
$gini\_e * gini\_o$	-4.255**	-4.396***	-4.788***	
	(1.80)	(1.51)	(1.45)	
$gini\_r$				2.826***
				(0.71)
$gini\_r^2$				-2.650***
				(0.83)
age		-0.010**	-0.009**	-0.009**
		(0.00)	(0.00)	(0.00)
age^2		0.0002***	0.0002***	0.0002***
		(0.00)	(0.00)	(0.00)
$gend$		-0.066***	-0.068***	-0.066***
		(0.02)	(0.02)	(0.02)
$minzu$		-0.098**	-0.072	-0.093**
		(0.04)	(0.05)	(0.04)
$hukou$		-0.069**	-0.063**	-0.059**
		(0.03)	(0.03)	(0.03)
$polic$		0.131***	0.129***	0.131***
		(0.03)	(0.03)	(0.03)
$educ$		0.003	0.004	0.003
		(0.00)	(0.00)	(0.00)
$lninc$		-0.007**	-0.008**	-0.008**
		(0.00)	(0.00)	(0.00)
$educ\_f$		0.008**	0.007**	0.007**
		(0.00)	(0.00)	(0.00)

续表 5-31

变量	(1)	(2)	(3)	(4)
$educ\_m$		0.005	0.006	0.006
		(0.00)	(0.00)	(0.00)
$polic\_f$		0.011	0.013	0.009
		(0.03)	(0.03)	(0.03)
$religion$		0.103***	0.099***	0.100***
		(0.03)	(0.03)	(0.03)
$healthy$		0.158***	0.159***	0.161***
		(0.01)	(0.01)	(0.01)
$grade\_before$		0.062***	0.061***	0.061***
		(0.01)	(0.01)	(0.01)
$grade\_exp$		0.009	0.007	0.006
		(0.01)	(0.01)	(0.01)
$lninc\_fam$		0.051***	0.049***	0.050***
		(0.01)	(0.01)	(0.01)
$rank\_fam$		0.305***	0.311***	0.308***
		(0.03)	(0.02)	(0.02)
$east$			-0.042	0.002
			(0.05)	(0.05)
$middle$			-0.145***	-0.091**
			(0.04)	(0.05)
常数项	3.614***	2.273***	2.246***	1.827***
	(0.12)	(0.18)	(0.17)	(0.20)
N	8978	8978	8978	8978
$adjust\ R^2$	0.006	0.139	0.144	0.142

说明：*、**、*** 分别表示在 1%、5% 和 10% 的水平下显著，括号中的数据为县（市、区）聚类稳健标准误。

控制变量的符号与现有相关文献基本一致（孙计领等，2018）。以表 5-31 中的（3）列为例，居民幸福感随个体年龄的增长先下降后上升，分界点在 45 岁左右；平均而言，女性的幸福感高于男性；农村居民具有更高的幸福感；党员身份能够提高幸福感；有宗教信仰者比无宗教信仰者具有更高的幸福感；父亲受教育程度、家庭经济状况、个体身体健康状况等变量与幸福感正相关；以往向上的社会阶层流动经历能够提高个体幸福感。

（4）列直接考察实际收入不平等对幸福感的影响，结果表明，一次项（$gini\_r$）系数显著为正，二次项（$gini\_r^2$）系数显著为负，即随着实际收入不平等程度的上升，其对居民幸福感的影响呈现"倒 U"型特征，这与贺京同等（2014）、孙计领（2016）、Wang 等（2015）等的研究结果一致。但如果未将收入不平等按照来源因素进行结构分解，就难以厘清这一"倒 U"型特征的内在作用机理，从而在指导政策实践方面缺乏针对性。

5.5.4.2　稳健性和内生性

（1）模型设定。由于幸福感是有序离散变量，一般使用有序 Probit 模型。然而有研究表明，使用 OLS 模型和有序 Probit 模型所估计的符号和显著性均无差别（Ferrei-Carbonell and Frijters，2004）。考虑到有序 Probit 模型所估计的系数含义不如 OLS 方法直观，因此本研究在表 5-31 中主要呈现 OLS 回归结果。为保证估计结果的稳健性，还分别采用了有序 Logit 模型、有序 Probit 模型、Logit 模型以及 Probit 模型进行估计，结果十分稳健［如表 5-32 中的（1）～（4）所在行所示］。

（2）样本选择。在表 5-31 的回归中，本研究删除了样本容量小于 30 的县（市、区），事实上即使采用全部样本，对回归结果也无显著影响［如表 5-32 中的（5）所在行］。本研究还尝试删除样本容量小于 40、50、60 的县（市、区），结果依然稳健。限于篇幅，在表 5-32 中并未列示全部回归结果。

（3）不平等指标选择。利用"反事实"收入测度机会不平等和努力不平等指标时，除采用基尼系数外，本书还采用广义熵不平等指数（Generalized entropy class of inequality indices）、阿金森不平等指数（Atkinson indices）等不平等计算方法，结果同样稳健［如表 5-32 中的（7）～（10）所在行］。

5 收入不平等影响经济效率的社会资本传导机制分析

表 5-32 稳健性检验

检验类型	编号	检验设计	$gini\_e$	$gini\_e^2$	$gini\_o$	$gini\_e * gini\_o$
模型设定	(1)	有序 Logit 模型估计	8.508***	-15.614***	0.580	-10.661***
	(2)	有序 Probit 模型估计	4.303***	-7.970***	0.297	-6.026***
	(3)	Logit 模型估计	9.422***	-16.833***	0.199	-11.606**
	(4)	Probit 模型估计	5.399***	-9.641***	0.088	-6.848**
样本选择	(5)	全部样本	2.203***	-4.063***	0.108	-4.852***
	(6)	样本量>40 市区（县）	2.169***	-4.199***	0.165	-3.839***
不平等指标选择	(7)	GE(0) 指数	1.797***	-5.148***	0.105	-3.770**
	(8)	GE(1) 指数	2.030***	-6.171***	0.012	-2.731**
	(9)	A(0.5) 指数	3.622***	-23.71***	0.210	-14.36**
	(10)	A(1) 指数	1.880**	-6.148***	0.159	-5.796**

说明：*、**、***分别表示在1%、5%和10%的水平下显著，表中省略县（市、区）聚类稳健标准误。GE(0)和GE(1)分别为收入差异敏感性参数为0和1的广义熵不平等指数（Generalized entropy class of inequality indices），A(0.5)和A(1)分别为不平等厌恶参数为0.5和1的阿金森不平等指数（Atkinson indices）。

（4）内生性讨论。内生性主要包括反向因果和遗漏变量两个方面。首先，本研究构建了地区层面的机会不平等和努力不平等指标作为解释变量，而被解释变量为个体层面的幸福感指标，这在相当程度上避免了反向因果问题，原因在于总体能够影响个体，但个体对总体的影响比较微弱，几乎可以忽略；其次，机会不平等和努力不平等均是基于个体收入构建的客观指标，与个体特征无关，从而能够较好地避免个体性格特征变量对模型估计的干扰；最后，通过逐渐增加个体和家庭层面的控制变量，本研究发现核心解释变量的系数估计值并未发生明显变化，这表明即使遗漏了部分个体和家庭层面的变量，所导致的遗漏变量偏误也不会十分严重，难以对本研究的估计结果产生根本性影响。

5.5.4.3 作用机制检验:"公平偏好"与"不平等厌恶"

(1) 对"公平偏好"机制的初步检验。根据前文的理论分析,不同类型群体受"公平偏好"心理的影响程度存在差异。相比处于公平相对劣势地位的群体,处于公平相对优势地位的群体在面临"不公平"境遇时,"公平偏好"心理对幸福感的负向影响更小。考虑到多数情形下男性群体相对于女性群体而言处于公平相对优势地位,且社会公平感知较高或社会流动预期较高的群体更有可能处于公平相对优势地位,如果"公平偏好"心理机制确实存在,我们预期在男性、社会公平感知较高以及社会流动预期较高的组别中,交互项 $gini\_e * gini\_o$ 系数的绝对值应该更小,即机会不平等对幸福感的间接的负向影响较弱。

表 5-33 中的分组回归结果证实了上述理论预期。以表 5-33 中的(1)、(2) 列为例,女性组别中交互项 $gini\_e * gini\_o$ 的系数为 -5.883 且在 1% 的水平下显著,而男性组别中 $gini\_e * gini\_o$ 的系数仅为 -1.690(不到女性组别的 1/3)且无法通过显著性检验。通过进一步考察,男性组别中 $gini\_e * gini\_o$ 的系数估计值不显著主要是由估计系数(绝对值)大幅下降而非标准误上升所致。同样,对比表 5-33 中的(3)、(4) 列以及(5)、(6) 列,结果基本类似,从而为"公平偏好"心理机制的存在提供了一定的经验佐证。

表 5-33 对"公平偏好"机制的检验结果

被解释变量:幸福感	按性别划分		按社会公平感划分		按社会流动预期划分	
	女性(1)	男性(2)	公平感知较低(3)	公平感知较高(4)	社会流动预期较低(5)	社会流动预期较高(6)
$gini\_e$	2.168** (0.84)	2.977*** (0.94)	2.162*** (0.82)	2.492*** (0.88)	2.307*** (0.79)	3.274*** (0.89)
$gini\_e^2$	-4.362*** (1.57)	-5.216*** (1.89)	-3.522** (1.52)	-5.062*** (1.69)	-4.420*** (1.55)	-5.797*** (1.59)
$gini\_o$	0.113 (0.17)	0.217 (0.21)	0.130 (0.19)	0.016 (0.16)	0.333* (0.18)	-0.195 (0.19)

续表 5-33

被解释变量：幸福感	按性别划分		按社会公平感划分		按社会流动预期划分	
	女性（1）	男性（2）	公平感知较低（3）	公平感知较高（4）	社会流动预期较低（5）	社会流动预期较高（6）
$gini\_e * gini\_o$	-5.883*** (1.71)	-1.690 (1.72)	-4.749*** (1.81)	-2.083 (1.79)	-4.599*** (1.64)	-1.584 (1.49)
N	4329	4649	5245	3733	6434	2544
adjust R^2	0.131	0.156	0.153	0.111	0.144	0.147

说明：*、**、***分别表示在1%、5%和10%的水平下显著，括号中的数据为县（市、区）聚类稳健标准误。

（2）对"不平等厌恶"机制的初步检验。相关研究表明，社会经济变迁能够对民众的"不平等厌恶"心理产生显著影响（Listhaug and Aalberg，1999）。Saar（2008）针对爱沙尼亚的研究结果显示，老一代群体比年青一代群体对收入不平等的容忍度更低，即表现出更加强烈的"不平等厌恶"倾向，且这种差异主要缘于不同年代的人群所经历的社会环境有所不同[①]。与爱沙尼亚的情况类似，由于受到改革开放政策的影响，我国老一代人与年青一代人之间也存在明显的"不平等厌恶"程度的差异。受平均主义观念的影响，我国老一代人的"不平等厌恶"程度更高（李骏、吴晓刚，2012）。

鉴于此，我们可以根据年龄差异对"不平等厌恶"机制进行初步检验。基本思路如下：按照年龄大小对模型（5.17）进行分组回归，如果"不平等厌恶"机制存在，那么年龄较大群体的"不平等厌恶"心理应该更加强烈，表现在回归结果中，二次项 $gini\_e^2$ 估计系数的绝对值应当更大且更加显著。因此，通过观察变量 $gini\_e^2$ 在不同年龄组中的系数估计值的变化是否和上述预期一致，便可对"不平等厌恶"机制进行初步检验。

按照年龄进行分组回归的估计结果如表 5-34 所示。对比表 5-34 中的（1）、（2）、（3）列可知，随着组群平均年龄的增大，变量 $gini\_e^2$ 的系

[①] 1940—1991 年间，爱沙尼亚一直是苏联加盟共和国之一，直到 1991 年 8 月 20 日宣布独立。

数估计值的绝对值逐渐增大，且这种趋势在年龄超过50岁以后尤为明显。除系数估计的绝对数值大小外，显著性水平也随组群平均年龄的增大而上升。而且，就二次项 $gini\_e^2$ 估计系数均显著的（2）、（3）列而言，即使不考虑机会不平等的影响，努力不平等影响幸福感由正转负的临界点也由（2）列的 0.577 减小到（3）列的 0.514①，即随着年龄的增大，民众对不平等的容忍度下降。总体而言，表5-34 的分组检验结果符合上述理论预期，这为"不平等厌恶"机制提供了初步佐证②。

此外，需要注意的是，受平均主义分配政策的影响，民众的不平等容忍度下降，这种"不平等"当指笼统的"收入不平等"，任何因素（无论是环境因素还是努力因素）导致的不平等都会受其影响。不仅是努力不平等，老一代人对机会不平等的容忍度也会较低。这表现在表5-34 的回归结果中，交互项 $gini\_e*gini\_o$ 估计系数的绝对值也随年龄的增加而增大。

表5-34 对"不平等厌恶"机制的检验结果

变量	(1)	(2)	(3)
	年龄<30	30≤年龄<50	年龄≥50
$gini\_e$	1.941*	2.095**	3.974***
	(1.07)	(0.89)	(0.94)
$gini\_e^2$	-3.473	-3.633**	-7.728***
	(2.13)	(1.70)	(1.83)
$gini\_o$	0.183	0.293*	0.236
	(0.27)	(0.17)	(0.23)
$gini\_e*gini\_o$	-3.204	-3.247**	-5.014***
	(2.81)	(1.64)	(1.88)
N	1284	3826	3868
$adjust\ R^2$	0.071	0.161	0.158

说明：*、**、*** 分别表示在1%、5%和10%的水平下显著，括号中的数据为县（市、区）聚类稳健标准误。

---

① 此处的 0.577 = 2.095/3.633，0.514 = 3.974/7.728。

② 本研究也尝试以45岁或50岁作为分界点，将全样本划分为两组进行回归分析，结论基本一致。

5.5.4.4 对我国 2008 年以来收入不平等与居民幸福感之间关系的解释

2008 年既是我国居民收入分配差距由扩大到缩小的转折点①，同时也是我国经济增长由高速变为中高速的转折点。官方资料表明②，从 2008 年到 2013 年我国的基尼系数由最高点 0.491 一路下降至 0.473；而与此同时，根据中国综合社会调查（CGSS）整理的数据，我国 2008 年、2010 年、2011 年、2012 年、2013 年居民幸福感的平均值（以五分制记）分别为 3.71、3.77、3.90、3.81 和 3.76，二者之间的变化关系如图 5-3 所示。

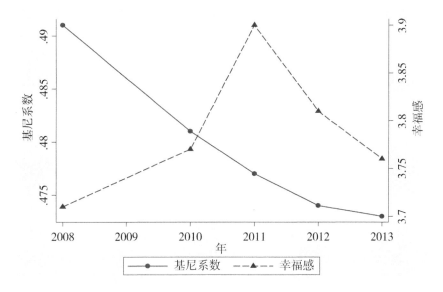

图 5-3 2008—2013 年我国基尼系数与居民幸福感之间的关系

由图 5-3 可知，和基尼系数的逐年降低有所不同，我国居民幸福

---

① 据国家统计局资料显示，从 2003 年到 2008 年我国的基尼系数在波动中大致呈现上升的态势，而从 2008 年到 2016 年基尼系数则逐年下降。
② 中华人民共和国国家统计局. 2003—2016 年全国居民人均可支配收入基尼系数［EB/OL］.（2017-10-10）［2017-11-11］. http://www.stats.gov.cn/ztjc/zdtjgz/yblh/zysj/201710/t20171010_1540710.html.

感呈现出先上升后下降的变化特征。根据传统的幸福经济学理论，我国居民的收入分配差距总体处于较高水平，随着收入差距的下降，居民幸福感应当逐渐上升，而不应当出现先上升后下降的现象。对此，本书的解释是应当考察收入不平等的内部结构问题，关注机会不平等和努力不平等影响居民幸福感的不同作用机制和效果。

此种观察到的收入不平等和居民幸福感之间的非线性变动关系，很可能与该段时期我国机会不平等程度的上升有关①。有研究表明②，在以基尼系数指标衡量的收入不平等下降的同时，我国的机会不平等程度却呈现上升态势（雷欣等，2017）。因此本书认为，在基尼系数下降的过程中，受到"不平等厌恶"心理机制的影响，我国居民的幸福感水平上升；而随着机会不平等程度的上升，我国居民的"不平等厌恶"心理增强，并在"公平偏好"和"不平等厌恶"心理的联合作用下，幸福感水平有所下降。因此，为提高居民幸福感，不仅要降低总的收入不平等水平，还应当优化收入不平等的内部结构，着力降低机会不平等程度。

5.5.5 结论与评述

本书认为"公平偏好"心理和"不平等厌恶"心理是收入不平等作用于居民幸福感的两类重要影响机制。收入不平等的不同构成成分对居民幸福感的作用机制存在差异，传统研究中以基尼系数作为收入不平等衡量指标的处理方法无法揭示收入不平等的内部结构异质性，也难以厘清不同组成成分的作用机理。本书借鉴机会不平等理论相关研究成果，将收入不平等分解为机会不平等和努力不平等，并在 Fehr 和 Schmidt（1999）提出的不平等厌恶模型的基础上进行拓展，实证检验"公平偏好"心理机制和"不平等厌恶"心理机制。

研究结果表明：机会不平等和努力不平等对居民幸福感的影响机制

---

① 需要注意的是，由于时间跨度短、样本观测值有限，这种非线性关系只是初步地描述性统计结果，而并未进行严格的计量经济学检验，本书也只是试图对这种统计结果给出一种较为合理的解释。

② 雷欣等（2017）基于 CGSS 数据的测度结果表明，我国的机会不平等程度从 2008 年到 2013 年一直在上升。

和作用效果存在差异，一定程度的努力不平等可通过"公平偏好"机制提高居民幸福感，而过高的努力不平等则会通过"不平等厌恶"机制降低居民幸福感；机会不平等则通过努力不平等对居民幸福感产生间接影响，即在更高的机会不平等程度下，居民的"不平等厌恶"心理会增强，从而过高的努力不平等对居民幸福感的负向影响增大。上述结论在不同的模型设定、样本选择和不平等指标选择条件下具有较强的稳健性。此外，本书还利用上述理论研究成果对我国2008年到2013年间收入不平等与居民幸福感之间的非线性变动关系给出了较为合理的解释。

5.6 本章小结

本章旨在分析并实证检验机会不平等和努力不平等影响经济效率的社会资本传导机制。基于社会资本的内涵界定，主要从社会公平感、社会信任、社会稳定、社会流动预期和居民主观幸福感五个方面分析机会不平等和努力不平等对社会资本的异质性影响。

主要研究结论有：第一，机会不平等程度的上升会显著降低社会公平感，而努力不平等对社会公平感的影响则不显著。第二，在当前收入水平较高的群体中，机会不平等程度的上升会显著降低社会信任度，但这种影响在当前收入水平较低的群体中并不显著，而努力不平等对社会信任度并无显著影响。第三，机会不平等和努力不平等对社会犯罪率并无显著影响。第四，机会不平等作用于社会流动预期的直接效应为负，间接效应为正。具体而言，当前较高的机会不平等程度会对居民社会流动预期产生直接的负向影响，但在政府以实现社会公平正义为目标的改革措施影响下，人们预期未来机会不平程度会有所下降，并由此产生向上的社会流动预期；努力不平等对社会流动预期具有显著的负向影响。第五，机会不平等和努力不平等对居民幸福感的影响机制和作用效果存在差异，一定程度的努力不平等可通过"公平偏好"机制提高居民幸福感，而过高的努力不平等则会通过"不平等厌恶"机制降低居民幸福感；机会不平等则通过努力不平等对居民幸福感产生间接影响，即在更高的机会不平等程度下，居民的"不平等厌恶"心理会增强，从而过高的努力不平等对居民幸福感的负向影响增大。

总体而言,机会不平等能够对社会资本的多个方面(包括社会公平感、社会信任度、社会流动预期以及主观幸福感等)产生显著的负向影响,而一定程度的努力不平等则具有其存在的合理性,其对社会资本的影响并不十分显著①。上述检验结果基本符合理论预期,在一定程度上佐证了收入不平等的不同构成成分作用于经济效率的社会资本传导机制。

需要特别指出的是,到目前为止,本书梳理了"收入不平等—社会资本—经济效率"的逻辑链条,并利用相关数据分别对"收入不平等—社会资本"和"收入不平等—经济效率"环节进行了实证检验,但没有直接检验"社会资本—经济效率"环节。原因在于:第一,由于数据的限制,本书无法基于一致性的数据对该环节进行实证检验。第二,现有关于社会资本影响经济效率的研究成果较为丰富,且研究结论并无太大争议。一方面,分配是否公平将直接影响个体的劳动积极性,进而作用于经济效率。另一方面,在福山(2001)看来,信任有助于群体之间建立合作关系,在市场交换经济中起到润滑作用,从而减小整个社会的交易费用。群体成员之间的信任关系能够代替一些政府无法供给的正式制度,提高信息的扩散效率,降低企业内部的委托代理费用,进而提高企业生产效率。作为文化的重要组成部分之一,信任对整个社会的经济运行效率产生重要影响。例如,Nooteboom(2002)、Fukuyama(1995)研究表明,信任能够降低交易中存在的不确定性,在信任度较高的社会体系中,成员之间相互合作、互相交易的可能性更高。大量经验研究也都表明社会信任水平对个体行为和经济发展存在广泛影响,例如社会信任可以增加人力资本积累并提升其质量(La-Porta et al.,1997)、繁荣金融市场(Guiso et al.,2004;Guiso et al.,2008)、改善创业环境(Guiso et al.,2006)、鼓励政治参与从而抑制腐败并改良法制(La-Porta et al.,1997;Uslaner,2002)等。第三,社会流动预期作为一种重要的心理因素,可以对人们当前的经济行为产生一定的反馈调节作用,欧阳英(2005)甚至将人类的心理预期以及对预期的追寻视为社会进步的主观解释因素,与作为客观解释因素的生产率处于同等重

---

① 本章节的研究结果表明,一定程度的努力不平等尽管会对社会流动预期产生不利影响,但却能够提高居民主观幸福感。总体而言,一定限度内的努力不平等有其存在的合理性。

要的地位。第四,幸福感的提升有助于改善人际关系、提高个体工作的努力程度以及就业积极性(Frank,1999;李树、陈刚,2015),因而对于提升经济效率具有一定的积极意义。总体而言,在"社会资本—经济效率"这一环节中,社会资本正向影响经济效率的理论在学界已经得到了广泛的认同。

6 收入分配机会不平等的成因分析

根据前文的研究,收入不平等的不同构成成分对经济效率的影响具有明显的异质性。具体而言,机会不平等能够通过社会资本渠道对经济效率产生较为显著的负向影响,而一定程度的努力不平等则不然。鉴于此,为实现收入公平与创新增长之间的协调发展,有必要重点对我国居民收入分配机会不平等的成因进行详细分析。

6.1 机会不平等的影响因素研究

6.1.1 理论分析

机会不平等主要是指由家庭背景(包括经济、政治和文化背景等)引起的不平等,家庭背景对个体收入施加影响的渠道有两种:一是社会关系渠道,父母可以通过人脉关系或权力寻租为子女的职业发展提供便利;二是经济资源渠道,处于较高经济地位的父母可以利用丰裕的经济资源为子女提供优良的基础教育、医疗卫生等条件。因此,凡是能够对这两种作用渠道产生影响的因素均可能成为影响机会不平等的重要根源。

在市场机制不健全的条件下,父母通过社会关系渠道为子女提供帮助的空间较大。正如 Stightz(2000)所言,随着市场的不断深化与正式制度的逐步建立,法律法规等正式规则会逐步取代社会网络关系的作用。刘和旺和王宇锋(2010)也发现,如果把党员身份作为一种社会资本,那么随着中国市场化进程的逐步推进,政治资本收益呈现递减的趋势。因此,可以认为市场化程度是影响社会机会不平等的重要因素之一。

另外,由于基础教育、公共卫生等基本公共产品和服务的有效供给对于纠正家庭背景、天生禀赋等环境因素所导致的收入差距具有重要意义，因此，基本公共品的供给和分布状况可能是影响机会不平等的又一重要因素。

囿于数据的可获得性，国内外关于机会不平等影响因素的研究少之甚少。Marrero 和 Rodriguez（2012）利用 2005 年 23 个欧洲国家的相关数据，并借鉴 Perugini 和 Martino（2008）等关于收入不平等的研究成果，首次研究了经济发展水平、劳动市场绩效、人力资本投资和社会保障支出等因素与机会不平等之间的相关关系。显然，这种直接套用收入不平等相关理论的做法并未考虑到机会不平等的独特性，除了社会保障支出之外，其他指标因素与机会不平等之间的关系更多只是表层或间接的，无法触及机会不平等的实质。此外，D. Salehi-Isfahani 等（2013）利用中东和北非 16 国的数据研究发现，人均教育公共支出与教育机会不平等之间成负相关关系。然而这些都只是利用横截面数据进行简单相关分析所得出的结论。

关于中国机会不平等影响因素的研究，除了潘春阳（2011）从理论上探讨了影响我国机会不平等的一些制度性根源之外，并无任何实证研究成果。本书尝试利用中国的数据检验市场化程度和政府公共支出对机会不平等的影响。

6.1.2 计量模型构建与变量说明

构建如下计量经济学模型实证检验市场化程度和政府公共支出对机会不平等的影响：

$$y_{it} = \beta_0 + \beta_1 \cdot market_{it} + \beta_2 \cdot \text{lnptexpen}_{it} + \gamma_t + \eta_i + \varepsilon_{it} \quad (6.1)$$

其中，i 和 t 分别表示地区和时间维度，y 为机会不平等测度（opp）；$market$ 表示市场化程度，lnptexpen 表示人均公共支出额的对数；γ 和 η 分别表示年份固定效应与地区固定效应；ε 为随机扰动项。

考虑到市场化程度（$market$）和政府公共支出（lnptexpen）对机会不平等（opp）的影响存在滞后性，比如，政府公共支出会影响个体青少年时期的成长环境，但只有等到成年时，这种影响才会在个体收入的机会不平等上有所体现。因此，本书借鉴 Marrero 和 Rodriguez（2012）的方法，将解释变量 $market$ 和 lnptexpen 取十年滞后项。政府公共支出及其细分项数据来自相应年份的《中国财政年鉴》，市场化指数及其细分项数据来自樊纲等编制的《中国市场化指数——各地区市场化相对进程2009年报告》。各变量的说明和描述性统计如表6-1和表6-2所示。

表6-1 变量说明

变量	变量名称		变量定义
被解释变量	opp		机会不平等测度
解释变量	lnptexpen		地方人均公共支出总额（元，取对数）
	公共支出细分项	lnpcedu	地方人均教育支出（元，取对数）
		lnpheal	地方人均卫生支出（元，取对数）
		lnpwelf	地方人均抚恤和社会福利救济支出（元，取对数）
		lnpsec	地方人均社会保障补助支出（元，取对数）
	market		市场化指数
	市场化指数细分项	marketo	政府与市场关系指数
		markett	非国有经济发展指数
		marketth	产品市场发育指数
		marketf	要素市场发育指数
		marketfi	中介组织发育和法律指数

说明：其中，政府与市场关系指数包括市场分配经济资源比重、减轻农民税费负担、减少政府对企业干预以及缩小政府规模四项指标；非国有经济发展指数包括非国有经济占工业销售收入比重、非国有经济占固定资产总投资比重、非国有经济就业人数占城镇总就业人数比重三项指标；产品市场发育指数包括价格市场决定程度和减少商品地方保护两项指标；要素市场发育指数包括金融市场化程度、引进外资程度、劳动力流动性以及技术成果市场化等六项指标；中介组织发育和法律指数包括中介市场发育度、对生产者合法权益保护、知识产权保护以及消费者权益保护四项指标。

表6-2 变量的描述性统计

变量	平均值	标准差	最小值	最大值
opp	0.12	0.08	0.03	0.56
market	4.71	1.75	0.00	9.35

续表 6-2

变量	平均值	标准差	最小值	最大值
lnptexpen	5.47	0.54	4.29	6.84
lnpcedu	4.86	0.51	3.87	6.31
lnpheal	3.61	0.62	2.55	5.53
lnpwelf	2.93	0.57	1.73	4.75
lnpsec	3.66	0.95	1.08	5.51
marketo	6.03	1.82	-1.14	9.02
markett	4.40	2.51	-1.93	11.31
marketth	6.30	1.80	0.00	10.23
marketf	3.25	1.97	0.00	8.98
marketfi	3.49	1.95	0.00	12.15

说明：机会不平等变量（opp）根据各地区 2008 年、2010 年、2011 年、2012 年和 2013 年的调查数据计算获得；其他变量均为滞后十年数据，即各地区 1998 年、2000 年、2001 年、2002 年和 2003 年的统计数据。

6.1.3 回归结果与分析

首先分析总体市场化进程与政府公共支出总额对机会不平等的影响，回归结果如表 6-3 所示。表 6-3 的（1）、（2）列中，用机会不平等（opp）分别对总体市场化进程（market）和政府公共支出总额（lnptexpen）进行回归，结果显示，两者的系数均至少在 5% 的水平上显著为负，表明市场化程度和政府公共支出对机会不平等具有显著的抑制作用。（3）列中，将总体市场化进程（market）和政府公共支出总额（lnptexpen）变量同时纳入模型中进行回归，发现后者的系数依然在 5% 的水平上显著为负，而前者的系数则变得不显著。这意味着，相对于市场化程度，政府公共支出对机会不平等的影响更为突出；但另一方面，总体市场化进程（market）的系数不显著可能是由共线性所致，对此我们无法给出确切的结论。

表6-3 机会不平等的影响因素——公共支出和市场化程度

解释变量	(1) 固定效应（FE）	(2) 固定效应（FE）	(3) 随机效应（RE）
ln$ptexpen$	-0.064***		-0.030**
	(0.02)		(0.01)
$market$		-0.020**	-0.004
		(0.01)	(0.01)
常数项	0.465***	0.214***	0.294***
	(0.11)	(0.04)	(0.06)
观测值	142	142	142
Hausman P 值	0.042	0.084	0.146
组内 R^2	0.084	0.046	0.087

说明：***、**、*分别表示在1%、5%和10%水平上显著；括号中的数据为稳健标准误。解释变量为十期滞后项。根据 Hausman P 值，(1)、(2) 列采用面板固定效应模型，(3) 列采用面板随机效应模型。

接下来对政府公共支出和市场化进程的各细分项进行分析，结果分别如表6-4和表6-5所示。表6-4中（1）列用机会不平等（opp）同时对政府公共支出的四个细分项，即地方人均教育支出（ln$pcedu$）、地方人均卫生支出（ln$pheal$）、地方人均抚恤和社会福利救济支出（ln$pwelf$）以及地方人均社会保障补助支出（ln$psec$），进行回归。结果表明，除了地方人均卫生支出（ln$pheal$）的系数显著为负之外，其他变量的系数均不显著。考虑到政府公共支出的四个细分项之间存在比较强的相关关系，为了避免由严重共线性导致的回归系数不显著问题，将各变量分开进行回归，结果如表6-4中（2）、（3）、（4）、（5）列所示，此时，各细分项的系数都至少在5%的水平下显著为负。其中人均卫生支出项（ln$pheal$）的回归系数绝对值最大，对机会不平等的影响最为突出，这与（1）列的回归结果具有一致性。

表6-5为机会不平等对市场化进程各细分项的回归结果，包括政府与市场关系（$marketo$）、非国有经济发展（$markett$）、产品市场发育（$marketth$）、要素市场发育（$marketf$）以及中介组织发育和法律指数

(*marketfi*)。(1) 列结果表明，对所有细分项同时进行回归时，除了政府与市场关系（*marketo*）系数在10%的水平下显著为负之外，其他变量的系数均不显著。同样考虑到各细分项之间可能存在的高度相关性，将各变量分开进行回归，结果如表6-5中的（2）、（3）、（4）、（5）、（6）列所示，此时，政府与市场关系（*marketo*）、要素市场发育（*marketf*）与中介组织发育和法律指数（*marketfi*）的系数都在5%的水平下显著，而非国有经济发展（*markett*）和产品市场发育（*marketth*）这两个变量的系数则不显著。该结果表明，厘清政府与市场之间的关系，可以遏制权力寻租，缩小父母通过社会关系渠道为子女提供帮助的空间。中介组织发育和法律指数中包含对生产者合法权益保护的指标，而这对于防止权力滥用和权力寻租同样具有重要意义。此外，作为要素市场发育的重要组成部分，劳动力的流动性也会对机会不平等产生重要影响[①]。

表6-4 机会不平等的影响因素——公共支出细分项

解释变量	（1）固定效应（FE）	（2）固定效应（FE）	（3）固定效应（FE）	（4）随机效应（RE）	（5）随机效应（RE）
ln*pcedu*	0.028 (0.05)	-0.078*** (0.03)			
ln*pheal*	-0.159** (0.07)		-0.121*** (0.04)		
ln*pwelf*	0.026 (0.03)			-0.034*** (0.01)	
ln*psec*	-0.016 (0.01)				-0.019** (0.01)
常数项	0.529** (0.23)	0.491*** (0.12)	0.548*** (0.13)	0.214*** (0.03)	0.183*** (0.03)

---

① 例如，孙三百（2014）认为当前中国代际收入流动的主要问题在于部分人群面临"代际低收入传承陷阱"，而迁移者的代际收入弹性不到未迁移者的一半，其收入获取感知机会不平等指数显著低于未迁移者。

续表6-4

解释变量	(1) 固定效应 (FE)	(2) 固定效应 (FE)	(3) 固定效应 (FE)	(4) 随机效应 (RE)	(5) 随机效应 (RE)
观测值	142	142	142	142	142
Hausman P 值	0.086	0.026	0.001	0.231	0.167
组内 R^2	0.113	0.080	0.101	0.067	0.075

说明：***、**、*分别表示在1%、5%和10%水平上显著；括号中的数据为稳健标准误。解释变量为十期滞后项。

表6-5 机会不平等的影响因素——市场化指数细分项

解释变量	(1) 固定效应	(2) 固定效应	(3) 随机效应	(4) 随机效应	(5) 固定效应	(6) 随机效应
marketo	-0.019* (0.01)	-0.023** (0.01)				
markett	0.001 (0.01)		-0.003 (0.00)			
marketth	-0.005 (0.01)			-0.007 (0.00)		
marketf	-0.016 (0.01)				-0.017** (0.01)	
marketfi	0.008 (0.01)					-0.006** (0.00)
常数项	0.279*** (0.08)	0.259*** (0.06)	0.130*** (0.02)	0.158*** (0.03)	0.171*** (0.02)	0.138*** (0.01)
观测值	142	142	142	142	142	142
Hausman P 值	0.011	0.028	0.107	0.603	0.058	0.881
组内 R^2	0.084	0.061	0.032	0.015	0.046	0.007

说明：***、**、*分别表示在1%、5%和10%水平上显著；括号中的数据为稳健标准误。解释变量为十期滞后项。

6.1.4 结论

本节旨在探究影响我国收入分配机会不平等的因素。研究结果表明：市场化程度和政府公共支出是影响机会不平等的两个重要因素，尤其是扩大政府公共支出，对于缓解机会不平等的作用尤为显著。此外，在政府公共支出的各细分项中，卫生支出的影响作用最大，其他各项如教育支出、社会福利救济支出和社会保障支出的增加也有利于降低机会不平等。在市场化程度的各细分项中，政府与市场关系、要素市场发育、中介组织发育和法律指数三项指标能够显著影响机会不平等程度，而其他指标则不然。

需要说明的是，由于市场化程度和政府公共支出均为十年滞后项，基本没有反向因果的担忧，但仍然可能存在遗漏变量问题。因此，为谨慎起见，本节的回归结果应解释为相关关系而非因果关系。

6.2 收入分配机会不平等的生成机制分析：教育的传导作用

在我国社会生产力快速发展、人民生活水平日益提高的同时，收入分配差距问题仍较为突出。但越来越多的学者意识到，收入分配问题的关键在于收入获得的机会不平等，而非收入不平等本身，因此，现有关于收入分配问题的研究焦点逐渐由收入不平等转向机会不平等。

Roemer（1998）将决定个体收入水平的因素分为环境因素（如社会制度、家庭背景、性别等）和其他因素（如个体努力程度等）两类，并将由环境因素引致的收入不平等成分定义为"机会不平等"。机会不平等通常有悖于社会公平正义原则，并被视为"不公平"的收入分配结果，而由其他因素引致的收入不平等成分则具有一定程度的合理性，因此，相对于收入不平等，机会不平等是衡量社会公平与否更为合理的指标（刘华、徐建斌，2014）。已有研究表明，机会不平等在我国收入不平等中所占比重较高（雷欣等，2018；史新杰等，2018；李莹、吕光明，2019），并对我国的社会公平感、企业家精神、经济效率等产生显著负向影响（陈晓东、张卫东，2018；孙早、刘李华，2019）。

与此同时，教育作为人力资本的重要组成部分，其在社会分层中扮演重要角色（张明等，2016；邓峰、丁小浩，2013）。近年来，关于教育获得的机会不平等问题同样引起学界日益广泛的关注。有研究表明，巴西的教育机会不平等程度超过15%（Junior and Paese，2019）；而中国高等教育获得的机会不平等程度则更高（靳振忠等，2019）。许多学者据此提出降低教育机会不平等的相关政策建议，但这些政策建议所基于的理论依据并不足够充分。原因在于，我们关注的重点并非教育机会不平等本身，而是由此造成的后果，即教育机会不平等会导致收入分配机会不平等。然而，教育在我国收入分配机会不平等中究竟起到何种程度的传导作用，目前尚未可知。

众所周知，环境因素不会直接作用于个体收入水平，而是通过诸多中介渠道（如教育、价值观念、社会资本等）间接对收入产生影响。鉴于我国收入分配机会不平等和教育获得机会不平等并存且备受关注，而且教育变量与收入变量之间具有十分紧密的关联性，如下问题亟待研究：第一，我国城镇居民收入分配的机会不平等在多大程度上是通过教育渠道进行传导的？例如，靳振忠等（2019）基于CGSS调查2008年的数据的测度结果表明，我国获得高等教育的机会不平等程度高达78.58%，[①]但教育获得的机会不平等最终在多大程度上导致了收入分配机会不平等仍未可知，因而有必要将环境变量、教育变量和收入变量三者相结合，在统一的理论框架下测度收入分配机会不平等的教育传导比重。第二，该传导过程中教育数量和教育质量的作用孰轻孰重？自1999年高校扩招政策实施以来，我国居民获取高等教育的机会急速攀升，与此同时，教育质量机会不平等问题开始成为民众热议的话题。以我国顶级高校清华大学为例，通过实施"国家专项计划"和"自强计划"，清华大学2019年农村新生的比例上升至19.3%，高于2018年的17.9%，达到近些年来的最高水平，[②]但这种农村—城市"二八"开的比例现状仍然折射出"寒门难出贵子"的残酷现实。然而，这是否意

[①] 考虑到与个体努力相关的变量测度难度大，且CGSS 2008数据中努力变量指标十分有限，因此该结果很可能高估了我国高等教育获得的机会不平等程度。

[②] 数据来源于腾讯网https://new.qq.com/omn/20190814/20190814A0JUOW00.html。

味着在收入分配机会不平等的传导渠道中，教育质量比教育数量更加突出呢？第三，我国城镇居民的机会不平等程度及教育传导比例是否存在显著的收入分布非对称性？已有研究表明，在不同类型的群体中，环境因素对收入分配的影响存在显著差异，相对而言，"劣势"群体（如农村或父母教育程度较低群体）中的教育机会不平等程度更高（石大千等，2018）。那么，收入分配机会不平等通过教育渠道传导的比例，在不同收入分布水平上是否也存在显著差异呢？本研究尝试对上述问题进行解答。

6.2.1 相关文献回顾：机会不平等与教育获得

根据经典的社会选择理论，平等指的是以个体效用或者福利衡量的分配结果的平等，但这一观点遭到大量学者的批判与驳斥，因为它并未要求个体为自身的选择和行为承担相应的责任，因而在道德上并不合宜。延续早期学者的开创性成果（Dworkin，1981），Roemer（1998）认为，决定个体收入多少的因素可分为"环境因素"和"其他因素"两类，前者表示个体无力控制且不应当为之承担责任的因素（如社会制度、家庭背景等）；后者则包括受个体自主控制并与自身努力程度密切相关的因素（如个体工作或学习的努力程度等），以及可视为中性的运气因素。Roemer（1998）将由"环境因素"导致的收入不平等定义为"机会不平等"。机会不平等通常有悖于社会公平正义原则，难以被公众所容忍并被视为"不公平"的收入分配结果；而由其他因素引致的收入不平等成分则与民众普遍的公平观念并不冲突（刘华、徐建斌，2014）。因此，越来越多的学者认为，笼统的收入不平等并不能完全反映收入分配的公平问题，相对于收入不平等，机会不平等应当是衡量社会公平与否的更为合理的指标（李骏、吴晓刚，2012；史新杰等，2018）。目前，机会不平等已逐渐取代收入不平等，成为收入分配领域的研究焦点（吕光明等，2014）。

关于教育机会不平等问题的研究主要分为两类：第一，侧重分析某一单一环境因素对居民教育获得机会的影响。现有文献主要分析社会制度环境（Deng and Treiman，1997；李春玲，2003）、地区环境（王香丽，2011；Youness and Hamzaoui，2017）、家庭背景因素（Keane and Roemer，2009；赵颖，2016）等对居民教育获得机会的影响。例如 Keane 和 Roemer（2009）的研究表明，教育具有较高的代际传递性，通过增加人力资本投资和提供学习指导等渠道，父辈受教育程度较高的子女有更大的概率获得高等教育；此外，父母就业状况作为家庭背景因素的重要组成部分，也可能通过家庭收入、成员关系及子女健康等渠道影响后代受教育程度（赵颖，2016）。而在我国，除家庭背景因素外，城乡差异、地区差异等因素对居民教育获得机会的影响也较为突出，王香丽（2011）基于档案调查的研究表明，只有付出更大程度的努力（如复读），农村学生才能获取与城市学生相同质量的教育资源。

第二，同时考虑多种环境因素，基于丰富的环境变量集，对教育获得的机会不平等程度进行定量测度。靳振忠等（2019）基于 2008 年中国综合社会调查数据的研究表明，我国高等教育获得数量的不平等程度为 0.182，其中环境因素的绝对贡献为 0.143，约占总体不平等程度的 78.6%，远超努力因素对高等教育不平等程度的贡献。Junior 和 Paese（2019）基于巴西五年级和九年级学生的成绩数据，研究发现巴西的教育机会不平等程度超过 15%，且存在显著的地区差异。

诸多研究表明，教育对个体收入水平的影响十分突出，并在实现社会阶层流动的过程中扮演重要角色（邓峰、丁小浩，2013；张明等，2016）。这也是学界对教育机会不平等展开研究的重要动因之一。既然我国教育获得的机会不平等和收入分配的机会不平等同时存在，并且教育还是影响个体收入水平的重要因素，那么一个自然而然的问题便是，教育在环境变量影响个体收入的过程中究竟起到多大的传导作用？Palomino 等（2019）基于欧洲跨国微观调查数据，分析了教育和职业类型在环境因素影响个体收入中的中介传导作用，于本书而言具有十分重要的理论借鉴意义。本书不仅进一步区分了教育质量和教育数量的传导差异，并采用 Shapley 分解方法测度二者的相对贡献，而且还充分考虑了收入分布的非对称性，采用分位数回归方法测度在不同的收入分布水平上收入分配机会不平等的教育传导比例。

6.2.2 研究方法

在 Roemer（1998）的机会平等理论分析框架下，本书遵循 Palomino 等（2019）的研究思路对我国城镇居民收入分配的机会不平等程度及其教育传导渠道进行定量分析。但与 Palomino 等（2019）的研究相比，本书重点分析了教育在我国城镇居民收入分配机会不平等中的中介传导作用，并结合 Shorrocks（2013）提出的 Shapley 分解方法，进一步分解出教育质量和教育数量的不同中介作用。此外，本书还借鉴 Davillas 和 Jones（2020）关于分位数回归的相关应用成果，将其引入收入分配机会平等理论框架中，考察不同分位数水平上我国城镇居民收入分配机会不平等程度及其教育传导渠道。

6.2.2.1 机会不平等的参数测度法

假定半对数形式的收入决定方程为：

$$\ln y_i = \psi C_i + \varepsilon_i \tag{6.2}$$

其中，y_i 表示个体 i 的收入水平；C_i 表示个体 i 的环境向量；ε_i 为随机扰动项。假设 $\hat{\psi}$ 为参数 ψ 的估计值，$\bar{C}$ 为环境向量 C 的均值，则完全由环境因素所决定的个体 i 的收入水平可表示为：

$$\tilde{\mu}_i = \exp[\hat{\psi} C_i] \tag{6.3}$$

而无法由环境因素决定的个体 i 的收入水平为：

$$\tilde{\Phi}_i = \exp[\hat{\psi}\bar{C} + \hat{\varepsilon}_i] = \exp[\hat{\psi}\bar{C}] \cdot \exp[\hat{\varepsilon}_i] \tag{6.4}$$

由于平均对数离差（MLD）指数在分解过程中具有可加性（Additive Decomposability）和路径独立性（Path-independent Decomposability），能够将总的不平等按照来源因素的不同进行完美分解，因此，本书利用 MLD 指数将收入不平等（IT）分解为两部分：归因于环境因素的机会不平等（IO）和归因于其他因素的残差不平等（RI）。

$$\underbrace{I_{MLD}(y)}_{IT} = \underbrace{I_{MLD}(\tilde{\mu})}_{IO} + \underbrace{I_{MLD}(\tilde{\Phi})}_{RI} \tag{6.5}$$

其中，$I_{MLD}(y) = \frac{1}{n}\sum_{i=1}^{n}\ln(\frac{y_i}{\bar{y}})$，$\bar{y}$ 表示个体收入的平均值。$I_{MLD}(\tilde{\mu})$ 和 $I_{MLD}(\tilde{\Phi})$ 的表达式依此类推。IO 为机会不平等的绝对系数，其相对系数可表示为 $IO_r = IO/IT$。

6.2.2.2 机会不平等的教育传导渠道分析

以上方法能够测度收入分配的机会不平等程度，但却无法揭示机会不平等的生成机制,即无法阐明环境因素通过怎样的中介变量作用于个体收入水平,以及各中介变量的传导份额占比。Palomino 等(2019)为解决这一问题做出了开创性的尝试,其具体思路如下。

假定由环境因素决定的个体收入水平为 y_i^c,即 $y_i^c = \tilde{\mu}_i$。y_i^c 可表示为一组可观测中介变量(Z_i)的函数:

$$y_i^c = f(Z_i, v_i) \tag{6.6}$$

其中,v_i 表示不可观测(或者未被考虑)的中介变量以及随机扰动成分。鉴于教育变量在收入决定过程中的重要作用,本研究以教育水平(E)作为中介渠道进行分析,并设定如下线性函数关系:

$$\ln y_i^c = \eta E_i + v_i \tag{6.7}$$

如果将 $\{y_i^c\}$ 视为光滑收入分布(smoothed income distribution),即属于同一环境组别的个体具有相同的收入水平,那么与教育水平相关的光滑收入可表示为:

$$y_i^{C,E} = \exp(\hat{\eta} E_i) \tag{6.8}$$

其中,$\hat{\eta}$ 为参数 η 的估计值。从而通过教育变量传导的机会不平等成分(即机会不平等通过教育变量传导的绝对系数)可表示为:

$$IO_E = I_{MLD}(y^{C,E}) = I_{MLD}[\exp(\hat{\eta} E_i)] \tag{6.9}$$

类似地,不以教育水平为中介传导渠道的机会不平等成分可表示为:

$$IO_{\bar{E}} = I_{MLD}(y^{C,\bar{E}}) = I_{MLD}[\exp(\hat{v}_i)] \tag{6.10}$$

其中,$\bar{E}$ 为教育变量的平均值。因此,根据是否以教育水平作为中介传导渠道,机会不平等可作如下分解:

$$\underbrace{I_{MLD}(y^C)}_{IO} = \underbrace{I_{MLD}(y^{C,E})}_{IO_E} + \underbrace{I_{MLD}(y^{C,\bar{E}})}_{IO_{\bar{E}}} \tag{6.11}$$

机会不平等通过教育变量传导的相对比重(即相对系数)可表示为 $IO_{Er} = IO_E/IO$。

6.2.2.3 基于分位数回归的机会不平等测度及传导渠道分析

在以上基于回归模型的估计中,主要考察环境变量(C)对收入变量条件期望 $E(y|C)$ 的影响,但条件期望 $E(y|C)$ 只是刻画条件分

布 $y|C$ 集中趋势的一个指标而已，如果条件分布不是对称分布（Symmetric Distribution），则条件期望很难反映整个条件分布的全貌。为此，Koenker 和 Bassett（1978）提出"分位数回归"。Davillas 和 Jones（2020）则首次尝试将分位数回归引入健康机会不平等的测度中，考察环境因素在健康变量不同分位条件分布上的贡献。本研究遵循 Davillas 和 Jones（2020）的研究思路，分析在不同分位数水平上我国城镇居民收入分配机会不平等程度及其教育传导渠道。

假设条件分布 $y|C$ 的总体 q 分位数 y_i^q 是环境变量 C_i 的线性函数：

$$y_i^q = C_i \alpha^q + \varepsilon_i^q \tag{6.12}$$

其中，α^q 被称为"q 分位数回归系数"，其估计量 $\widehat{\alpha}^q$ 可以由以下最小化问题确定：

$$\widehat{\alpha}^q \min_{\alpha^q} \left[\sum_{i:y_i \geq C_i \alpha^q}^{n} q|y_i - C_i \alpha^q| + \sum_{i:y_i < C_i \alpha^q}^{n} (1-q)|y_i - C_i \alpha^q| \right]$$

$$\tag{6.13}$$

由于上述最小化问题的目标函数带有绝对值，不可求导，故通常使用线性规划的方法来计算 $\widehat{\alpha}^q$。获得 $\widehat{\alpha}^q$ 估计量后，仅由环境因素决定的收入（即光滑收入）可表示为：

$$\tilde{y}_i^q = C_i \widehat{\alpha}^q \tag{6.14}$$

同样采用平均对数离差（MLD）指数，$IO^q = I_{MLD}(\tilde{y}_i^q)$ 表示在 q 分位数上的机会不平等程度。其相对系数可表示为 $IO_r^q = I_{MLD}(\tilde{y}_i^q)/[I_{MLD}(\tilde{y}_i^q) + I_{MLD}(\tilde{\varepsilon}_i^q)]$，其中 $\tilde{\varepsilon}_i^q$ 为分位数回归的残差项。进一步地，用 $\tilde{y}_i^q$ 对教育中介变量（E）进行分位数回归：

$$\ln \tilde{y}_i^{Eq} = \eta^q E_i + \delta_i \tag{6.15}$$

那么在 q 分位数水平上，与教育变量相关的光滑收入可表示为：

$$\tilde{y}_i^{Eq} = \exp(\hat{\eta}^q E_i) \tag{6.16}$$

从而通过教育水平传导的机会不平等绝对系数和相对系数分别为：

$$IO_E^q = I_{MLD}(\tilde{y}^{Eq}) = I_{MLD}[\exp(\hat{\eta}^q E_i)] \tag{6.17}$$

$$IO_{Er}^q = IO_E^q / IO^q \tag{6.18}$$

6.2.2.4 将教育水平进一步分解为教育质量和教育数量

为进一步区分教育质量和教育数量的不同中介传导作用，可将教育

中介变量拓展为 $E = \{E^q, E^p\}$，其中，E^q 表示教育数量，E^p 表示教育质量。则式（6.7）可改写为：

$$\ln y_i^c = \eta_1 E_i^q + \eta_2 E_i^p + v_i \tag{6.19}$$

对于式（6.19），可采用普通最小二乘（OLS）或者分位数回归方法进行估计。通过教育数量和教育质量因素共同传导的机会不平等成分可表示为：

$$IO_E = I_{MLD}(y^{C,E}) = I_{MLD}[\exp(\hat{\eta}_1 E_i^q + \hat{\eta}_2 E_i^p)] \tag{6.20}$$

根据 Shorrocks（2013）提出的 Shapley 分解方法，可分离出教育数量和教育质量各自的中介传导贡献。具体分解思路如下：首先，在包含教育质量因子（E^p）条件下，从（6.18）中剔除教育数量因子（E^q），通过参数估计后求得仅由教育质量因素传导的机会不平等成分 IO_{E^p}，由此得到的差值（$IO_E - IO_{E^p}$）可记为教育数量的第一轮中介传导贡献。其次，在不包含教育质量因子（E^p）条件下，计算剔除教育数量因子（E^q）前和剔除教育数量因子（E^q）后由教育因素传导的机会不平等成分的差值，记为教育数量的第二轮中介传导贡献。最后，两轮中介传导贡献的平均值即为教育数量的中介传导贡献。这种方法在计算教育数量的中介传导贡献时，不依赖于教育数量变量被剔除的顺序，因而具有较强的合理性。按照同样的思路可测度教育质量的中介传导贡献。

6.2.3 变量选择与数据来源说明

6.2.3.1 变量选择

个体收入变量（*income*）。基于 2013 年中国家庭收入调查（CHIP）微观数据库，选择家庭中的户主及其配偶作为样本点。问卷调查中询问个体 2013 年主要工作的年收入总额。为消减极端收入值对测度结果的干扰，本研究以收入分布的 75 百分位和 25 百分位作为上下分界点，剔除分界点外 1.5 倍四分之一间距的样本观测值。

个体教育变量（E）。包括教育数量和教育质量两方面。其中，教育数量为包含四个类别（小学及以下、初中、高中、大专及以上）的分类变量；教育质量变量包括两项指标，一是是否毕业于 985 或 211 工程院校，二是是否毕业于县级以上重点中学。由于大学毕业院校类型的调查仅针对2000年（含）以后大学毕业的住户成员，因此，在考虑教育质量的中介传导作用时，本研究仅选择1978年（含）以后出生的样本。

地区变量（east）。现有文献主要采用出生地变量，分为东部和中西部地区。CHIP数据库缺乏出生地相关信息，故采用受访者户口登记地作为区域划分的指标，户口登记地在东部地区，east变量取值1，否者取值0。[①]

户籍变量（huji）。农业户口取0，其他类型户口取1，并对"农转非"进行调整，将存在"农转非"经历的群体视为农业户籍群体。

个体特征变量。包括性别、民族、年龄等。其中，性别（gend）为虚拟变量，男性取1，女性取0；民族（minzu）亦为虚拟变量，汉族取1，其他民族取0；年龄为分组变量，具体分为三组：19～35岁年龄组、36～45岁年龄组以及46～60岁年龄组，并以第一组为对照组生成两个虚拟变量。

家庭文化背景因素。以父亲受教育程度和母亲受教育程度衡量，二者均为分类变量，具体分为四个类别：小学以下、小学、初中、初中以上，并据此生成虚拟变量。

家庭经济背景因素。以父亲职业类型衡量，为分类变量，参考李路路和朱斌（2015）的做法，将职业分为三个层次：第一层为农业；第二层为生产、运输设备操作人员及有关人员，商业、服务业人员，办事人员和有关人员；第三层为专业技术人员，国家机关、党群组织、企事业单位负责人。删除职业类型为军人或不便分类人员的样本。

6.2.3.2 数据来源说明

本研究使用的数据源自2013年的中国家庭收入调查（CHIP 2013）项目，该项目相继在1989年、1996年、2003年、2008年和2014年进行了五次入户调查，分别收集了1988年、1995年、2002年、2007年和2013年的收支信息，以及其他家庭和个人信息。考虑CHIP数据的结构特征，本研究仅采用成员身份为户主及其配偶的个体，并且，根据研究

[①] 可能存在跨省份户口迁移的情况并由此造成测度结果偏差，但在有限的数据信息下也只能如此。

需要对数据作如下处理：①剔除相关变量数据缺失或不适用的样本；②剔除收入为0或为极端值的样本；③剔除60岁以上年龄样本。最终有效样本容量为5081。相关变量释义及描述性统计如表6-6所示。

表6-6 变量释义及描述性统计

变量名称	变量释义	平均值	标准差	最小值	最大值
lninc	收入的对数	10.27	0.73	3.91	11.43
中介变量					
educ_2	初中=1，否则=0	0.28	0.45	0	1
educ_3	高中=1，否则=0	0.30	0.46	0	1
educ_4	大专及以上=1，否则=0	0.36	0.48	0	1
educ_p1	毕业于211或985院校=1，否则=0	0.09	0.28	0	1
educ_p2	毕业于县级以上重点中学=1，否则=0	0.37	0.48	0	1
人口特征变量					
gend	男性=1，否则=0	0.54	0.50	0	1
minz	汉族=1，否则=0	0.95	0.21	0	1
age2	36～45岁年龄组=1，否则=0	0.41	0.49	0	1
age3	46～60岁年龄组=1，否则=0	0.40	0.49	0	1
制度特征变量					
huji	非农业户籍=1，否则=0	0.63	0.48	0	1
east	东部地区=1，否则=0	0.33	0.47	0	1
家庭背景变量					
educ_f2	父亲受教育程度为小学=1，否则=0	0.34	0.47	0	1
educ_f3	父亲受教育程度为初中=1，否则=0	0.23	0.42	0	1
educ_f4	父亲受教育程度为初中以上=1，否则=0	0.21	0.41	0	1

续表 6-6

变量名称	变量释义	平均值	标准差	最小值	最大值
$educ\_m2$	母亲受教育程度为小学 = 1，否则 = 0	0.32	0.47	0	1
$educ\_m3$	母亲受教育程度为初中 = 1，否则 = 0	0.18	0.39	0	1
$educ\_m4$	母亲受教育程度为初中以上 = 1，否则 = 0	0.11	0.32	0	1
job_f2	父亲职业类型为第二层 = 1，否则 = 0	0.40	0.49	0	1
job_f3	父亲职业类型为第三层 = 1，否则 = 0	0.20	0.40	0	1

6.2.4 城镇居民机会不平等程度及教育传导渠道分析

6.2.4.1 基于OLS回归的测度结果

收入决定方程的OLS和分位数回归结果如表6-7所示。所有环境变量的系数符号均符合理论预期，且普遍较为显著。如男性比女性具有显著更高的收入水平；城镇户籍及东部地区群体的收入水平更高；父母教育程度对子女收入水平具有正向影响等。

基于OLS回归的城镇居民机会不平等及教育传导渠道测度结果如表6-8所示。由表6-8的全样本测度结果可知，以平均对数离差（MLD）指标衡量的我国2013年城镇居民收入不平等程度为0.213。其中，由环境因素决定的收入不平等成分，即机会不平等绝对系数为0.037，占收入不平等的比重为17.57%。该数值与史新杰等（2018）利用2013年中国综合社会调查数据的测度结果（18.7%）十分接近，但略低于李莹和吕光明（2018）基于CHIP 2008的测度结果（23.2%）。

全样本中教育传导渠道的绝对系数为0.0046，占机会不平等的比重为12.24%，表明环境变量所引致的个体收入变动中，有12.24%通过教育变量传导。考虑到环境因素对个体收入的影响渠道较为复杂，包

表6-7 收入决定方程的OLS和分位数回归结果

因变量：对数收入	OLS估计	分位数回归				
	(1)	Q10 (2)	Q20 (3)	Q50 (4)	Q80 (5)	Q90 (6)
$gend$	0.377***	0.510***	0.412***	0.362***	0.253***	0.236***
	(0.02)	(0.05)	(0.03)	(0.02)	(0.02)	(0.02)
$minz$	0.138***	0.246	0.163**	0.092**	0.121***	0.086
	(0.05)	(0.15)	(0.07)	(0.05)	(0.04)	(0.06)
$age2$	-0.065**	-0.078	-0.082**	-0.072***	-0.040*	-0.071**
	(0.03)	(0.05)	(0.03)	(0.02)	(0.02)	(0.03)
$age3$	-0.163***	-0.282***	-0.245***	-0.139***	-0.075***	-0.078**
	(0.03)	(0.07)	(0.04)	(0.03)	(0.03)	(0.03)
$huji$	0.041*	0.044	0.054*	0.077***	0.051**	0.055*
	(0.02)	(0.05)	(0.03)	(0.02)	(0.02)	(0.03)
$east$	0.263***	0.357***	0.291***	0.252***	0.218***	0.217***
	(0.02)	(0.04)	(0.03)	(0.02)	(0.02)	(0.02)
$educ\_f2$	0.100***	0.098	0.083**	0.108***	0.081***	0.077*
	(0.03)	(0.08)	(0.04)	(0.03)	(0.03)	(0.04)
$educ\_f3$	0.094**	0.141	0.113**	0.139***	0.096***	0.081*
	(0.04)	(0.09)	(0.05)	(0.03)	(0.03)	(0.05)
$educ\_f4$	0.159***	0.144	0.116**	0.177***	0.112***	0.116**
	(0.04)	(0.10)	(0.06)	(0.04)	(0.04)	(0.05)
edu_m2	0.104***	0.207***	0.124***	0.059***	0.066***	0.0420
	(0.03)	(0.07)	(0.04)	(0.02)	(0.02)	(0.04)
$educ\_m3$	0.153***	0.245***	0.183***	0.113***	0.101***	0.081**
	(0.04)	(0.08)	(0.05)	(0.03)	(0.03)	(0.04)
$educ\_m4$	0.240***	0.339***	0.261***	0.208***	0.166***	0.109**
	(0.04)	(0.10)	(0.06)	(0.04)	(0.04)	(0.05)
job_f2	0.052**	0.077	0.026	0.018	0.070***	0.067**
	(0.03)	(0.06)	(0.03)	(0.02)	(0.03)	(0.03)

续表6-7

因变量：对数收入	OLS估计 (1)	分位数回归				
		Q10 (2)	Q20 (3)	Q50 (4)	Q80 (5)	Q90 (6)
job_f3	0.085*** (0.03)	0.126* (0.07)	0.099** (0.05)	0.074** (0.03)	0.105*** (0.03)	0.096** (0.04)
常数项	9.697*** (0.06)	8.715*** (0.18)	9.286*** (0.08)	9.826*** (0.05)	10.298*** (0.05)	10.576*** (0.07)
观测值	5081	5081	5081	5081	5081	5081
调整/伪R^2	0.137	0.091	0.097	0.092	0.071	0.070

说明：***、**、*分别表示1％、5％和10％的显著性水平；（1）列括号中的数据为异方差稳健标准误，（2）～（6）列括号中的数据为自体抽样（Bootstrap）500次标准误；Q10、Q20、Q50、Q80、Q90分别表示第10、第20、第50、第80、第90百分位水平。

表6-8 基于OLS估计的测度结果

类型	收入不平等 (IT)	机会不平等程度		机会不平等的教育传导系数	
		绝对系数 (IO)	相对系数 (IO_r)	绝对系数 (IO_E)	相对系数 (IO_{Er})
全样本	0.213	0.037	17.57％	0.0046	12.24％
18～35岁	0.187	0.030	16.28％	0.0025	8.19％
36～45岁	0.191	0.030	15.50％	0.0022	7.50％
46～60岁	0.248	0.048	19.19％	0.0050	10.50％
男性	0.165	0.017	10.23％	0.0020	12.09％
女性	0.240	0.035	14.76％	0.0084	23.74％
东部地区	0.180	0.025	13.99％	0.0032	12.79％
中西部地区	0.216	0.032	14.59％	0.0039	12.51％

括个体价值观念、性格特征、社会资本、职业类型等，因而，12.24％的传导比例意味着教育变量是十分重要的传导渠道。如果能够实现教育机会均等化，我国城镇居民收入分配机会不平等程度将下降12.24％。

按照年龄分组的测度结果如表6-8所示。我国城镇居民较高年龄组（46～60岁）的机会不平等程度最大，其相对系数值为19.19％，大约高出其他年龄组3个百分点。并且该年龄组中机会不平等由教育变量传导的比例也最高，达到 10.50%，高出其他年龄组 2～3 个百分点。较高年龄组中机会不平等程度较大这一现象的存在可能与改革开放有关。改革开放以前，我国社会公平状况相对较差，表现为收入分配的机会不平等程度较高，而这在相当程度上可归因于教育获得的机会不平等。

我国城镇居民中，女性群体的机会不平等程度高出男性群体约 4.5 个百分点，而且女性收入分配的机会不平等通过教育传导的比例明显更高，其相对系数值高达 23.74%，约为男性数值的两倍。该结果表明，在女性群体中，收入分配机会不平等通过教育渠道传导的比例接近 1/4，促进女性教育机会均等化对于缓解女性群体收入分配的机会不平等具有十分重要的意义。尽管我国女性的教育水平在逐渐提高（叶华、吴晓刚，2011），但女性群体教育获得的机会不平等程度依然较为严重。相比于男性，环境因素对女性教育水平的影响更大，比如在经济条件较好的家庭中，"性别歧视"通常较弱且家庭中独生子女的情况较为普遍，此时父母往往倾向于支持女性后代获取更高的教育水平；而在经济条件较差的家庭中，子女数量通常会更多，父辈倾向于将有限的资源投入到男性后代的教育中，而女性后代获得教育的可能性则较低。

分地区而论，我国中西部地区的机会不平等程度（14.59%）略高于东部地区（13.99%），但机会不平等通过教育渠道传导的比例较为接近，分别为 12.51% 和 12.79%。

6.2.4.2 基于分位数回归的测度结果

普通最小二乘估计（OLS）只能反映环境变量对收入变量条件期望的影响，但如果收入变量的条件分布具有非对称性，则条件期望无法衡量整个条件分布的概况，此时需要借助分位数回归。基于分位数回归的测度结果如表 6-9 所示。① 由表 6-9 可知，在不同分位数水平上，我国城镇居民收入分配的机会不平等程度及其教育传导比例均存在较大差异。

---

① 基于分位数回归，可测度各个分位数水平上的机会不平等程度和教育传导比例，但限于篇幅，表 6-9 仅列出了具有代表性的三个分位数水平上的测度结果，分别为 10、50 和 90 分位数。

表6-9 基于分位数回归的测度结果

类型		机会不平等程度		机会不平等的教育传导系数	
		绝对系数 (IO)	相对系数 (IO_r)	绝对系数 (IO_E)	相对系数 (IO_{Er})
全样本	Q10	0.072	27.89%	0.0087	12.06%
	Q50	0.034	16.30%	0.0040	11.76%
	Q90	0.018	9.34%	0.0018	9.98%
18～35岁	Q10	0.061	25.77%	0.0076	12.34%
	Q50	0.026	14.42%	0.0018	6.81%
	Q90	0.034	17.41%	0.0020	5.82%
36～45岁	Q10	0.052	23.62%	0.0028	5.25%
	Q50	0.028	14.63%	0.0020	7.39%
	Q90	0.016	8.86%	0.0016	10.06%
46～60岁	Q10	0.087	28.69%	0.0093	10.67%
	Q50	0.047	19.03%	0.0050	10.68%
	Q90	0.021	9.45%	0.0020	9.32%

就全样本而言，机会不平等程度在10分位数水平上最高，达到27.89%，该数值约为90分位数水平的3倍，而50分位数水平上的机会不平等程度居中（16.30%）。机会不平等通过教育传导的比例也呈现出类似的分布规律，即在10分位数水平上教育传导的比例最高（12.06%），50和90分位数水平上教育传导比例则依次递减（分别为11.76%和9.98%）。按照年龄分组的测度结果显示，在不同的年龄组中，机会不平等程度仍然在10分位数水平上明显更高，但教育传导比例的分布则不存在明显的规律性。然而，值得注意的是，年轻组别（18～35岁）中，10分位数水平上的机会不平等教育传导比例明显较高，大约为50和90分位数水平上教育传导比例的2倍。

以上基于分位数回归的测度结果表明，环境因素对我国城镇居民收入分配差距的影响具有偏向收入分布"左尾"（Left-tail）的特征，即在较低收入群体中机会不平等程度明显更高。而且，机会不平等通过教育传导的比例在较低收入群体中也最高，这一点在年轻组别中表现得尤为明显。对此，或许可以从两方面予以解释：①在较低收入群体中，教育回报率更高，教育与收入之间的关联更加紧密。有研究表明，我国较低收入群体的高等教育回报率比中高收入群体明显更高（刘生龙、胡鞍钢，2019）。②在较低收入群体中，教育机会不平等程度更高。这可能与资源约束的强弱有关。中高收入阶层面临的资源约束较弱，家庭背景、社会制度等环境因素对个体教育水平的影响较小，而低收入阶层受到的资源约束更强，家庭背景条件（如家庭经济实力或父母教育背景）的较小差异将对教育决策产生重要影响。石大千等（2018）研究表明，由家庭教育背景和职业背景引起的子女教育机会不平等在农村或低教育群体中更加突出，而该类型群体的收入水平通常也较低。因此，更高的教育机会不平等程度结合更加紧密的教育—收入关联度导致在较低收入群体中，收入分配的机会不平等通过教育传导的比例更高。

6.2.4.3 教育传导渠道的进一步分解：教育数量和教育质量

将教育水平变量进一步分解为教育数量和教育质量后的测度结果如表6–10所示。从表6–10中基于OLS回归的测度结果可知，通过教育渠道传导的收入分配机会不平等占比为9.51%，其中，教育数量因素贡献份额为71.60%，剩余的28.40%则归因于教育质量因素。由此可见，近些年来人们对教育质量机会不平等问题的关注并非空穴来风，但在收入分配机会不平等的教育传导渠道中，教育数量因素仍占据主导地位，教育质量与教育数量二者的贡献比例呈现"三七"开的态势。

基于分位数回归的测度结果表明，随着收入分布分位数水平的上升，机会不平等通过教育传导的比例逐渐下降，由10分位数上的11.41%下降至90分位数上的6.02%。此外，在较低收入分位数水平上（Q10），教育质量因素的贡献份额最高，达到35.03%，相比其他分位数水平上教育质量因素的贡献份额要高出5～18个百分点。与之相反，教育数量因素的贡献份额则在较低收入分位数水平上最低。该结果可能缘于，在较低收入群体中，教育质量的机会不平等程度更加严重。石大千等（2018）的研究也表明，由城乡因素导致的高等教育机会不平等在父母受教育程度较低的群体中更加突出，且随着大学质量的提升，教育机会不平等程度趋于增大。①

表 6-10 同时考察教育数量和教育质量的分解结果

	OLS	Q10	Q20	Q50	Q80	Q90
机会不平等程度						
绝对系数（IO）	0.030	0.064	0.029	0.026	0.032	0.031
相对系数（IO_r）	16.71%	26.45%	15.40%	14.44%	16.85%	16.57%
教育渠道传导比例						
绝对系数（IO_E）	0.0029	0.0073	0.0031	0.0020	0.0024	0.0019
相对系数（IO_{Er}）	9.51%	11.41%	10.87%	7.75%	7.46%	6.02%
其中教育质量渠道所占份额						
绝对系数（IO_{Ep}）	0.0008	0.0026	0.0008	0.0003	0.0007	0.0006
相对系数（IO_{Epr}）	28.40%	35.03%	27.24%	17.07%	29.11%	30.41%
其中教育数量渠道所占份额						
绝对系数（IO_{Eq}）	0.0021	0.0047	0.0023	0.0017	0.0017	0.0013
相对系数（IO_{Eqr}）	71.60%	64.97%	72.76%	82.93%	70.89%	69.59%

6.2.4.4 稳健性分析

在测度机会不平等的教育传导系数时，除采用表 6-6 所示的教育虚拟变量外，本研究还尝试将个体的受教育水平转换为相应的受教育年限②，然后进行回归分析，测度结果如表 6-11 所示，机会不平等中教育的相对传导系数为 12.65%，与表 6-8 中的测度结果 12.24% 十分接近。

---

① 通常而言，父母受教育程度较低的群体，其收入水平也较低。
② 未上过学、小学、初中、高中（含职高、技校和中专）、大专、本科、研究生对应的受教育年限依次为 0、6、9、12、15、16、19。

表6-11 稳健性分析结果

类型	收入不平等 (IT)	机会不平等程度		机会不平等的教育传导系数	
		绝对系数 (IO)	相对系数 (IO_r)	绝对系数 (IO_E)	相对系数 (IO_{Er})
受教育年限	0.213	0.037	17.57%	0.0047	12.65%
Factor (2)	0.227	0.042	18.64%	0.0054	12.70%
Factor (3)	0.239	0.046	19.20%	0.0059	12.85%
工具变量估计	0.213	0.037	17.57%	0.0108	29.03%

表6-11中Factor (2)、Factor (3) 所在行放宽对极端收入值的容忍度，其中，Factor (2) 行以75百分位和25百分位作为上下分界点，剔除分界点外2倍1/4间距的样本观测值；Factor (3) 行则剔除分界点外3倍1/4间距的样本观测值。随着对极端收入值容忍度的提高，机会不平等程度及对应的教育传导系数均略有增大，但变化幅度较小。

本研究对式 (6.7) 进行OLS估计，但考虑到教育变量可能存在一定的内生性，如可能遗漏能力变量或存在收入或教育变量的测量误差等，故尝试以"兄弟姐妹数量"和"县级平均受教育水平"作为个体教育水平变量的工具变量，进行两阶段最小二乘（2SLS）估计，此时教育传导的相对系数值大幅增加至29.03%（如表6-11最后一行所示）。但本研究倾向于采用基于OLS方法估计的测度结果。原因有两点：其一，由于本研究旨在分析环境变量通过教育渠道对收入的影响，故在式 (6.7) 中无法控制诸多个体与家庭特征变量（如个体户籍、家庭背景变量等），因而很难保证工具变量的外生性；其二，工具变量估计会减小教育水平变量的离散程度，进而直接造成教育收益率系数的上升，由此导致工具变量的估计结果远高于OLS估计结果，而且，非有效的工具变量所造成的估计偏误可能会比OLS估计更加严重。邓峰等（2013）认为，在估算教育回报率中，由于不同类型的估计偏误可能会相互抵消，故OLS估计方法存在的误差或许并非十分严重。

6.2.5 结论

本研究旨在分析我国城镇居民收入分配机会不平等的教育传导渠道，即在不同环境因素下，教育渠道在多大程度上影响城镇居民收入分配的不均等。在 Roemer 的机会平等理论分析框架下，基于 CHIP 2013 数据，研究结果表明：①我国城镇居民收入分配机会不平等占总收入不平等的比例约为 17.57%，且在较高年龄组和女性组别中机会不平等占比更高；环境因素对城镇居民收入分配差距的影响更加偏向收入分布的"左尾"，即较低收入群体的机会不平等程度明显更高。②机会不平等通过教育传导的比例约为 12.24%，该比例在不同年龄段和不同性别群体之间存在较大差异，其中尤以性别差异最为明显，女性群体中机会不平等通过教育传导的比例高达 23.74%，约为男性群体的 2 倍；环境因素通过教育渠道对城镇居民收入分配差距的影响也更加偏向收入分布的"左尾"，即在较低收入群体中，机会不平等通过教育传导的比例更高。③在教育传导渠道中，教育数量因素所占比重为 71.60%，剩余 28.40% 可归因于教育质量因素；在较低收入群体中，教育质量因素的贡献份额最高，而在中高收入群体中教育质量因素的贡献份额相对较低。

6.3 本章小结

本章主要分析了我国收入分配机会不平等的影响因素及教育传导渠道。主要研究结论如下：

（1）市场化程度和政府公共支出是影响机会不平等的两个重要因素，尤其是扩大政府公共支出，对于缓解机会不平等的作用尤为显著。此外，在政府公共支出的各细分项中，卫生支出的影响作用最大，其他各项如教育支出、社会福利救济支出和社会保障支出的增加也有利于降低机会不平等。在市场化程度的各细分项中，政府与市场关系、要素市场发育、中介组织发育和法律指数三项指标能够显著影响机会不平等程度，而其他指标则不然。

(2) 机会不平等通过教育传导的比例约为 12.24%，该比例在不同年龄段和不同性别群体之间存在较大差异，其中尤以性别差异最为明显，女性群体中机会不平等通过教育传导的比例高达 23.74%，约为男性群体的 2 倍；环境因素通过教育渠道对城镇居民收入分配差距的影响更加偏向收入分布的"左尾"，即在较低收入群体中，机会不平等通过教育传导的比例更高。在教育传导渠道中，教育数量因素所占比重为 71.60%，剩余 28.40% 可归因于教育质量因素；在较低收入群体中，教育质量因素的贡献份额最高，而在中高收入群体中教育质量因素的贡献份额相对较低。

7 机会平等目标导向下的财税政策组合优化研究

根据前文的研究,对经济效率产生损害的主要是收入不平等中的机会不平等成分,而非笼统的收入不平等本身,因此,本章试图以机会平等为目标导向,重新评估我国个人所得税与转移支付政策的合理性,并据此提出政策优化方案。

7.1 机会平等视角下个人所得税与转移支付政策组合优化研究

个人所得税与转移支付政策是政府部门实施收入分配再调节、促进收入分配公平公正的重要手段之一。自 1980 年我国的个人所得税制度建立以来,已历经多次修正,2018 年的新税改则进一步提高了个税免征额并对税率级距进行了一定程度的调整。我国目前的个人所得税与转移支付政策究竟在多大程度上促进了社会公平,以及如何有效提升财政政策的作用效果,是当前学界和政府部门都十分关注的重要问题,厘清该问题将对后续的个人所得税制度改革提供有价值的理论指导。然而,现有研究的不足之处在于,对收入分配"公平"概念界定不明晰,并在经验评估中将"不平等"与"不公平"二者混为一谈,因而缺乏真正意义上的从公平视角出发的政策评估方案和结论。

根据以 Musgrave 和 Thin(1948)为代表的传统研究思路,相关学者倾向于通过对比政策前后的基尼系数来评估财政政策的再分配效应(Wagstaff et al., 1999;Bird and Zolt, 2005)。遵循这一思路,国内相关学者对中国财政政策作用效果的研究结论大体一致,多认为我国财政政策(特别是个人所得税政策)促进收入分配公平的作用十分有限(张文春,2005;詹新宇、杨灿明,2015),原因在于我国的平均税率偏低,这在相当程度上抵消了个人所得税的累进性（岳希明等，2012；徐建炜等，2013；张楠、邹甘娜，2018）。然而，真正能够激发民众不满情绪并对社会经济发展产生实质性负面影响的并非由基尼系数所衡量的收入"不平等"或分配差距问题，而是收入分配更深层次的公平或公正问题（李骏、吴晓刚，2012）。因此，现有研究普遍存在的问题是没有对收入分配公平概念进行合理界定，以至于将"收入不平等"和"收入分配不公平"两个概念混为一谈，如此，很难有效评估我国财政政策的再分配效应。

根据导致收入不平等的因素类型进行分解，收入不平等实质上由"努力不平等"与"机会不平等"两部分构成，前者取决于个体应付责任的因素（如个体付出的努力程度等），而后者则决定于个体不应为之担负责任的环境因素（如社会环境、家庭背景、先天禀赋等）（Roemer，1998）。在公平评价体系中强调个人责任因素，这在道德上具有很强的合宜性（ethically desirable），因此，获取收入（或其他目标结果）的机会平等已逐渐成为学界最为流行的衡量社会公平与否的评判尺度（Ferreira and Peragine，2015）。根据机会平等相关理论，社会公平并非要求不同社会成员在收入、财富、教育等方面的均等化，而是强调全部社会成员拥有同等机会获取他们在意的目标结果（如财富、收入、教育、福利等）。因此，在收入分配的相关理论研究中，机会平等概念已经逐渐取代传统的收入平等（或称结果平等）。基于 Roemer 等（2003）构建的机会（不）平等理论框架，本章将在收入获得的机会平等这一政策目标导向之下，对中国的个人所得税与转移支付政策实现社会公平的程度进行定量评估。

基于 Roemer 的机会平等理论框架，现有关于财政政策效果的评估与分析主要在发达国家中展开（Roemer et al.，2003；L. Groot et al.，2018），选取的与机会平等相关的环境因素主要有性别、家庭教育背景等，但对发展中国家的相关研究却极为缺乏。中国作为转型经济体，有独特的阶段性发展特征，户籍、地区等环境因素导致的机会不平等均表现出鲜明的中国特征，而个人所得税与转移支付制度的不断改革与完善也对政策评估提出了更高的要求。

效率与公平是人类社会发展所追求的两大重要目标，促进收入分配公平合理也是政府部门实施财政政策的首要出发点。那么，将理论上的以实现收入分配机会平等作为目标导向的政府财政政策，理当成为评估实际财政政策再分配效果的重要参照系，以及相关决策部门调整政策方案的重要参考依据。本研究有助于识别造成我国收入分配机会不平等的核心环境因素，同时提出以机会平等为目标导向且兼顾效率与公平的理想化财政政策方案。

本研究探究由家庭教育背景、家庭经济状况、个体性别因素以及户籍、区域等环境变量引致的收入分配不平等问题，并遵循 Roemer 等（2003）、L. Groot 等（2018）等的分析思路，将我国实际财政政策与机会平等财政政策进行对比，评估实际财政政策实现收入分配机会平等目标的程度。首先，基于中国家庭追踪调查 2010（CFPS 2010）微观调查数据，估算了机会平等目标导向下的个人所得税与转移支付政策组合，该政策组合作为劣势群体收入最大化问题的数值解，在充分考虑经济效率损失的约束条件下，最小化优势群体与劣势群体的平均收入之差。然后，将上述理想化的财政政策方案与实际财政政策方案进行对比，定量评估实际的个人所得税与转移支付政策实现收入分配机会平等目标的程度。

7.1.1 文献综述

7.1.1.1 税收政策与再分配相关文献

国民经济运行过程中存在三次收入分配：市场机制主导的初次分配、政府部门主导的再分配以及社会公众主导的第三次分配。初次分配存在市场失灵问题，第三次分配则完全取决于公众的自发选择且规模较小（如捐助等），这样一来，政府部门的再分配政策对于促进社会公平就显得至关重要。[①] 个人所得税是政府部门实施再分配政策的重要手段之一，并在促进收入分配公平中扮演重要角色。

关于税收政策再分配效应的定量测度，Musgrave 和 Thin（1948）主张采用税前收入和税后收入基尼系数的绝对或相对差距作为衡量指

[①] 王绍光在 2002 年国情报告中指出，现代社会中的再分配机制至关重要。它不仅关系到社会公平问题，更是社会稳定的基石（王绍光、胡鞍钢、丁元竹，2012）。

标。Wagstaff 等（1999）系统测度了 12 个经合组织（OECD）成员国的个人所得税再分配效应，认为该测度结果具有国际可比性，结果显示，个人所得税对于促进收入分配平等具有一定的积极意义。与之相反，Bird 和 Zolt（2005）的实证研究显示，在大多数发展中国家，由于政策落实程度较差、税制设置不尽完善等原因，个人所得税对居民收入分配的调节作用十分有限。

国内大部分研究表明，个人所得税对我国居民收入分配差距的调节作用有限。例如，张文春（2005）研究发现个人所得税的再分配效应在发展中国家中的效果极其微弱，而我国同样如此，并建议采用其他针对性更强的财政政策调节居民收入分配。詹新宇和杨灿明（2015）将居民税前和税后收入的基尼系数进行比较后得出类似的结论。也有学者进一步发掘我国个人所得税再分配效应较弱背后的原因。徐建炜等（2013）发现，相对于发达国家，我国个人所得税的再分配效应较弱，原因在于尽管我国个人所得税的累进性较高，但平均税率偏低。李文（2017）、张楠和邹甘娜（2018）等的研究也得出类似的结论，并认为累进税率的层级设定不尽合理和税收流失是导致我国实际平均税率较低的重要原因。岳希明等（2012）的研究则表明，2011 年实施的个人所得税改革在提高累进性的同时，也大大降低了平均税率，并且后者的效应超过前者，导致个人所得税的再分配效应弱化。此外，何立新等（2013）则发现，我国个人所得税的再分配效应存在明显的地区异质性。

现有研究多采用税前和税后收入基尼系数的比较来对个人所得税的再分配效应进行评估，但事实上以基尼系数为衡量指标的收入不平等并不能真实地反映收入分配的公平与否（李骏、吴晓刚，2012）。本书将基于以个体责任为核心的社会公平理论，评估政府税收和转移支付政策实现居民收入分配机会平等的程度，从另一个视角分析政府财政政策的再分配效应。

7.1.1.2 机会平等与财政政策

目前，针对收入不平等问题的研究十分丰富，但越来越多的学者认识到，基尼系数并非衡量收入分配公平程度的合理指标。基尼系数尽管能够反映收入分布的总体离散程度（或收入不平等程度），但收入不平等与收入分配不公平二者并非完全等同,事实上,不同因素引致的收入不平等成分所具有的公平含义截然不同,收入不平等的内部结构问题应当获得学界更多的关注(Roemer,1993,1998;李骏、吴晓刚,2012;雷欣等,2017;史新杰等,2018)。

传统社会选择理论认为,平等指结果(个体效用或福利等)分配的平等化,然而这一观点并不要求个体为自己的抉择与行为承担责任,因而在道德评价方面上受到很多学者的批评与质疑。Rawls(1971)寻求结果分配的平等化和个体责任因素的结合,以便使平等概念具有道德上的合宜性。自此,由不同因素引致的收入不平等的内部构成问题开始受到经济和社会学者的普遍关注。

延续早期学者的开创性成果(Dworkin,1981;Arneson,1989;Cohen,1989),Roemer(1998)将影响个体经济结果的因素划分为两大类,分别是"努力因素"与"环境因素"。其中,"努力因素"指在个体控制范围之内的、与个体努力程度相关联的因素(如工作勤奋程度、学习努力程度等),个体应当为这类因素导致的结果承担责任;"环境因素"指与个体所处的社会环境、家庭环境或先天禀赋相关的因素(如性别、父母教育等),个体无需为此类因素导致的结果承担责任。基于这一思路,Roemer(1998)将由"环境因素"引致的收入分配差距(或收入不平等)称为"机会不平等";Marrero 和 Rodríguez(2012)则进一步地将由"努力因素"引致的收入分配差距称为"努力不平等"。上述关于收入不平等两种构成成分的内涵界定已获得学界的普遍认可和沿用(Brunori,2015)。事实上,相对于努力不平等,机会不平等通常被认为与社会公平正义原则相抵触,在道德上无法为公众所容忍,其与社会公平含义有直接关联;而一定程度的努力不平等与社会公平观念并无实质性冲突,比较容易被民众所接受(刘华、徐建斌,2014)。因此,越来越多的学者认为,相对于笼统的收入不平等,机会不平等应当是衡量社会公平与否的更为合适的指标(Ferreira and Peragine,2015)。目前机会不平等已逐渐取代收入不平等,并成为收入分配领域的研究焦点(吕光明等,2014)。

目前关于机会(不)平等问题的相关研究正处于方兴未艾的阶段,主要研究成果集中在两个方面:其一是有关机会不平等测度方法的研究,大体包括参数方法与非参数方法两大类(Checchi and Peragine,

2010；Almas et al.，2011；Marrero and Rodriguez，2013；Hederos et al.，2017；Assaad et al.，2017；史新杰等，2018）；其二是探析机会不平等对社会经济变量的作用机制和效果，尤其是验证机会不平等与努力不平等影响经济增长的异质效应（Marrero and Rodriguez，2013；Mitra，2014；Ferreira et al.，2014；雷欣等，2017）。少数学者尝试从机会平等视角评估财政政策的再分配效应，即测度个人所得税与转移支付政策在多大程度上提高了收入分配的机会平等，如早期 Roemer 等（2003）对西方 11 个发达国家的研究、近期 Loek 等（2018）针对英国的研究等。然而遗憾的是，综观现有文献并未发现针对中国的相关研究。

本研究借鉴 Roemer 等（2003）的分析思路，在机会平等相关理论框架中纳入财政政策变量。机会平等理论包含四个关键变量：结果变量、环境变量、努力变量以及政策变量。根据环境变量对总群体进行细分，财政政策旨在促使各细分群体获取目标结果的机会尽可能接近。从而个体的结果变量是其努力变量、环境变量以及政策变量的函数。假定努力变量是受个体控制并能够进行自主选择的变量，与目标结果之间呈正相关关系；而环境变量虽然也会对结果变量产生影响，但这种影响却是导致社会不公平的来源。财政政策的目标在于，通过恰当的政策组合尽可能消除环境变量对结果变量的影响，使得结果变量仅对努力变量具有敏感性。但是在实际操作中，对努力变量和环境变量予以明确区分本身就具有较大难度，而且鉴于环境变量可能对努力变量产生影响，不同细分群体的努力变量之间也缺乏直接可比性。为此，Roemer 等（2003）提出了在不同细分群体间具有可比性的相对努力指标测度，在机会平等条件下，即使个体处于不同的细分群体，只要彼此之间相对努力程度一致，则可达到相同的结果变量水平。具体方法的介绍，详见下一节说明。

7.1.2 引入财政政策的机会平等理论框架

本节详细阐述引入个人所得税与转移支付政策工具组合的机会平等理论框架。该理论框架最早由 Roemer 等（2003）提出和构建，Loek 等（2018）则在此基础上做了进一步拓展和应用。理论框架大体可分为如下四个部分。

7.1.2.1 构建目标函数，明确最优化问题

首先，根据环境变量可将个体区分为不同类型，将所有可能类型的集合记为 T，$t \in T$ 表示某个具体的环境类型。其次，鉴于不同类型个体的绝对努力程度缺乏可比性，我们构建相对努力程度指标，可用个体绝对努力程度在其所处类型群体中的分位数来表示。具体地，我们定义相对努力程度变量 $\pi \in [0,1]$，只要 π 值相等，即使个体处于不同的环境类型，也可认为彼此付出了相同的努力程度。最后，定义财政政策组合 $\varphi \in \varphi$，φ 为全部可能的财政政策集。至此，我们定义了环境变量（t）、努力变量（π）以及财政政策变量（φ），假定结果变量 $v^t(\pi,\varphi)$ 是以上三个变量的函数。财政政策的目标在于，促使具有不同环境类型的群体，其结果变量在政策实施之后具有尽可能相同的概率分布。

本研究选择收入作为结果变量，而财政政策即指个人所得税与转移支付政策，用参数对 (a,c) 衡量，并假定 x 和 y 分别表示个体的政策前收入和政策后收入，则 $y = (1-a)x + c$。机会平等（EO）财政政策旨在促使不同类型群体的政策后收入分布尽可能相同。因此，直接想法是寻求政策集 (a,c)，促使不同类型群体的政策后收入差距最小化，然而这种思路可能会导致低收入水平的均等化解，即在很高的税率水平下，不同类型群体的政策后收入虽然很接近但均较低。为了在促进机会平等的同时，考虑效率问题，本书借鉴 L. Groot 等（2018）的处理思路，求解如下最优化问题：

$$\operatorname*{Max}_{\varphi \in \varphi} \int_0^1 \operatorname*{Min}_{t} v^t(\pi,\varphi) \mathrm{d}\pi \qquad (7.1)$$

式（7.1）首先确定处于最劣势的群体，然后选择财政政策组合使该类型群体的平均结果（收入）最大化。

7.1.2.2 寻求收入分配机会平等目标下的最优政策解

假定财政政策组合为 (a,c)，其中 a 为平均个人所得税率、c 为平均转移支付，工资率用 w 表示，劳动供给量用 L 表示，则个体政策后收入可表示为 $y = (1-a)wL + c$。进一步假定个体具有如下拟线性（quasi-linear）效用函数：

$$u(y,L) = y - \alpha L^{1+1/\eta} \qquad (7.2)$$

其中，η 表示劳动供给弹性。给定工资率 w 与财政政策组合 (a, c)，可求解出最优劳动供给 (L^*) 与政策前收入 (x) 的表达式。给定工资分布的概率密度函数 $f(w)$，政府部门的平衡预算约束为：

$$a \int \left[\frac{(1-a)w}{\hat{\alpha}}\right]^{\eta} w^{1+\eta} f(w) \mathrm{d}w = c + g \quad (7.3)$$

式（7.3）左边表示政府部门通过对总收入（$x = wL$）征收统一税率 a 作为收入来源，右边为政府支出，包括人均转移支付（c）和人均购买支出（g）两部分。结合政府部门的平衡预算约束条件，可求得在财政政策组合（a, c）下，最劣势群体的政策后平均收入为：

$$\bar{y}_1 = (1-a)\left[\frac{(1-a)}{\hat{\alpha}}\right]^{\eta} A + a\left[\frac{(1-a)}{\hat{\alpha}}\right]^{\eta} B - g \quad (7.4)$$

其中，$A = \int w^{1+\eta} \mathrm{d}F_1$，$B = \int w^{1+\eta} \mathrm{d}F$，$\hat{\alpha} \equiv \alpha(1+1/\eta)$，$g$ 为政府人均购买支出，F_1 和 F 分别为类型 1 群体与总群体的工资概率分布函数。机会平等财政政策即通过选择恰当的平均税率（a）促使 $\bar{y}_1$ 最大化。这一恰当的平均税率记为机会平等税率（a^{EO}），其求解后的表达式为：

$$a^{EO} = \mathrm{Max}\left[1 - \frac{\eta B}{(1+\eta)(B-A)}, 0\right] \quad (7.5)$$

一般情况下 $B > A$。特别地，当 A 与 B 之间的差距足够大以至于 $B > (1+\eta)A$ 时，有机会平等税率 $a^{EO} > 0$；反之，若 $A < B < (1+\eta)A$，则机会平等税率 $a^{EO} = 0$。而且，当劳动供给弹性（η）比较大时，a^{EO} 取值为 0 的可能性也更大，原因在于，较大的劳动供给弹性意味着政府税收会导致更高的效率损失。

假定取得中位收入（x_m）者的工作时间为一个单位[①]，以此校准参数 $\hat{\alpha}$，可将机会平等税率 a^{EO} 的表达式改写为：

$$a^{EO} = \mathrm{Max}\left[1 - \frac{\eta \bar{x}}{(1+\eta)(\bar{x} - \bar{x}_1)}, 0\right] \quad (7.6)$$

其中，$\bar{x}$ 表示政策前总群体的平均收入，$\bar{x}_1$ 表示政策前劣势群体的平均收入。同时以机会平等为目标导向的人均转移支付（c^{EO}）可表述为：

[①] 事实上，改变这一假设，如假定收入水平处于 25%（或 75%）分位的个体正好工作一单位时间，对结果并无影响。

$$c^{EO} = a^{EO} \left[\frac{(1-a^{EO})}{\hat{\alpha}} \right]^{\eta} x_m^{\eta} \bar{x} - g \qquad (7.7)$$

假设人均公共支出（g）具有稳定性和持续性，那么在一定时期内 g 与财政政策选择无关，可视为常量。换言之，实际政策下的人均公共支出等同于机会平等政策下的人均公共支出，其表达式为 $g = a^{obs} \left[\frac{1-a^{obs}}{\hat{\alpha}} \right]^{\eta} x_m^{\eta} \bar{x} - c^{obs} = a^{obs} - c^{obs}$。

7.1.2.3 评估实际财政政策实现机会平等的程度

假设基准财政政策组合为（a^{bench}，0），所谓基准，指的是税收收入恰好补偿政府公共支出，人均转移支付数额为0。基准税率（a^{bench}）由以下方程式决定：

$$g = a^{bench} \left[\frac{1-a^{bench}}{\hat{\alpha}} \right]^{\eta} x_m^{\eta} \bar{x} \qquad (7.8)$$

进而构建以下评估实际财政政策实现社会公平目标（即机会平等）程度的指标：

$$v = \frac{\bar{y}_1^{obs} - \bar{y}_1^{bench}}{\bar{y}_1^{EO} - \bar{y}_1^{bench}} \qquad (7.9)$$

v 值取0到1之间，数值越大意味着实际财政政策越接近于机会平等财政政策，即实际财政政策实现社会公平的程度越高。当 $v=1$ 时，实际财政政策等同于理论上的机会平等财政政策；当 $v=0$ 时，实际财政政策等同于基准财政政策。

$\bar{y}_1^{bench}$、$\bar{y}_1^{obs}$ 和 $\bar{y}_1^{EO}$ 分别代表在基准财政政策、实际财政政策以及机会平等财政政策条件下，类型1群体（即最劣势群体）的政策后平均收入。

7.1.2.4 计算机会平等财政政策下的效率成本

定义如下效率指标（ε）：

$$\varepsilon = \frac{\int x(w;\varphi^{EO})\mathrm{d}F(w)}{\int x(w;\varphi^{obs})\mathrm{d}F(w)} \qquad (7.10)$$

ε 表示机会平等财政政策与实际财政政策实施之前的平均收入的比

值。当 ε<1 时，表示实施机会平等财政政策存在效率成本，并且 ε 数值越小，效率成本越高。式（7.10）中，实际财政政策实施之前的收入 $x(w;\varphi^{obs})$ 与机会平等财政政策实施之前的收入 $x(w;\varphi^{EO})$ 分别为：$x(w;\varphi^{obs}) = x^{obs}$，$x(w;\varphi^{EO}) = \left[\dfrac{(1-a^{EO})}{\hat{\alpha}}\right]^{\eta} w^{1+\eta}$。上述过程的具体推导可参考 L. Groot 等（2018），此处不再赘述。

7.1.3 研究设计

本研究旨在从机会平等的视角定量评估中国当前个人所得税与转移支付政策的再分配效应。本研究将在丰富的环境变量集下，将实际财政政策的作用效果与理论上的机会平等财政政策效果进行对比，从而测度出实际财政政策实现机会平等的程度。

7.1.3.1 数据来源与变量说明

本研究选取 2010—2016 年的中国家庭追踪调查（CFPS）数据，该数据库包含了丰富的家庭与个人收入及其他特征信息，能够较好地满足本书研究的需要。在多种环境因素的对比分析中，主要采用 2010 年数据，因为与其他年份相比，2010 年的 CFPS 数据包含更为丰富的环境变量信息；而在后续的动态比较分析中，本研究综合运用 2010—2016 年的数据，并选择性别和父亲教育两个重要的环境变量进行实证研究。考虑到退休问题，选择 18～50 岁样本。

本研究的核心结果变量为政策实施前与政策实施后的个体收入。政策前收入包括政策前的工资性收入和家庭人均财产性收入两部分，其中政策实施前的工资性收入基于中国个人所得税法及社保缴费情况[①]，通过税后工资性收入倒推所得；政策实施前的家庭人均财产性收入由总财产性收入与家庭成年人口数相比所得，而政策前的总财产性收入根据税

[①] 根据《中华人民共和国个人所得税法（2007 修订）》，2010 年个人收入数据的适用税率分九个层级，免征额为 2000 元/月。社保缴费比率各地区有所差异，但大致在 11% 左右，因此本研究将平均社保缴费比率定为 11%；社保缴费基数以全国平均工资的 60% 和 300% 为上下限，在此区间内，以实际工资作为缴费基数，超出此区间，则以该上下限为缴费基数。

7 机会平等目标导向下的财税政策组合优化研究

后家庭总财产性收入和中国财产性收入征收税率推算所得①。个体政策后收入等于税后工资性收入加上税后家庭人均财产性收入,再加上家庭人均转移性收入②。

7.1.3.2 研究方法

(1) 识别当前的个人所得税与转移支付政策。为了识别当前的个人所得税与转移支付政策,本研究对政策后收入变量 (y) 与政策前收入变量 (x) 进行线性拟合③:

$$y_i = \beta_0 + \beta_1 x_i + \varepsilon_i \tag{7.11}$$

估计出的 β_0 就是实际财政政策下的家庭人均转移支付 (c^{obs});β_1 就是 1 与实际税率之差 ($1 - a^{obs}$)。通过对式 (7.11) 进行普通最小二乘 (OLS) 估计,可识别出实际财政政策组合 (a^{obs}, c^{obs})。

(2) 群体类型的划分。我们需要将总样本按照环境类型进行分组,识别出劣势群体和优势群体。囿于数据的可得性,本研究考虑的环境类型集主要包括如下环境变量④:父亲受教育水平、母亲受教育水平、父亲职业类型、父亲政治面貌、受访者 12 岁时的户籍类型、受访者所在地区以及受访者性别等。具体地,就单一环境变量而言,劣势群体为父亲受教育程度在初中以下、母亲受教育程度在小学以下、父亲处于劣势职业⑤、父亲政治面貌为非党员、本人农业户籍、处于中西部地区⑥或性别为女性的群体,优势群体则与之相对。

(3) 机会平等财政政策的估算。在估算机会平等财政政策过程中,为了与现有研究保持一致 (Roemer et al., 2003),本研究设定劳动供

---

① 依据现有文献,财产性收入按照 20% 征税 (邓春梅、肖智,2011)。
② 家庭人均财产性 (转移性) 收入等于家庭财产性 (转移性) 总收入与家庭成年人口数之比。
③ Roemer 等 (2003) 发现,这种一次关系对总体数据而言,不仅具有很好的拟合性,而且也极大地简化了分析过程。即使采用二次或者其他形式的拟合关系式也并未对结果产生根本性影响。
④ 由于可能遗漏部分环境因素,机会平等政策可能会出现补偿不足的情况。
⑤ "劣势职业"指除政府机关工作人员、企事业单位工作人员、技术工作人员、企业管理人员等之外的职业类型。
⑥ 东部地区包括北京、天津、河北、辽宁、上海、江苏、浙江、福建、山东、广东等 10 个省份 (或直辖市),其他地区均为中西部地区。

给弹性（η）的数值为 0.06[①]。理论上，当 η 值较大时，财政政策产生的经济效率损失会更大，其作用空间会较小，最终估算的机会平等税率也会较低。本研究以促使劣势群体的政策后收入最大化为目标，估算依据各类环境因素进行分组条件下的机会平等财政政策组合（a, c）。

7.1.4 研究结果分析

7.1.4.1 多种环境因素的比较分析

（1）主要测度结果与分析。表 7-1 列示了实际财政政策实施前，以不同环境变量作为分组依据的劣势群体平均收入占总群体平均收入的比例。由表 7-1 可知，父亲受教育程度较低群体（初中以下）的平均收入占总群体平均收入的 89.7%；母亲受教育程度较低群体（小学以下）的平均收入占总群体平均收入的 86.8%；女性群体的平均收入仅占总群体平均收入的 79.7%；中西部地区群体的平均收入仅占总群体平均收入的 85.8%。可初步判断，按照父母受教育程度、性别以及区域变量划分的劣势群体的平均收入普遍偏低，在一定程度上显示了收入分配机会不平等现象的存在。此外，表 7-1 中还列示了以父亲职业、父亲政治面貌和受访者户籍等作为环境变量进行划分的劣势群体的平均收入占比，分别为 95.4%、97.9% 和 92.0%。

图 7-1a 到图 7-1e 为按照不同环境变量分组后识别出的劣势群体与优势群体的政策前收入累积概率分布函数图，能够更加细致地刻画劣势群体和优势群体的收入分配差距状况。从中可知，无论是按照父母教育、受访者性别、受访者户籍，抑或所在地区变量进行划分，劣势群体的政策前收入累积概率分布函数均明显处于优势群体的上方，并且互不交叉，这也进一步揭示了机会不平等现象的存在。

[①] 为了确保结论的稳健性，后文也会列示 η 取其他值时的测度结果。

7 机会平等目标导向下的财税政策组合优化研究

表7-1 劣势群体与总群体政策前年平均收入对比（$\eta=0.06$）

分类变量	类别	平均收入（元）	劣势群体平均收入占比（%）	样本量
父亲教育	初中以下	28523	89.7%	1927
	全部	31812		3339
母亲教育	小学以下	27401	86.8%	1587
	全部	31569		3497
父亲职业	劣势职业	28911	95.4%	2192
	全部	30294		2704
父亲政治面貌	非党员	29571	97.9%	2246
	全部	30197		2882
性别	女性	25290	79.7%	1530
	全部	31740		3823
户籍状况	农业户籍	29202	92.0%	2752
	全部	31754		3820
区域	中西部地区	27242	85.8%	1773
	全部	31740		3823

说明：根据 CFPS 2010 年数据整理所得。"劣势职业"指除政府机关工作人员、企事业单位工作人员、技术工作人员、企业管理人员等之外的职业类型。"户籍状况"指受访者12岁时的户籍状况。

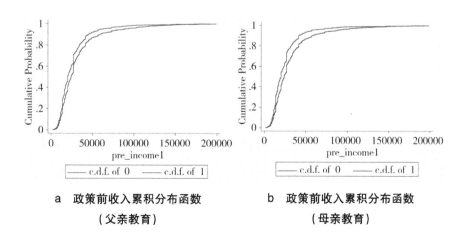

a 政策前收入累积分布函数（父亲教育）　　b 政策前收入累积分布函数（母亲教育）

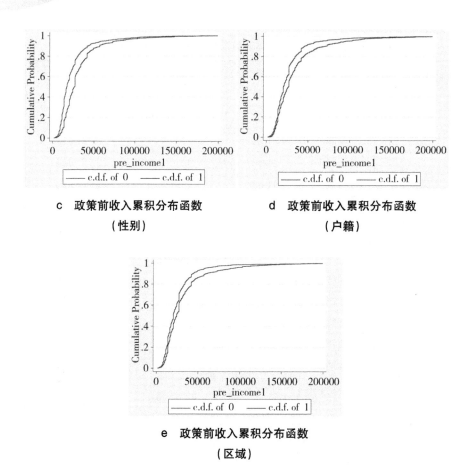

c 政策前收入累积分布函数（性别）

d 政策前收入累积分布函数（户籍）

e 政策前收入累积分布函数（区域）

图7-1 政策前收入累积分布函数

注："0"代表劣势群体，具体在图7-1a到图7-1e中分别为父亲受教育程度在初中以下的群体、母亲受教育程度在小学以下的群体、女性群体、12岁时的户籍状况为农业户籍群体和中西部地区群体。"1"代表优势群体，具体在图7-1a到图7-1d中分别为父亲受教育程度在初中以上（含）的群体、母亲受教育程度在小学以上（含）的群体、男性群体、12岁时的户籍状况为非农业户籍群体和东部地区群体。

根据前文的理论分析框架，表7-2列出了不同环境变量下的机会平等财政政策测度结果。劳动供给弹性（η）统一取值为0.06。基于式（7.11）估测的实际个人所得税率为a^{obs}，家庭人均转移支付为c^{obs}。a^{bench}代表税收仅够抵偿政府公共支出时的基准税率。由表7-2可知，2010年中国实际平均个人所得税率约为21%。

7 机会平等目标导向下的财税政策组合优化研究

表7-2 按不同环境变量划分的机会平等政策效果（$\eta=0.06$）

环境变量	a^{obs}	c^{obs}	a^{bench}	a^{EO}	c^{EO}	v	ε	p	q	q^{EO}
父亲教育	0.21	2217	0.14	0.45	9682	0.40	0.978	0.79	0.79	0.86
母亲教育	0.21	2215	0.14	0.57	13050	0.27	0.964	0.78	0.79	0.89
父亲职业	0.21	2217	0.13	0	—	OT	—	—	—	—
父亲政治面貌	0.21	2217	0.13	0	—	OT	—	—	—	—
性别	0.21	2197	0.14	0.72	17152	0.17	0.939	0.70	0.71	0.89
户籍	0.21	2198	0.14	0.30	4966	0.49	0.993	0.76	0.75	0.80
区域	0.21	2217	0.138	0.60	13915	0.26	0.960	0.76	0.78	0.88
父亲教育×性别	0.21	2217	0.14	0.82	19453	0.14	0.915	0.53	0.53	0.88

说明："OT"表示税收过度（overtaxation），即实际税率超过机会平等税率。

表7-2中，P值表示劣势群体与优势群体的平均政策前收入之比；q值表示实际政策下，劣势群体的政策后平均收入与优势群体的政策后平均收入之比；q^{EO}则表示机会平等政策下，劣势群体的政策后平均收入与优势群体的政策后平均收入之比；a^{EO}为机会平等税率；v值衡量实际财政政策与机会平等财政政策之间的接近程度；$1-\varepsilon$为机会平等政策的效率损失。

就父亲教育变量而言，政策前父亲受教育程度较低群体的平均收入仅占父亲受教育程度较高群体的79%，表明我国存在一定程度的由父亲受教育程度引致的收入分配机会不平等；在实际的个人所得税与转移支付政策下，二者比值依然为79%，意味着当前的财政政策对于改善由父亲受教育程度引致的机会不平等并无显著效果；根据前文的理论分析框架，机会平等财政政策的平均税率和转移支付分别为0.45和9682，明显高于实际政策的平均税率0.21和转移支付值2217。并且，这一机会平等财政政策将使得政策后的劣势群体（父亲受教育程度较低）与优势群体（父亲受教育程度较高）的平均收入的比值由79%提高到86%，能够在一定程度上提高居民收入分配的机会平等状况，但与此同时产生的经济效率损失为2.2%。另外，就促进与父亲教育变量相关的收入分配机会平等状况而言,实际财政政策仅达到机会平等财政政策效果的40%。

就母亲教育变量而言,机会平等政策测度结果与上述基本类似,但值得关注的是,由母亲教育变量引致的收入分配机会不平等程度更高[1],政策前劣势群体(母亲受教育程度较低)与优势群体(母亲受教育程度较高)平均收入的比值仅为78%,机会平等财政政策的平均税率和平均转移支付额分别为0.57和13050,高于按照父亲教育变量划分的测度结果;同时实际财政政策仅实现机会平等财政政策效果的27%,但机会平等财政政策实施后,劣势群体(母亲受教育程度较低)与优势群体(母亲受教育程度较高)平均收入的比值大幅提高至89%,由此引致的效率损失为3.6%。

就父亲职业和父亲政治面貌变量而言,机会平等财政政策的平均税率为0,实际税率超过机会平等税率,表明由父亲职业和父亲政治面貌引致的收入分配机会不平等程度较低,无需通过财政政策进行调节。

就性别变量而言,政策前女性群体的平均收入仅为男性群体的70%,实际财政政策则将这一比率略微提高至71%,表明我国在收入分配领域存在较为严重的性别不平等,而实际财政政策降低性别不平等的效果甚微。机会平等财政政策相对于实际财政政策而言,具有更高的平均税率(0.72)和人均转移支付(17152),其效果是将劣势群体(女性)与优势群体(男性)平均收入的比值提高至89%,由此产生的经济效率损失为6.1%。

就户籍变量而言,政策前农业户籍群体的平均收入为非农业户籍群体的76%,机会平等财政政策则将这一比率提高至80%,同时产生0.7%的经济效率损失。实际财政政策实现机会平等的程度较高,达到49%。

就地区变量而言,政策前中西部地区群体的平均收入为东部地区群体的76%,机会平等财政政策则将这一比率提高至88%,同时产生4%的经济效率损失。实际财政政策实现机会平等的程度为26%。

概言之,就单个环境变量而言,性别是导致收入分配机会不平等的最主要因素,其次是受访者所在地区和户籍因素,再次是父母教育因

---

[1] 邹薇和马占利(2019)的研究结果也表明,相对于父亲,母亲受教育程度对子女教育机会不平等的影响更大。

素，而父亲职业和政治面貌变量引致的机会不平等程度相对较低。

一般而言，环境类型集划分越细，劣势群体与优势群体之间的差距越大，从而机会不平等程度越高。本章接下来对环境类型集做进一步细分，考察家庭教育背景变量和性别变量的联合作用①。首先，将总体分为四种类型：男性且父亲受教育程度高、男性且父亲受教育程度低、女性且父亲受教育程度高、女性且父亲受教育程度低，并将第四类群体（即女性且父亲受教育程度低）视为劣势群体，而将第一类群体（即男性且父亲受教育程度高）视为优势群体。此时，机会平等政策即促使女性且父亲受教育程度低群体的平均收入最大化。细分环境集情况下的测度结果如表7-2最后一行所示，结果显示，此时的 p 值为53%（即劣势群体的政策前平均收入仅为优势群体的53%），相应地，机会平等税率 a^{EO} 也相对更高，达到82%左右；但较高的税率导致的效率损失也更大，达到8.5%。按照测算，实施机会平等财政政策后，劣势群体的平均收入可达到优势群体的88%，远高于政策前的比值（53%）。

图7-2更加直观地展示了机会平等政策的作用效果。对比图7-2a和图7-2b、图7-2c和图7-2d、图7-2e和图7-2f、图7-2g和图7-2h，可以发现，实施机会平等财政政策后劣势群体与优势群体的收入累积分布函数的垂直差距明显缩小，即由父母教育、性别、地区等环境因素导致的机会不平等程度得到较大幅度的缓解。

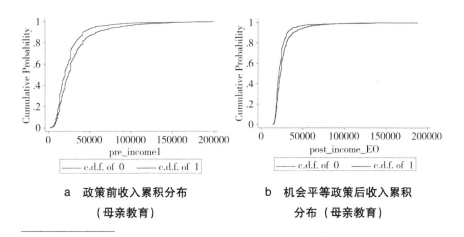

a 政策前收入累积分布
（母亲教育）

b 机会平等政策后收入累积
分布（母亲教育）

---

① 鉴于样本量的限制，并考虑到父母教育与父亲职业、父亲政治面貌以及受访者12岁时的户籍等变量的相关度较高，本研究并未对环境类型集做更加细致的划分。

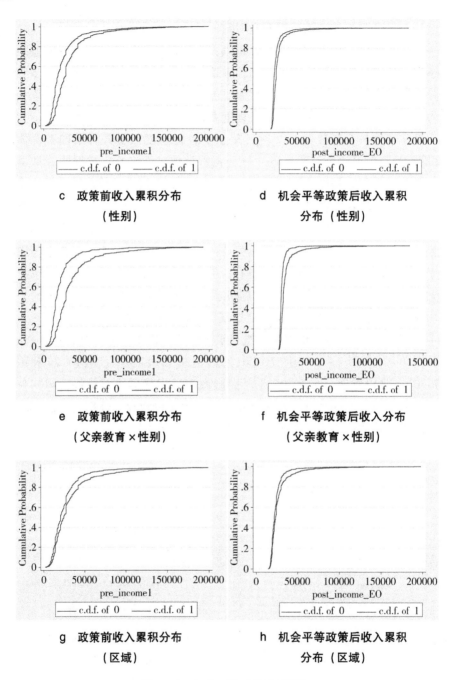

c 政策前收入累积分布（性别）　　d 机会平等政策后收入累积分布（性别）

e 政策前收入累积分布（父亲教育×性别）　　f 机会平等政策后收入分布（父亲教育×性别）

g 政策前收入累积分布（区域）　　h 机会平等政策后收入累积分布（区域）

图7-2　机会平等政策效果图示

注："0"代表劣势群体；"1"代表优势群体。

7 机会平等目标导向下的财税政策组合优化研究

（2）测度结果的跨国比较分析。根据前文的测度结果，我国由性别因素导致的机会不平等程度高于家庭教育背景因素，那么从全球比较的视角看，我国的机会不平等程度和税收、转移支付政策效果处于怎样的状况呢？表 7-3 以父母教育作为环境变量，列示了我国与部分西方国家的机会平等财政政策测度结果的比较。通过比较 p 值可知，就父母教育这一环境变量而言，机会平等程度最高的国家是瑞典，其次是西德和丹麦，而我国排在第四位，属于机会平等程度较高的国家之一；而且，我国的实际税率在 12 个国家当中最低；而实际税率实现机会平等的程度高于美国和意大利，低于英国、比利时和西班牙等国。此外，由表 7-4 可知，与英国相比，我国的性别机会平等程度较高（p 值较高），但实际财政政策实现机会平等的程度却较低。这可能与我国的实际税率较低有关。

表 7-3 世界各国机会平等财政政策的测度结果比较
（环境变量：父母教育，$\eta = 0.06$）

国家	年份	a^{obs}	c^{obs}	a^{EO}	c^{EO}	a^{bench}	p	v	ε
中国	2010	0.21	2217	0.45	9682	0.14	0.79	0.40	0.98
英国	2008	0.35	3784	0.70	11885	0.10	0.63	0.96	0.95
美国	1991	0.24	2036	0.65	13578	0.18	0.69	0.20	0.96
比利时	1992	0.56	179	0.66	238	0.26	0.69	0.90	0.98
西德	1994	0.40	6248	0.12	−6424	0.22	0.84	OT	1.02
东德	1994	0.37	6114	0.23	4513	0.13	0.69	OT	1.01
丹麦	1993	0.37	36435	0	−36000	0.18	0.81	OT	1.03
意大利	1993	0.25	2	0.83	16	0.15	0.46	0.19	0.92
荷兰	1995	0.55	8660	0.51	18699	0.26	0.75	OT	1.00
挪威	1995	0.39	47454	0.22	2773	0.20	0.76	OT	1.02
西班牙	1991	0.40	341.6	0.56	824	0.10	0.50	0.84	0.98
瑞典	1991	0.57	48367	0	−24258	0.19	0.87	OT	1.05

说明：表中数据均按各国货币单位计价；"OT"表示存在过度征税，即实际财政政策超过机会平等财政政策的再分配效果。中国数据源自本研究的测度结果；英国数据转引自 L. Groot 等（2018）；其他国家的数据转引自 J. Roemer（2003）。

表 7-4 中国和英国机会平等财政政策的测度结果比较
（环境变量：性别，$\eta = 0.06$）

环境变量：性别		a^{obs}	c^{obs}	a^{EO}	c^{EO}	p	v	ε
中国	2010	0.21	2197	0.72	17152	0.70	0.17	0.94
英国	2002	0.32	2662	0.82	10463	0.50	0.79	0.92
	2004	0.34	3063	0.81	11101	0.52	0.82	0.93
	2006	0.34	3403	0.80	11823	0.53	0.84	0.93
	2008	0.35	3784	0.80	12820	0.52	0.83	0.93

说明：表中数据均按各国货币单位计价；中国数据源自本书的测度结果；英国数据转引自 L. Groot 等（2018）。

值得注意的是，和世界上许多发达国家类似，我国在父母教育和性别等环境因素方面也存在较为显著的机会不平等，但作为正处于高速发展中的转型经济体，我国的区域不平等和户籍不平等问题也较为突出，且财政政策实现机会平等的程度并不高，然而这一点缺乏与发达国家之间的对比。考虑到经济发展阶段和社会结构特征的差异，除了发达国家，还应当将我国的测度结果与发展中国家（尤其是"金砖四国"）进行对比，然而遗憾的是，目前缺乏与发展中国家相关的测度结果。

（3）关于劳动供给弹性（η）参数值的不同设定与讨论。机会平等政策估计结果不仅与环境变量集的选取密切相关，也在相当程度上取决于劳动供给弹性（η）的设定。理论上，η 值越大，政府因干预经济所导致的经济效率损失越大，因此机会平等税率会比较低。为测试估计结果对 η 值的敏感度，本书将分别取 $\eta = 0.03$ 与 $\eta = 0.12$ 对结果进行重新估计（如表 7-5、表 7-6 所示）。

单就性别变量而言，随着劳动供给弹性（η）数值的增大，机会平等税率（a^{EO}）逐渐降低，人均转移支付（c^{EO}）也减少，表明实现机会平等的合宜的财政政策实施力度在减弱，而这正是由于政策实施的效率损失增大所致。与此同时，随着 η 的增加，机会平等政策实施后，劣势群体（女性）与优势群体（男性）平均收入的比值（q^{EO}）逐渐减小（对比表 7-2、表 7-5、表 7-6 中"性别"一行），意味着机会平等财政政策的有效性减弱。考察其他变量的对比结果，也能发现同样的变化特征，这与理论预期一致。

表7-5 按不同环境变量划分的机会平等政策效果（$\eta = 0.03$）

环境变量	a^{EO}	c^{EO}	v	ε	p	q	q^{EO}
父亲教育	0.72	17755	0.18	0.97	0.79	0.79	0.92
母亲教育	0.78	19347	0.16	0.96	0.78	0.79	0.94
父亲职业	0.36	6815	0.38	0.99	0.80	0.80	0.84
父亲政治面貌	0	—	OT				
性别	0.86	21476	0.12	0.95	0.70	0.71	0.94
户籍	0.64	15419	0.17	0.98	0.76	0.75	0.89
区域	0.79	19836	0.15	0.96	0.76	0.78	0.94
父亲教育*性别	0.91	22660	0.11	0.94	0.53	0.53	0.93

说明："OT"表示税收过度（overtaxation），即实际税率超过机会平等税率。

表7-6 按不同环境变量划分的机会平等政策效果（$\eta = 0.12$）

环境变量	a^{EO}	c^{EO}	v	ε	p	q	q^{EO}
父亲教育	0	—	OT	—	—	—	—
母亲教育	0.19	—	OT	—	—	—	—
父亲职业	0	—	OT	—	—	—	—
父亲政治面貌	0	—	OT	—	—	—	—
性别	0.47	9934	0.35	0.95	0.70	0.71	0.81
户籍	0	—	OT	—	—	—	—
区域	0.24	3321	0.91	0.99	0.76	0.78	0.79
父亲教育*性别	0.66	14523	0.21	0.90	0.53	0.53	0.78

说明："OT"表示税收过度（overtaxation），即实际税率超过机会平等税率。

从图7-3中也能够直观地发现上述特征，即随着劳动供给弹性（η）数值的增大，机会平等税率（a^{EO}）逐渐降低。此外，对比图7-3中的实线和虚线，我们还能发现环境变量集的细分程度越高，机会平等财政政策的实施空间越大。原因在于，分组越细，劣势群体与优势群体的平均收入差距越大，即测度出的机会平等程度越低，此时，即使存在一定的经济效率损失，机会平等财政政策也能够发挥更大的作用。考察图7-3中的虚线部分，当同时以父亲教育和性别作为环境变量进行分组时，在这一较为细致的分组条件下，即使劳动供给弹性（η）高达 0.36，机会平等税率也远大于0，达到 0.15 左右；此时，若仅以性别作为分组变量（图7-3中实线部分），机会平等税率等于0，即由于效率损失过大，财政政策对于缓解机会不平等问题无法发挥作用。

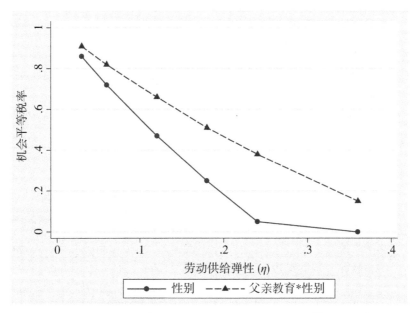

图7-3　不同劳动供给弹性（η）下的机会平等税率（a^{EO}）变动趋势

注：实线以性别作为环境变量进行分组，虚线同时以父亲教育和性别作为环境变量进行分组。

根据上述分析，环境类型变量的选取和劳动供给弹性（η）的设定是影响机会平等财政政策测度结果的两个重要因素。一方面，环境类型集划分越细，能够刻画的收入分配机会不平等的程度越精确，通常而言测度出的机会不平等程度也会更加严重[①]，此时社会公平问题相对于经济效率问题更加突出，因此财政政策调节机会不平等的作用空间更大；另一方面，劳动供给弹性（η）的数值设定越大，意味着财政政策可能造成的效率损失越大，因而在效率和公平的综合考量下机会平等财政政

---

① 可粗略表现为劣势群体与优势群体的平均收入之比，该比值越小表明机会不平等程度越高。

策的作用空间越小。丰富的环境类型集对数据库和样本容量的要求较高，在此不做过多讨论。关于 η 值，根据现有研究成果，不同国家、不同类型群体的劳动供给弹性具有较大差异。比如，Soest（1995）估计 1987 年芬兰男性和女性的劳动供给弹性分别为 0.10 和 0.52；Evers 等（2008）发现荷兰男性的劳动供给弹性为 0.1，而女性的劳动供给弹性为 0.5。现有关于中国劳动供给弹性测度的文献并不多见，张世伟等（2011）基于 2006 年东北三省的劳动力抽样调查数据，利用劳动供给离散选择模型测得男性和女性工作时间的工资弹性分别为 -0.024 和 0.175；李雅楠（2016）的研究则表明，以工作时间论，2010 年中国外来女性、外来男性、本地女性和本地男性的劳动供给弹性分别为 0.056、0.041、0.217 和 0.395，且存在明显的教育程度和年龄异质性。总体而言，依估计方法和数据选择的不同，我国劳动供给弹性的估计结果差异较大。因此，本研究同时给出 η 值等于 0.03、0.06 以及 0.12 等多种情形下的测度结果以供参考。

7.1.4.2 实际财政政策实现机会平等程度的的动态趋势分析

为考察我国财政政策作用效果的动态演化规律，本章接下来综合运用 2010—2016 年的 CFPS 数据，重点关注父母教育和性别两类环境变量①，进行年度对比分析。

表 7-7 到表 7-9 列示了按照不同环境变量分组条件下的机会平等政策估算结果。由表 7-7 可知，2010—2016 年间我国实际平均个人所得税率在 20%～35%。从 2010 年到 2016 年，p 值表现出先上升后下降的趋势，表明以家庭教育背景作为环境变量的机会不平等呈现出先下降后上升的趋势。与之相对应，机会平等税率（a^{EO}）也随之呈现出先下降后上升的趋势。v 值衡量实际财政政策与机会平等财政政策之间的接近程度，我们发现，2010 年实际财政政策实现机会平等的程度为 40%，到 2014 年大幅上升至 98%，而后到 2016 年略有下降，这可能与机会不

---

① 此处重点关注父母教育和性别变量的原因有两点：其一，后续年份的环境变量集远不如 2010 年的丰富，无法给出全部环境变量的跨年度测度结果；其二，本节该部分主要考察政策效果的跨年度变化趋势，而非不同环境变量之间的比较，因此重点选择若干有代表性的环境变量展开分析即可。而且，区域变量特征可能会随着劳动力迁移而发生改变，因此不太适合跨时比较分析。

平等程度的变化趋势和 2011 年实施的个人所得税改革有关。效率比率（ε）的变化特征与 v 值一致，机会平等政策的效率成本较低，从 2010 年到 2016 年均不超过 3%。

表 7-8 是以性别作为环境变量的测度结果。由 p 值可知，劣势群体与优势群体的政策前平均收入之比较低，意味着我国性别机会不平等程度较高，且从 2010 年到 2016 年大致呈现递增的态势，比如到 2016 年女性群体的政策前平均收入仅为男性群体的 2/3 左右。与此同时机会平等税率（a^{EO}）也较高，高达 74% 左右；由最后一列的 q^{EO} 值可知，机会平等政策可大幅提高基于性别分类的机会平等程度，使得女性群体的政策后平均收入到达男性群体的 89%。但与此同时，较高的机会平等税率导致的效率损失（$1-\varepsilon$）也较高，达到 6% 左右。值得注意的是，从描述性统计结果来看，实际财政政策促进性别机会平等的程度在波动中大体呈现出上升态势（v 值由 2010 年的 17% 上升至 2016 年的 46%）。

表 7-7 机会平等政策（环境变量：父亲教育，$\eta=0.06$）

feduc	a^{obs}	c^{obs}	a^{bench}	a^{EO}	c^{EO}	v	ε	p	q	q^{EO}
2010	0.21	2217	0.14	0.45	9682	0.40	0.978	0.79	0.79	0.86
2012	0.19	1584	0.14	0.23	2683	0.91	0.997	0.84	0.85	0.86
2014	0.29	7707	0.13	0.31	8733	0.98	0.998	0.84	0.85	0.87
2016	0.35	11095	0.13	0.44	15827	0.88	0.990	0.80	0.83	0.87

表 7-8 机会平等政策（环境变量：性别，$\eta=0.06$）

gender	a^{EO}	c^{EO}	v	ε	p	q	q^{EO}
2010	0.72	17152	0.17	0.94	0.70	0.71	0.89
2012	0.70	15253	0.13	0.94	0.72	0.72	0.89
2014	0.77	27822	0.34	0.93	0.64	0.65	0.89
2016	0.76	29907	0.46	0.94	0.64	0.67	0.89

表 7-9 进一步考察家庭（教育）背景和性别变量的联合作用。此时，机会平等政策即促使女性且父亲受教育程度低群体的平均收入最大

化。由表7-9可知,此时的p值在55%左右(即劣势群体的政策前平均收入仅为优势群体的55%),低于表7-7和表7-8中的测度结果。与此同时,机会平等税率(a^{EO})也相对更高,达到80%左右;但较高的税率导致的效率损失(1-ε)也更大,达到8%左右。按照测算,采用机会平等的财政政策后,劣势群体的平均收入可达到优势群体的87%左右,远高于政策前的比值(55%左右)。尽管实际财政政策实现机会平等的程度较低,到2016年也未超过50%,但从趋势上看,大致呈现上升的态势。

表7-9 机会平等政策(环境变量:父亲教育×性别,η =0.06)

父亲教育×性别	a^{EO}	c^{EO}	v	ε	p	q	q^{EO}
2010	0.82	19453	0.14	0.92	0.53	0.53	0.88
2012	0.81	17796	0.11	0.92	0.58	0.58	0.89
2014	0.82	29819	0.32	0.92	0.52	0.54	0.87
2016	0.81	31842	0.42	0.93	0.50	0.53	0.86

7.1.4.3 对动态变化趋势的计量检验:基于2011年税改政策的三重差分(DDD)设计

由以上分析可知,无论是以性别、父亲受教育程度抑或二者的结合作为环境变量进行分析,实际财政政策实现机会平等的程度(v)在波动中呈现大体上升的趋势(图7-4)。然而这种被观察到的变化趋势只是描述性的统计结果,其是否表明我国财政政策的再分配功能得到显著增强,仍有待深入分析和严格的计量检验。

如果v值上升趋势显著,则对于该结果存在两种可能的解释:①从2010年到2016年,政策前收入分配的机会不平等程度呈下降趋势,导致大致相同的财政政策能够实现更高的机会平等程度;②2011年的个人所得税改革显著增强了对收入分配机会不平等的调节力度。

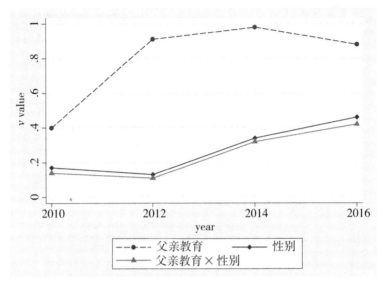

图 7-4 2010—2016 年财政政策效果变化趋势

首先，观察表 7-7 中的 p 值可以发现，劣势群体（即父亲受教育程度较低）占优势群体税前平均收入的比值大致表现出先上升后下降的趋势，并不支持从 2010 年到 2016 年间机会不平等程度下降的结论；同时表 7-8 中的 p 值总体呈现出下降的态势，表明性别机会不平等程度不仅没有下降，反而有进一步扩大的趋势。因此，对于第一种解释缺乏必要的经验证据支持。

其次，对于第二种解释，本节将基于 2010—2014 年的面板数据，构建三重差分模型进行实证检验。2011 年的个人所得税改革将个税免征额从原来的 2000 元/月提高到 3500 元/月，同时将税率级数也由原来的九级减少到七级（表 7-10）。总体而言，此次个税改革普遍降低了个人纳税者的适用税率，但考虑到税负的累进性特征，不同收入群体所面临的税负减免力度有所差别（叶菁菁等，2017）。那么，此次个税改革是否显著提高了居民收入获得的机会平等程度呢？本节接下来将对此进行严格的实证检验。实证评估的结果将有助于增强我们对个税改革这一政策效果的理解。

7 机会平等目标导向下的财税政策组合优化研究

表7-10 2011年个税改革前后的税率情况对比

级数	税改前		税改后	
	免征额（元/月）	2000	免征额（元/月）	3500
	含税级距	税率	含税级距	税率
1	0～500	5%	0～1500	3%
2	500～2000	10%	1500～4500	10%
3	2000～5000	15%	4500～9000	20%
4	5000～20000	20%	9000～35000	25%
5	20000～40000	25%	35000～55000	30%
6	40000～60000	30%	55000～80000	35%
7	60000～80000	35%	80000元/月以上	45%
8	80000～100000	40%		
9	100000元/月以上	45%		

说明：含税级距适用于由纳税人负担税款的工资、薪金所得。

本节将基于2010—2014年的面板数据，构建三重差分模型进行实证检验。模型具体设定如下：

$$y_{it} = \alpha + \theta_1 treat_i + \theta_2 after_t + \theta_3 x_i + \beta_1 treat_i \cdot after_t + \beta_2 treat_i \cdot x_i + \beta_3 after_t \cdot x_i + \gamma treat_i \cdot after_t \cdot x_i + Z\eta + \varepsilon_{it} \quad (7.12)$$

其中，下标 i 和 t 分别表示个体和年份，因变量 y 表示个体工资水平（对数）；treat 为二值虚拟变量，在2010年的调查中月平均收入在2000元（含）以下的个体作为对照组，取值为0，其他个体作为处理组，取值为1[①]；after 为政策虚拟变量，2012年以后该变量取值为1，之前取值为0；x 为环境变量，包括父亲受教育程度、个体性别等；Z 为控制向量，包含个体年龄、年龄平方以及地区固定效应等；ε 为随机扰动项。本研究需要关注的核心参数为 γ，若 γ 显著为负，则表示2011年个人所得税改革之后，环境因素（父亲教育、个体性别等）对个体收入的影响显著减小，即税改促进了个体收入获得的机会平等；若 γ 不显

---

① 月工资在2000元以下的群体，不会受到个人所得税改革的影响。叶菁菁等（2017）以2011年的个税改革作为拟自然实验评估个人所得税减免对劳动供给的影响时，也以这类群体作为对照组。

著,则表示税改对于促进个体收入获得的机会平等并无显著效果。表7-11列示了回归结果。

表7-11 税改是否促进机会平等的检验结果

被解释变量:对数工资(lnwage)	2010年与2014年	2010年与2014年	性别		父亲教育	
			2010年与2014年	2012年与2014年	2010年与2014年	2012年与2014年
	(1)	(2)	(3)	(4)	(5)	(6)
gender	0.316*** (0.02)	0.209*** (0.01)	0.217*** (0.02)	0.310*** (0.03)	0.207*** (0.01)	0.248*** (0.02)
feduc_dum	0.132*** (0.02)	0.056*** (0.02)	0.052*** (0.02)	0.032 (0.02)	0.085*** (0.02)	0.052 (0.03)
age	0.063*** (0.01)	0.036*** (0.00)	0.038*** (0.00)	0.037*** (0.01)	0.036*** (0.00)	0.035*** (0.01)
age2	-0.001*** (0.00)	-0.001*** (0.00)	-0.001*** (0.00)	-0.001*** (0.00)	-0.001*** (0.00)	-0.001*** (0.00)
treat*after		-0.456*** (0.03)	-0.507*** (0.05)	-0.315*** (0.07)	-0.446*** (0.04)	-0.219*** (0.05)
treat*after*gender			0.057 (0.06)	0.119 (0.08)		
treat*after*feduc					-0.021 (0.06)	-0.029 (0.08)
省份固定效应	控制	控制	控制	控制	控制	控制
常数项	8.910*** (0.14)	8.861*** (0.11)	8.819*** (0.11)	9.157*** (0.16)	8.854*** (0.11)	9.238*** (0.16)
观测值	6078	4052	4052	4052	4052	4052
调整R^2	0.129	0.535	0.539	0.317	0.536	0.313

说明:括号中的数据为标准误,*、**、***分别表示在10%、5%和1%的水平下显著;交乘项回归中均包括全部低次项。

表7-11中(1)列主要考察个体特征及家庭背景相关因素对工资水平的影响。结果表明,男性比女性具有显著更高的工资水平,父亲受

教育程度较高的个体也具有相对更高的工资水平；而个体年龄与工资水平之间呈现显著的非线性关系，即随着年龄的增长，个体工资水平先上升后下降。该结果符合理论预期及现有相关研究成果。（2）列则在（1）列的基础上增添组别虚拟变量（treat）与政策虚拟变量（after）的交互项，结果显示，该交互项的系数显著为负，这表明 2014 年与 2010 年相比，高收入群体（2010 年月工资在 2000 元以上）与低收入群体（2010 年月工资在 2000 元以下）的政策后工资差距在缩小。

表 7-11（3）、（4）列检验税改是否显著降低由性别因素导致的机会不平等。结果显示，无论是以 2010 年还是以 2012 年作为政策前年份①，交互项 $treat * after * gender$ 的系数均不显著，表明 2011 年实施的个人所得税改革对由性别因素导致的机会不平等并无显著影响。（5）、（6）列则同样表明此次税改对由家庭教育因素导致的机会不平等也无显著影响。

因此，本研究并未发现有充分的证据表明②，2010—2016 年我国财政政策促进收入分配公平的能力显著增强。事实上，岳希明等（2012）的研究也表明，即使以收入平等作为评价指标，2011 年个税改革对收入分配的公平性也并未起到促进作用，原因可能在于此次税改在提高累进性的同时，也大大降低了平均税率。

7.2 本章小结及政策优化建议

本章旨在从机会平等视角评估我国当前个人所得税与转移支付政策实现收入分配公平的程度。在纳入政策变量的机会平等理论框架下，本章首先采用 CFPS 2010 年的截面数据，选择父母受教育程度、父亲职业类型、父亲政治面貌、受访者性别、所在区域以及受访者年幼时的户籍状况等因素作为环境变量，估算了实际财政政策组合参数与机会平等财政政策组合参数，并将二者进行对比，评估当前的个人所得税与转移支

---

① 由于时滞，2010 年和 2012 年的 CFPS 数据所记录的分别是 2009 年和 2011 年的收入，而 2011 年的税改则从当年 9 月 1 日起实施。

② 本研究还尝试以区域、户籍等作为环境变量进行回归分析，结果一致。

付政策实现收入分配机会平等的程度；然后，结合2010—2016年的CFPS数据，以家庭教育背景和性别作为环境变量，对我国财政政策实现机会平等的程度做跨时比较分析，并设计三重差分模型（DDD）对动态变化趋势的显著性进行严格的计量检验。

主要结论有：①就单个环境变量而言，在设定劳动供给弹性为0.06的条件下，由性别因素引致的机会不平等程度最大，其次是区域因素、母亲受教育因素、父亲受教育因素以及户籍因素，对应这五个单一的环境变量，实际财政政策实现机会平等的程度依次为17%、26%、27%、40%和49%；此外，由父亲职业和父亲政治面貌两类环境变量所引致的机会不平等程度相对较低，无需依赖政策调节。②测度结果与环境类型集的选择密切相关，一般而言环境类型集划分越细致，测度出的机会不平等程度越精确，同时政府财政政策的调节空间越大。以父亲教育和受访者性别二者的联合环境变量集为例，劣势群体的平均收入仅为优势群体的53%，而实际财政政策实现机会平等的程度也仅为14%，尚有相当大的改善空间。③劳动供给弹性是影响测度结果的重要因素，随着劳动供给弹性的增大，财政政策调节机会不平等的空间会减小。④比较2010年到2016年的测度结果，我国实际财政政策实现机会平等的程度在波动中呈现一定的上升态势，但严格的计量检验表明，2011年实施的个人所得税改革并未显著提高居民收入分配的机会平等程度。

根据研究结论提出如下政策优化建议：第一，从道德合宜性的角度考虑，公平公正的收入分配格局应当指的是各类型群体具有相同的获取收入的机会，而非表面上的收入分配结果的均等化。因此，相对于收入（结果）平等，机会平等更加适合成为政府制定财政政策的目标导向。第二，从本章的研究结果来看，针对不同因素引致的收入分配机会不平等，财政政策所能够产生的调节作用存在明显差异，为提高政策调节效率，建议在政策设计中充分考虑群体异质性，适当向女性群体、家庭背景较差或中西部地区的群体倾斜。要做到这一点，地方政府需获得更大的财政自主权，以便更加方便地实施精细化的操作，而且大数据、云计算等新兴科技产业的发展也能够为此提供良好的技术辅助。第三，个人所得税与转移支付政策是政府部门实现再分配、促进社会公平的重要手段之一，但该政策目标的实现受到劳动供给弹性的制约，与较高劳动供给弹性相伴随的经济效率损失会抑制政策发挥作用的空间。因此，在明确以机会平等作为社会公平衡量指标的前提下，应综合运用除个人所得税与转移支付政策之外的多种政策手段进行联合调节，如将教育资源、公共卫生资源等适度向劣势群体倾斜。第四，尽管与世界上很多国家相比，我国在促进男女平等方面已取得了较大成就，但由性别因素引致的收入分配机会不平等依然较为严重，超过家庭教育背景和家庭经济地位等其他环境因素；而且，单就家庭教育背景因素而言，由母亲受教育程度差异所引致的子女收入分配不平等比父亲受教育程度更为明显。因此，包括财政政策在内的其他相关政策应当重点向女性群体倾斜，保障女性平等获取工作机会的权利，提高女性的受教育水平，缩小女性群体内部的受教育水平差异。

8 全书总结及政策启示

8.1 全书总结

首先，本书基于 Roemer（1998）、Lefranc（2009）、Ferreira 和 Gignoux（2011）等提出的机会平等理论分析框架，从结构分解的视角探讨收入不平等的不同构成成分（即机会不平等和努力不平等）对经济效率（包含技术创新和技术效率两个方面）的异质性影响；其次，基于"社会资本"的内涵界定，从社会公平感、社会信任、社会稳定、社会流动预期以及居民主观幸福感五个维度分析并实证检验了机会不平等作用于经济效率的社会资本传导机制，并将其与努力不平等的作用效果进行对比；再次，鉴于对经济效率产生负面影响的主要是机会不平等而非努力不平等成分，本书细致探究了我国收入分配机会不平等的成因；最后，本书以机会平等为目标导向，重新评估我国个人所得税与转移支付政策的合理性和有效性，并据此提出政策优化方案。主要研究结论如下：

第一，收入不平等的不同构成成分对经济效率的影响具有明显异质性，机会不平等对经济效率产生显著的负向影响，而一定程度的努力不平等则不然。具体而言，在技术创新维度上，基于双边随机边界模型（Two-tier SFA）的研究结果显示，机会不平等使城市实际创新水平低于基准水平约29.40%，而努力不平等则促使城市实际创新水平高于基准水平约24.91%。在技术效率维度上，机会不平等对我国区域技术效率存在显著的负向影响，而且这种负效应在东部地区最为显著，西部地区次之，中部地区则变得不显著；而努力不平等对我国区域技术效率的影响并不显著。

第二，社会资本传导机制是机会不平等负向作用于经济效率的重要中介传导机制。基于对社会资本的内涵界定，从社会公平感、社会信任、社会稳定、社会流动预期以及居民主观幸福感五个方面详细阐述如下：就社会公平感而言，机会不平等程度的上升会显著降低社会公平感，而努力不平等对社会公平感的影响不显著；就社会信任度而言，在当前收入水平较高的群体中，机会不平等程度的上升会显著降低社会信任度，但这种影响在当前收入水平较低的群体中并不显著，而努力不平等对社会信任度并无显著影响；就社会稳定而言，机会不平等和努力不平等对社会犯罪率并无显著影响；就社会流动预期而言，机会不平等作用于社会流动预期的直接效应为负，间接效应为正。具体而言，当前较高的机会不平等程度会对居民社会流动预期产生直接的负向影响，但在政府以实现社会公平正义为目标的改革措施影响下，人们预期未来机会不平程度会有所下降，并由此产生向上的社会流动预期；努力不平等对社会流动预期具有显著的负向影响；就居民主观幸福感而言，一定程度的努力不平等可通过"公平偏好"机制提高居民幸福感，而过高的努力不平等则会通过"不平等厌恶"机制降低居民幸福感；机会不平等则通过努力不平等对居民幸福感产生间接影响，即在更高的机会不平等程度下，居民的"不平等厌恶"心理会增强，从而努力不平等对居民幸福感的负向影响增大。

第三，市场化程度和政府公共支出是影响机会不平等的两个重要因素，尤其是扩大政府公共支出，对于缓解机会不平等的作用尤为显著。此外，在政府公共支出的各细分项中，卫生支出的影响作用最大，其他各项如教育支出、社会福利救济支出和社会保障支出的增加也有利于降低机会不平等。在市场化程度的各细分项中，政府与市场关系、要素市场发育、中介组织发育和法律指数三项指标能够显著影响到机会不平等程度，而其他指标则不然。

第四，教育变量是我国收入分配机会不平等形成的重要中介传导变量。机会不平等通过教育传导的比例约为12.24%，该比例在不同年龄段和不同性别群体之间存在较大差异，其中尤以性别差异最为明显，女性群体中机会不平等通过教育传导的比例高达23.74%，约为男性群体的2倍；环境因素通过教育渠道对城镇居民收入分配差距的影响也更加偏向收入分布的"左尾"，即在较低收入群体中，机会不平等通过教育传导的比例更高。在教育传导渠道中，教育数量因素所占比重为71.60%，剩余28.40%可归因于教育质量因素；在较低收入群体中，教育质量因素的贡献份额最高,而在中高收入群体中教育质量因素的贡献份额相对较低。

第五,以机会平等为目标导向,我国当前的个人所得税与转移支付政策的再分配效应并不十分理想,仍存在较大的政策改进空间。就单个环境变量而言,在设定劳动供给弹性为 0.06 的条件下,由性别因素引致的机会不平等程度最大,其次是区域因素、母亲受教育因素、父亲受教育因素以及户籍因素,对应这五个单一的环境变量,实际财政政策实现机会平等的程度依次为 17%、26%、27%、40% 和 49%。比较 2010 年到 2016 年的测度结果,我国实际财政政策实现机会平等的程度在波动中呈现一定的上升态势,但严格的计量检验表明,2011 年实施的个人所得税改革并未显著提高居民收入分配的机会平等程度。

8.2 政策性启示

根据上述相关研究结论,本书提出如下九点政策建议:

第一,鉴于机会不平等和努力不平等在影响技术创新过程中的不同作用机制和效果,应当以降低机会不平等为主要抓手,促进收入分配更加公平、有序。具体措施包括加大公共支出力度、促进基本公共服务均等化。加大对落后地区教育资源的投入力度,着力改善教育质量;扩大基本医疗服务的覆盖范围,从而弱化个人医疗与家庭经济状况之间的相关度,保障底层群体享受基本医疗服务的权利;完善社会保障体系并鼓励发展慈善事业,为底层群体提供更多的获得社会救助的机会。进一步推进市场化改革,在破除由行业垄断等因素导致的劳动力市场进入壁垒的同时,创造工作岗位和经济资源公平竞争的机会。制定维护就业公平的相关法律如就业机会平等法、反就业歧视法等,明确规定法院受理诉讼程序、举证责任与救济补偿办法。

第二,建议加强创新环境建设、提升创新在城市竞争中的核心作用,充分发挥各方面要素在激发地区创新活力中的协同作用。鉴于收入不平等影响城市技术创新的净效应表现出较为明显的地区分布差异,建议合理引导跨区域的交流与合作,多方面完善城市创新环境建设。

第三,积极的政策预期对于打破机会不平等所引起的阶层固化、提高社会劣势群体的社会流动预期具有十分重要的意义。鉴于我国当前机会不平等程度较高，而促进社会公平正义、降低机会不平等是一个缓慢渐进的过程，因此为了尽可能降低机会不平等对社会经济所造成的负面影响，政府部门应当在贯彻落实公平政策的同时，实施有效的预期管理，增强人们对政府部门的信任，保持对未来改革政策的乐观预期，从而维持当前较为良好的居民社会流动预期。

第四，我国当前的收入分配差距尚处于高位，应当继续深化分配制度改革，着力降低制度性收入差距和结构性收入差距，适度限制过高收入群体的收入水平，从而逐步降低收入分配差距；鉴于机会不平等有悖于"公平偏好"心理，且在较高的机会不平等条件下，民众的"不平等厌恶"心理也更加强烈，因此，着力降低收入不平等中的机会不平等成分应当成为优化收入分配格局的重要抓手。具体措施包括消除户籍歧视、性别歧视；促进劳动力流动和就业机会均等化；提高基础医疗卫生、教育等基础设施服务的均等化水平，减小由家庭背景因素导致的机会不平等。

第五，机会不平等在各收入阶层普遍存在，但在低收入阶层中尤为明显。应当充分利用大数据、云计算等新兴技术，提高对低收入阶层中相对劣势群体的识别精度，实施精准政策帮扶。比如，相对于男性，女性群体的发展更容易受到家庭背景因素的影响，因此，应当针对女性中的相对劣势群体进行政策支持。

第六，无论是在低收入群体，还是在女性群体中，机会不平等通过教育传导的比例均更高，因此，应当将促进教育公平作为缓解低收入群体或女性群体收入分配机会不平等的重要抓手，具体措施如提高贫困地区中小学的公共教育支出比重；提高大学生资助的政策精准度，有效识别贫困学生（尤其是女性贫困学生）并加大对其资助力度；针对低收入阶层子女，积极实施高校毕业后的就业帮扶政策，增强低收入阶层家庭提高子女教育水平的动机。另外，在普及义务教育、提高高等教育入学率的同时，也应着力促进教育质量的机会均等化，如加大对贫困地区师资力量的援助，提高当地义务教育质量；积极推进高水平大学通过"专项计划"等方式增加对低收入阶层子女的录取比例，促进优质高等教育资源分配的机会均等化。

第七，从道德合宜性的角度考虑，公平公正的收入分配格局应当指的是各类型群体具有相同的获取收入的机会，而非表面上的收入分配结果的均等化。因此，相对于收入（结果）平等，机会平等更加适合成为政府制定财政政策的目标导向。从本书的研究结果来看，针对不同因素引致的收入分配机会不平等，财政政策所能够产生的调节作用存在明显差异，为提高政策调节效率，建议在政策设计中充分考虑群体异质性，适当向女性群体、家庭背景较差或中西部地区的群体倾斜。要做到这一点，地方政府需获得更大的财政自主权，以便更加方便地实施精细化的操作，而且大数据、云计算等新兴科技产业的发展也能够为此提供良好的技术辅助。

第八，个人所得税与转移支付政策是政府部门实现再分配、促进社会公平的重要手段之一，但该政策目标的实现受到劳动供给弹性的制约，与较高劳动供给弹性相伴随的经济效率损失会抑制政策发挥作用的空间。因此，在明确以机会平等作为社会公平衡量指标的前提下，应综合运用除个人所得税与转移支付政策之外的多种政策手段进行联合调节，如将教育资源、公共卫生资源等适度向劣势群体倾斜。此外，尽管与世界上很多国家相比，我国在促进男女平等方面已取得了较大成就，但由性别因素引致的收入分配机会不平等依然较为严重，并超过家庭教育背景和家庭经济地位等其他环境因素；而且，单就家庭教育背景因素而言，由母亲受教育程度差异引致的子女收入分配不平等比父亲受教育程度更为明显。因此，包括财政政策在内的其他相关政策应当重点向女性群体倾斜，保障女性平等获取工作机会的权利，提高女性的受教育水平，缩小女性群体内部的受教育水平差异。

第九，缓解机会不平等问题需要政府加大公共支出力度、促进基本公共服务均等化，包括增加教育支出、卫生支出、社会福利救济支出、社会保障补助支出等。具体而言，教育是实现阶层流动的有效途径，为降低父辈收入差异对子女教育获得的影响、提高社会阶层流动性，政府部门应加大对落后地区教育资源的投入力度，着力改善教育质量。政府部门还应当调整并优化医疗资源配置，扩大基本医疗服务的覆盖范围，从而弱化个人医疗与家庭经济状况之间的相关度，保障底层群体享受基本医疗服务的权利；完善社会保障体系并鼓励发展慈善事业，为底层群体提供更多的获得社会救助的机会。另外，考虑到地方政府官员的激励问题，增加政府公共支出的必要条件在于优化官员绩效考核机制，不再单以 GDP 论"英雄",而在地方政府绩效考核中纳入更多的如社会服务、民生发展等反映社会福利的指标,建立更加多元化的激励结构。与此同时,在提供公共服务方面,需进一步明确中央与地方各级政府的事权,促使事权与财力相互匹配。

参考文献

[1] ACEMOGLU D, ROBINSON J A. Persistence of power, elites, and institutions. American economic review, 2008, 98 (1): 267 - 293.

[2] AFRIAT S N. The efficiency estimation of production functions. International economics review, 1972, 13: 568 - 598.

[3] AGHION P, CAROLI E, GARCÍA-PEÑALOSA C. Inequality and economic growth: the perspective of the new growth theories. Journal of economic literature, 1999, 37 (4): 1615 - 1660.

[4] ALBERT M G. Regional technical efficiency: a stochastic frontier approach. Applied economics letters, 1998 (5): 723 - 726

[5] ALDRICH H E, RENZULLI L, LANGTON N. Passing on privilege: resources provided by self-employed parents to their self-employed children. Research in social stratification and mobility, 1998.

[6] ALESINA A, ANGELETOS G. Corruption, inequality, and fairness. Journal of monetary economics, 2005, 52 (7): 1227 - 1244.

[7] ALESINA A, ANGELETOS G. Fairness and redistribution. Americans economic review, 2005, 95 (4): 960 - 980.

[8] ALESINA A, FERRARA E L. Who trusts others. Journal of public economics, 2002, 85 (2): 207 - 234.

[9] ALESINA A, TELLA R D, MACCULLOCH R. Inequality and happiness: Are Europeans and Americans different?. Journal of public economics, 2001, 88 (9): 2009 - 2042.

[10] ALESINA A F, LA FERRARA E. Participation in Heterogeneous communities. Quarterly journal of economics, 2000, 115 (3): 847 - 904.

[11] ALMÅS I, CAPPELEN A W, SØRENSEN E Ø, et al. Fairness and the development of inequality acceptance. Science, 2010, 328 (5982):

1176.

[12] ALMÅS INGVILD, CAPPELEN A W, LIND J T, et al. Measuring unfair (in) equality. Journal of public economics, 2011, 95: 488-499.

[13] ALVES W M, ROSSI P H. Who should get what? Fairness Judgments of the distribution of earnings. The American journal of sociology, 1978, 84 (3): 541-564.

[14] ANDERSSON L, HAMMARSTEDT M. Intergenerational transmissions in immigrant self-employment: evidence from three generations. Small business economics, 2010, 34 (3): 261-276.

[15] ARISTOTLE J. In: Thomson, K. (Trans.), The Nicomachean Ethics. London: Penguin, 1976.

[16] ARNESON R. Equality and equal opportunity of welfare. Philosophical studies, 1989, 56 (1): 77-93.

[17] ARNESON R. Liberalism, distributive subjectivism, and equal opportunity for welfare. Philosophy and public affairs, 1990, 19 (2): 158-194.

[18] ASSAAD R, KRAFFT C, ROEMER J, et al. Inequality of opportunity in wages and consumption in Egypt. Review of income and wealth, 2017.

[19] BANERJEE A V, NEWMAN A F. Occupational choice and the process of development. Journal of political economy, 1993, 101 (2): 274-298.

[20] BATTES G E, COELLI T J. A model for technical inefficiency effects in a stochastic production frontier for panel data. Empirical economics, 1995, 20: 325-332.

[21] BATTESE G E, COELLI T J. Frontier production functions, technical efficiency and panel data: with application to paddy farmers in India. Journal of productivity analysis, 1992, 3 (1/2): 149-165.

[22] BAUMOL W J. Superfairness: applications and theory. Southern economic journal, 1988, 7 (2).

[23] BECKER G. Crime and punishment: an economic approach. Journal of political economy, 1968, 76 (2): 169-217.

[24] BÉNABOU R. Inequality and growth. Nber macroeconomics annual, 1996, 11 (Volume 11): 11 – 74.

[25] BENABOU R. Social mobility and the demand for redistribution: the poum hypothesis. Quarterly journal of economics, 2001, 116 (2): 447 – 487.

[26] BERGGREN N, BJØRNSKOV C. Is the importance of religion in daily life related to social trust? Cross-country and cross-state comparisons. Journal of economic behavior & organization, 2011, 80 (3): 459 – 480.

[27] BESLEY T. Property rights and investment incentives: theory and evidence from Ghana. Journal of political economy, 1995, 103 (5): 903 – 937.

[28] BIRD R, ZOLT E M. The limited role of the personal income tax in developing countries. Journal of Asian economics, 2005, 16 (6): 928 – 104.

[29] BJORKLUND A, JANTTI M, ROEMER J. Equality of opportunity and the distribution of long-run income in sweden. Social choice and welfare, 2012, 39 (2 – 3): 675 – 696.

[30] BLAU P. Exchange and power in social life. New York: Wiley, 1964.

[31] BOURDIEU P. The forms of capital. In Richardson (ed), Handbook of theory and research for thesociology of education. Westport, CT: Greenwood Press, 1986.

[32] BOURGUIGNON F F, FERREIRA H G, MENÉNDEZ M. Inequality of Opportunity in Brazil. Review of income wealth, 2007, 53 (4): 585 – 618.

[33] BRICKMAN P, COATES D, JANOFF-BULMAN R. Lottery winners and accident victims: Is happiness relative?. Journal of personality and social psychology, 1978, 36 (8): 917 – 927.

[34] BROCKNER J, SIEGEL P. Understanding the interaction between procedural justice and distributive justice: the role of trust. Thousand Oaks, CA: Sage, 1996: 390 – 413.

[35] BRUNORI P, HUFE P, MAHLER D G. The roots of inequality: esti-

mating inequality of opportunity from regression trees. Policy research working paper, 2018.

[36] BRUNORI P. The perception of inequality of opportunity in Europe. EUI working paper SPS, 2015/02.

[37] CAIANI A, RUSSO A, GALLEGATI M. Does inequality hamper innovation and growth? An AB-SFC analysis. Journal of evolutionary economics, 2018.

[38] CARRIERI V, JONES M A. Inequality of opportunity in health: a decomposition-based approach. Health econometrics & data group working papers, 2016.

[39] CHECCHI D, PERAGINE V, SERLENGA L. Inequality of opportunity in Europe: Is there a role for institutions?. Research in labor economics, 2016, 43.

[40] CHECCHI D, PERAGINE V. Inequality of opportunity in Italy. Journal of economic inequality, 2010, 8 (4): 429 – 450.

[41] CHIU W, MADDEN P. Burglary and income inequality. Journal of public economics, 1998, 69 (1): 123 – 141.

[42] CLARK A E, D'AMBROSIO C. Attitudes to income inequality: experimental and survey evidence. Handbook of income distribution, 2015, 2.

[43] CLARK A E, FRIJTERS P, SHIELDS M A. Relative income, happiness, and utility: An explanation for the easterlin paradox and other puzzles. Journal of economic literature, 2008, 46 (1): 95 – 144.

[44] COGNEAU D, MASPLE-SOMPS S. Inequality of opportunity for income in five countries of Africa. Research on economic inequality, 2008, 16: 99 – 128.

[45] COHEN G A. On the currency of egalitarian justice. Ethics, 1989, 99 (4): 906 – 944.

[46] CORNEO G. Individual preferences for political redistribution. Journal of Public economics, 2002, 83 (1): 83 – 107.

[47] COWELL F A. Measuring inequality, 2nd edition, prentice hall/harvester wheat sheaf, hemel hempstead, 1995.

[48] DALTON H. The measurement of inequality of income. Economic journal, 1920, 30 (119): 348-361.

[49] DAVILLAS A, JONES A M. Ex ante inequality of opportunity in health, decomposition and distributional analysis of biomarkers. Journal of health economics, 2020, 69.

[50] DENG Z, AND TREIMAN D J. The impact of the cultural revolution on trends in educational attainment in the People's Republic of China. American journal of sociology, 1997, 103 (2): 391-428.

[51] DEVOOGHT K. To each the same and to each his own: a proposal to measure responsibility-sensitive income inequality. Economica, 2008, 75 (298): 280-295.

[52] DJANKOV S, MIGUEL E, QIAN Y Y, et al. Entrepreneurship: first results from Russia. CEPR discussion papers, 2006: 1-19.

[53] DJANKOV S, MIGUEL E, QIAN Y, et al. Who Are Russia's entrepreneurs?. Journal of the European economic association, 2005, 3 (2-3): 587-597.

[54] DJANKOV S, QIAN Y, ROLAND G, et al. Who Are China's entrepreneurs?. American economic review, 2006, 96 (2): 348-352.

[55] DJANKOV S, MIGUEL E, QIAN Y, et al. Entrepreneurship: first results from Russia. Social science electronic publishing, 2005.

[56] DOYLE J, AHMED E, HORN R. The effects of labor markets and income inequality on crime: evidence from panel data. Southern economic journal, 1999, 65 (4): 717-738.

[57] DUNN T, HOLTZ-EAKIN D. Financial capital, human capital, and the transition to self-employment: evidence from intergenerational links. Journal of labor economics, 2000, 18 (2): 282-305.

[58] DURLAUF N S, FAFCHAMPS M. Social Capital, in Philippe Aghion and N. Steven Durlauf, eds. , Handbook of Economic Growth (ed.1), Amsterdam: Elsevier, 2005.

[59] DWORKIN R. What Is Equality. part 1: equality of welfare. Philosophy and public affairs, 1981, 10 (3): 185-246.

[60] DWORKIN R. What Is equality. part 2: equality of resources. Philoso-

phy and public affairs, 1981, 10 (4): 283 - 345.

[61] ELSTER J. Local justice: how institutions allocate scarce goods and necessary burdens. New York: Russell sage foundation, 1992.

[62] ELSTER J. Local justice. Archives européennes de sociologie, 1990, 31 (1): 117 - 140.

[63] ERSADO, GIGNOUX, JEREMIE. Egypt: inequality of opportunity in education. Policy research working paper, 2018: 1 - 40.

[64] EVERS M, MOOIJ R D, VUUREN D V. The wage elasticity of labour supply: a synthesis of empirical estimates. De economist, 2008, 156 (1): 25 - 43.

[65] FAFCHAMPS M. Market institutions in sub-saharan africa: theory and evidence. Cambridge, MA: MIT Press, 2004.

[66] FAJNZYLBER P, LEDERMAN D, LOAYZA N. Inequality and violent crime. Journal of law and economics, 2002, 45 (1): 1 - 40.

[67] FAJNZYLBER P, LEDERMAN D, LOAYZA N. Determinants of crime rates in Latin America and the world: an empirical assessment. Washington, D.C: World Bank Publications, 1998.

[68] FALKINGER J, ZWEIMÜLLER J. The cross-country engel curve for product diversification. Structural change and economic dynamics, 1996, 7 (1), 79 - 97.

[69] FARE R, GROSSKOPF S. Efficiency and productivity in rich and poor country, in B. S. Jensen and K. Wong (eds). Dynamics, Economic Growth, and International Trade. AnnArbor: University of Michgan Press, 1997: 243 - 263.

[70] FARE R, GROSSKOPF S, LOVELL C. The measurement of efficiency of production. Boston: Kluwer-Nijhoff Publishers, 1985.

[71] FARRELL M J. The measurement of productive efficiency. Journal of royal statistical society, 1957, 120 (3): 253 - 290.

[72] FEHR E, SCHMIDT K M. The economics of fairness, reciprocity and altruism experimental evidence and new theories. Handbook of the Economics of Giving, Altruism and Reciprocity. Elsevier B. V., 2006.

[73] FEHR E, FALK A A. Psychological foundations of incentives. Europe-

an economic review, 2002, 46 (4-5): 687-724.

[74] FEHR E, SCHMIDT K M. A theory of fairness, competition, and cooperation. Quarterly journal of economics, 1999, 114 (3): 817-868.

[75] FERREIRA F H G, PERAGINE V. Equality of opportunity: theory and evidence. Social science electronic publishing, 2015.

[76] FERREIRA F H G, GIGNOUX J. The measurement of inequality of opportunity: theory and an application to Latin America. Review of income and wealth, 2011, 57 (4): 622-657.

[77] FERREIRA F H G, LAKNER C, LUGO M, et al. Inequality of opportunity and economic growth: negative results from a cross-country analysis. IZA discussion paper No. 8243, 2014.

[78] FESTINGER L. A theory of social comparison processes. Human relations, 1954, 7 (2): 117-140.

[79] FOELLMI R. AND ZWEIMÜLLER J. Income distribution and demand-induced Innovations. Review of economic studies, 2006, 73 (4), 941-960.

[80] FORM W, HANSON C. The consistency of stratal ideologies of economic justice. Research in social stratification and mobility, 1985, 4 (1): 239-269.

[81] FOSTER J E. Inequality Measurement//H. Peyton Young (ed.), Fair Allocation, American Mathematical Society, Providence, 1985, 31-68.

[82] FOSTER J E, SHNEYEROV A A. Path independent inequality measures. Journal of economic theory, 2000, 91 (2): 199-222.

[83] FRANCESCO A, ALESSIO F. Robust cross-country analysis of inequality of opportunity. Economics letters, 2019, 182 (5): 110-131.

[84] FRANK R H. Choosing the right pond: human behavior and the quest for status. Oxford: Oxford University Press, 1985.

[85] FRANK R H. Luxury fever: Why money fails to satisfy in an Era of excess. New York: Free Press, 1999.

[86] FUKUYAMA F. Trust: The social virtues and the creation of prosperi-

ty. New York: Free Press, 1995.

[87] GALINDO M Á, MÉNDEZ M T. Entrepreneurship, economic growth, and innovation: Are feedback effects at work?. Journal of business research, 2014, 67 (5): 825 – 829.

[88] GALLARDO K, VARAS L, GALLARDO M. Inequality of opportunity in health evidence from Chile. Revista de saúde pública, 2017, 51 (2): 231 – 234, 343 – 345.

[89] GALOR O, TSIDDON D. Income distribution and growth: The Kuznets hypothesis revisited. Economica, 1996, 63, pp. S103 – S117.

[90] GREENBERG J. The quest for justice on the job: essays and experiments. CA: Sage, Thousand Oaks, 1996.

[91] GROOT L, LINDE D, VINCENT C. Inequality of opportunity in the United Kingdom, 1991 – 2008. Journal of policy modeling, 2019, 41 (5): 1027 – 1041.

[92] GUISO L, SAPIENZA P, ZINGALES L. The role of social capital in financial development. American economic review, 2004, 94 (1): 526 – 556.

[93] GUISO L, SAPIENZA P, ZINGALES L. Trusting the stock market. Journal of finance, 2008, 63 (6): 2557 – 2600.

[94] GUISO L, SAPIENZA P, ZINGALES L. Does culture affect economic outcomes. Journal of economic perspectives, 2006, 20 (2): 23 – 48.

[95] HEDEROS K, JÄNTTI M, LINDAHL L. Gender and inequality of opportunity in Sweden. Social choice and welfare, 2017, 49 (3 – 4): 605 – 635.

[96] HIRSCHMAN A O. The changing tolerance for income inequality in the course of economic development: with a mathematical appendix by michael rothschild. Quarterly journal of economics, 1973 (4): 544 – 566.

[97] HOLTZ-EAKIN D, JOULFAIAN D, ROSEN H S. Entrepreneurial decisions and liquidity constraints. Journal of economics, 1994, Vol. 25 (2), 334 – 347.

[98] HOPKINS E. Inequality, happiness and relative concerns: what actual-

ly is their relationship. Journal of economic inequality, 2008, 6 (4): 351 – 372.

[99] HUETTNER F, SUNDER M. Axiomatic arguments for decomposing goodness of fit according to shapley and owen values. Electronic journal of statistics, 2012, 6: 1239 – 1250.

[100] IMROHOROGLU A, MERLO A, RUPERT P. What accounts for the decline in crime?. International economic review, 2004, 45 (3): 709 – 729.

[101] ISAAC R M, MATHIEU D, ZAJAC E E. Institutional framing and perceptions of fairness. Constitutional political economy, 1991, 2 (3): 329 – 370.

[102] ISRAELI O. A shapley-based decomposition of the r-square of a linear regression. J Eco Inequal, 2007, 5 (2): 199 – 212.

[103] JIA R X, LAN X H. Red Capitalism: Cadre Parents and Entrepreneurial Children in China. Paper of The Fourth Annual Conference on Chinese Economy, Fudan University, 2013.

[104] JOHN J E, TRANNOY A. Equality of opportunity: theory and measurement. Journal of economic literature, 2015 (11).

[105] JUAREZ F W C, SOLOAGA I. Iop: estimating ex-ante inequality of opportunity. Stata journal, 2014, 14 (4): 830 – 846.

[106] JUNIOR M V W, PAESE L H Z. Inequality of educational opportunities: evidence from Brazil. Economia, 2019, 20 (2).

[107] KANBUR R, WAGSTAFF A . How useful is inequality of opportunity as a policy construct ? // Inequality and Growth: Patterns and Policy. Palgrave Macmillan UK, 2016.

[108] KAPLINSKY R, CHATAWAY J, CLARK N, et al. Below the radar: what does innovation in emerging economies have to offer other low-income economies? International journal of technology management and sustainable development, 2009, (8) 3, 177 – 197.

[109] KEANE M P, ROEMER J E. assessing policies to equalize opportunity using an equilibrium model of educational and occupational choices. Journal of public economics, 2009, 93 (7): 879 – 898.

[110] KELLY M. Inequality and crime. Review of economics and statistic, 2000, 82 (4): 530-539.

[111] KNACK S, ZAK P J. Trust and growth. Economic journal, 2001, 111 (470): 295-321.

[112] KOENKER R, BASSETT G. Regression quantiles. Econometrica, 1978, Vol.46, pp.33-50.

[113] KONOW J. A positive theory of economic fairness. Journal of economic behavior and organization, 1996, 31 (1): 13-35.

[114] KONOW J. Fair and square: the four sides of distributive justice. Journal of economic behavior & organization, 2001, 46 (2): 137-164.

[115] KRUGMAN P. End This Depression Now! London: Norton, 2012.

[116] KUMBHAKAR S C, PARMETER C F. The effects o f match uncertainty and bargaining on labor market outcomes: evidence from firm and worker specific estimates. Journal of productivity analysis, 2009, 31 (1): 1-14.

[117] LA PORTA R, FLORENCIO L, SHLEIFER A, et al. Trust in large organizations. American economic review, 1997, 87 (2): 333-338.

[118] LAWLER E E. The Ultimate advantage: creating the high-involvement organization. San Francisco: Jossey-Bass, 1992.

[119] LEDYARD J. Public Goods: A Survey of Experimental Research//J. Kagel and A. Roth, Handbook of Experimental Economics, Princeton, New Jersey: Princeton University Press, 1995.

[120] LEFRANC A, PISTOLESI N, TRANNOY A. Inequality of opportunities vs. inequality of outcomes: Are western societies all alike?. Review of income and wealth, 2008, 54 (4): 513-546.

[121] LEFRANC A, PISTOLESI N, TRANNOY A. Equality of opportunity and luck: definitions and testable conditions, with an application to income in france. Journal of public economics, 2009, 93 (11-12): 1189-1207.

[122] LEIBENSTEIN H. Allovative efficiency vs "X-efficiency". The Ameri-

can economic review, 1966, 56 (3): 392 -415.

[123] LEIGH A. Trust, inequality and ethnic heterogeneity. Economic record, 2006, 82 (258): 268 -280.

[124] LINDQUIST M J, SOL J, PRAAG M V. Why do entrepreneurial parents have entrepreneurial children?. Journal of labor economics, 2015, 33 (2): 269 -296.

[125] LISTHAUG O, AALBERG T. Comparative public opinion on distributive justice: a study of equity ideals and attitudes toward current policies. International journal of comparative sociology, 1999, 40 (1): 117 -140.

[126] LOCHNER L, MORETTI E. The effect of education on crime: evidence from prison inmates, arrests, and self-reports. American economic review, 2004, 94 (1): 155 -189.

[127] LU J, TAO Z. Determinants of entrepreneurial activities in China. Journal of business venturing, 2010, 25 (3): 261 -273.

[128] LUO JAR-DER. Particularistic trust and general trust: a network analysis in chinese organizations. Management and organization review, 2005, 1 (3): 437 -458.

[129] LUORY G C. A dynamic theory of racial income differences//Women, Minorities, and Employment Discrimination. Phvllis Wallace and Annette M. La Mond. eds. Lexington, MA: Heath, 1977.

[130] MARRERO G A, RODRIGUEZ J G. Inequality of opportunity and growth. Journal of development economics, 2013, 104 (1): 107 -122.

[131] MARRERO G A, RODRÍGUEZ J G. Inequality of opportunity in Europe. Review of income & wealth, 2012, 58 (4): 597 -621.

[132] MARTIN M A G, PICAZO M T M, NAVARRO J L A. Entrepreneurship, income distribution and economic growth. International entrepreneurship & management journal, 2010, 6 (2): 131 -141.

[133] MERTONR. Social structure and anomie. American sociological review, 1938, 3 (5): 672 -682.

[134] MESSNER S F, BLAU J R. Routine leisure activities and rates of

crime: a macro-level analysis. Social forces, 1987, 65 (4): 1035 - 1052.

[135] MILANOVIC B, ERSADO L. Reform and inequality during the transition: an analysis using panel house-hold survey data, 1990 - 2005. SSRN working dissertation, 2008: 84 - 108.

[136] MITRA A, BANG J T, BISWAS A. Gender equality and economic growth: Is it equality of opportunity or equality of outcomes?. Feminist economics, 2014, 21 (1): 110 - 135.

[137] MUSGRAVE R, THIN F. Income tax progression 1929 - 1948. Journal of political economy, 1948, 56 (2): 498 - 514.

[138] NECKERMAN K M, TORCHE F. Inequality: causes and consequences. Annual review of sociology, 2007, 33 (1): 335 - 357.

[139] NEUMAYER E. Good policy can lower violent crime: evidence from a cross-national panel of homicide rates, 1980 - 1997. Journal of peace research, 2003, 40 (6): 619 - 640.

[140] NEUMAYER E. Is inequality really a major cause of violent c rime? evidence from a cross-national panel of robbery and violent theft rates. Journal o f peace research, 2005, 42 (1): 101 - 112.

[141] NEWTON K. "Social and Political Trust," in Russell J. Dalton and Hans-Dieter Klingemann eds. , Critical Citizens: Global Support for Democratic Government. Oxford: Oxford University Press, 1999.

[142] NGAMABA K H, PANAGIOTI M, ARMITAGE C J. Income inequality and subjective well-being: a systematic review and meta-analysis. Quality of life research, 2017, 27 (1): 1 - 20.

[143] NILSSON A. Income inequality and crime: the case of sweden. Working paper, 2004.

[144] NILSSON W. Opportunities, preferences and incomes. Umeå economic studies, 2005.

[145] NOOTEBOOM B. Trust: forms, foundations, functions, failures and figures. Cheltenham UK: Edward Elgar, 2002.

[146] NOZICK R. Anarchy, state, and utopia. New York: Basic Books, 1974.

[147] O'NEILL D, SWEETMAN O, VAN DE GAER D. Equality of opportunity and Kernel density estimation//T. Fomby & C. Hill (eds.), Advances in Econometrics 14: 259 – 274, JAI Press, Stamford, 2000.

[148] PALOMINO J C, MARRERO G A, RODRÍGUEZ JUAN G. Channels of inequality of opportunity: the role of education and occupation in Europe. Social indicators research, 2019, 143: 1045 – 1074.

[149] PERUGINI C, MARTINO G. Income inequality within European regions: determinants and effects on growth. Review of income and wealth, 2008, 54 (3): 373 – 406.

[150] PIKETTY T. Social mobility and redistributive politics. Quarterly journal of economics, 1995, 110 (3): 551 – 584.

[151] PISTOLESI N. Inequality of opportunity in the land of opportunities, 1968 – 2001. Journal of economics inequality, 2009, 7 (4): 411 – 433.

[152] PLATTEAU J P. Behind the market stage where real societies exist-part II: the role of moral norms. Journal of development studies, 1994, 30 (4): 753 – 817.

[153] PUTNAM R. Bowling alone. New York: Simon and Schuster Press, 2000.

[154] PUTNAM R D. Making democracy work: civic traditions in modern Italy. Princeton: Princeton University Press, 1993.

[155] RAMOS X, GAER D. Approaches to inequality of opportunity: principles, measures and evidence. Journal of economic surveys, 2016, 30 (5): 855 – 883.

[156] RAPHAEL S. Identifying the effect of unemployment on crime. Journal of law and economics, 1999: 259 – 284.

[157] RAVALLION M, LOKSHIN M. Who wants to redistribute? The tunnel effect in 1990s Russia. Journal of public economics, 2000, 76 (1): 87 – 104.

[158] RAWLS J. A theory of justice. Cambridge, MA: Harvard University Press, 1971.

[159] ROBINSON R V, BELL W. Equality, success, and social justice in

England and the United States. American sociological review, 1978, 43(2): 125-143.

[160] ROEMER J E, AABERGE R, COLOMBINO U, et al. To what extent do fiscal regimes equalize opportunities for income acquisition among citizens?. 2003, 87(3-4): 539-565.

[161] ROEMER J. Equality of opportunity. Cambridge: Harvard University Press, 1998.

[162] ROEMER J. Defending equality of opportunity. The Monist, 2003, 86(2): 261-282.

[163] ROEMER J E. A pragmatic theory of responsibility for the egalitarian planner. Philosophy & public affairs, 1993, 22(2): 146-166.

[164] ROEMER J E. Economic development as opportunity equalization. Cowles foundation discussion papers, 2013, 28(2).

[165] SAAR E. Different cohorts and evaluation of income differences in Estonia. International sociology, 2008, 23(3): 417-445.

[166] SANOUSSI Y. Health inequality of opportunity: a non-parametric approach analysis. Social science electronic publishing, 2018.

[167] SAPATA C. Essays on equality of opportunity. Ph. D. dissertation, Universitat Autonomo de Barcelona, Departamento de Economia Aplicada, Barcelona, 2012.

[168] SARIDAKIS G. Violent crime in the United States of America: A time-series analysis between 1960-2000. Discussion papers in economics, 2004, 18(2): 203-221.

[169] SCHANKERMAN M, PAKES A. Estimates of the value of patent rights in European countries during the post-1950 period. National bureau of economic reserch, 1987.

[170] SCHOKKAERT E, DEVOOGHT K. Responsibility-sensitive fair compensation in different cultures. Social choice and welfare, 2003, 21(2): 207-242.

[171] SCHRÖDER M. Income inequality and life satisfaction: unrelated between countries, associated within countries over time. Journal of happiness studies, 2018, 19: 1021-1043.

[172] SELIGSON M A. The renaissance of political culture or the renaissance of the ecological fallacy?. Comparative politics, 2002, 34 (3): 273 – 292.

[173] SENIK C. When information dominates comparison: Learning from Russian subjective panel data. Journal of public economics, 2004, 88 (9): 2099 – 2123.

[174] SHAW C, MCKAY H. Juvenile delinquency and Urban Areas. Chicago: University of Chicago Press, 1942.

[175] SHEPELAK N J, ALWIN D F. Beliefs about inequality and perception of distributive justice. American sociological review, 1986, 51 (1): 30 – 46.

[176] SHILLER R J, BOYCKO M, KOROBOV V. Popular attitudes toward free markets: the Soviet Union and United States Compared. American economic review, 1991, 81 (3): 385 – 400.

[177] SHORROCKS A F. The class of additively decomposable inequality measures. Econometrica, 1980, 48 (3): 613 – 625.

[178] SHORROCKS A F. Decomposition procedures for distributional analysis: a unified framework based on the shapley value. The journal of economic inequality, 2013, 11 (1): 99 – 126.

[179] SOEST A V. Structural models of family labor supply: a discrete choice approach. Journal of human resources, 1995, 30 (1): 63 – 88.

[180] STIGLITZ J E. Formal and informal institutions in social capital: a multifaceted perspective. The international bank for reconstruction and development/the world bank, 2000.

[181] SZWARCWALD C L, BASTOS F I, VIACAVA F, et al. Income inequality and homicide rates in Rio de Janeiro, Brazil. American journal of public health, 1999, 89 (6): 845 – 850.

[182] TODARO M P. Economic development. London: Longman, 1997.

[183] TRANNOY A, CURRIE J. Equality of opportunity: theory and measurement. Journal of economic literature, 2016, 54 (4): págs. 1288 – 1332.

[184] USIANER E. Producing and consuming trust. Political science quarterly, 2000, 115: 569-590.

[185] USLANER E M, BROWN M. Inequality, trust and civic engagement. American politics research, 2003, 31 (3): 1-28.

[186] USLANER E. The moral foundations of trust. New York: Cambridge University Press, 2002.

[187] VALERIO D. Income inequality, size of government, and tax progressivity: a positive theory. European economic review, 2020, 121 (1): 1-26.

[188] VARIAN H R. The nonparametric approach to production analysis. Management science, 1984, 52 (3): 579-597

[189] WAGSTAFF A, DOORSLAER E, BURG H, et al. Redistributive, progressivity and differential tax treatment: personal income taxes in twelve OECD countries. Journal of public economics, 1999, 72 (1): 73-78.

[190] WALZER M. Spheres of justice: a defense of pluralism and equality. New York: Basic Books, 1983.

[191] WANG P, PAN J, LUO Z. The impact of income inequality on individual happiness: evidence from China. Social indicators research, 2015, 121 (2): 413-435.

[192] WANG S Y. Credit constraints, job mobility, and entrepreneurship: evidence from a property reform in china. Review of economics & statistics, 2012, 94 (2), 532-551.

[193] WEGNER B. Relative deprivation and social mobility: structural constraints on distributive justice judgments. European sociological review, 1991, 7 (1): 3-18.

[194] WERFHORST H G V D, SALVERDA W. Consequences of economic inequality: introduction to a special issue. Research in social stratification & mobility, 2012, 30 (4): 377-387.

[195] WILKINSON R G, PICKETT K E. The spirit level. why more equal societies almost always do better?. London: Allen Lane, 2009.

[196] WU X. Incomeinequality and distributive justice: a comparative analy-

sis of mainland China and Hong Kong. China quarterly, 2009, 200 (200): 1033 – 1052.

[197] YAARI M E, BAR-HILLEL M. On dividing justly. Social choice and welfare, 1984, 1 (1): 1 – 24.

[198] YOU J S. Social trust: fairness matters more than homogeneity. Political psychology, 2012, 33 (5): 701 – 721.

[199] YOUNESS S, HAMZAOUI M. Inequality of opportunity in education: The effect of circumstances on individuals education in morocco. European journal of economics and management sciences, 2017, 1: 52 – 62.

[200] YOUNG H P. Equity in theory and practice. Princeton, NJ: Princeton University Press, 1994.

[201] ZAJAC E E. Political economy of fairness. MA: MIT Press, Cambridge, 1995.

[202] ZHAN P, LI S, XU X. Personal income tax reform in China in 2018 and its impact on income distribution. China & world economy, 2019, 27 (5): 23 – 45.

[203] ZWEIMÜLLER J, BRUNNER J K. Innovation and growth with rich and poor consume. Metroecomomica, 2005, 2 (56): 233 – 262.

[204] ZWEIMÜLLER J. Schumpeterian Entrepreneurs Meet Engel's Law: The Impact of Inequality on Innovation-Driven Growth. Journal of economic growth, 2000, 2 (5): 185 – 206.

[205] ZWEIMÜLLE J, BRUNNER J K. Heterogeneous consumers, vertical product differentiation and the rate of innovation. Institute for advanced studies economics series, 1996, No. 32.

[206] 安同良，千慧雄：《中国居民收入差距变化对企业产品创新的影响机制研究》，《经济研究》2014年第49卷第9期，第62 – 76页。

[207] 白雪梅，王少瑾：《对我国收入不平等与社会安定关系的审视》，《财经问题研究》2007年第7期，第16 – 23页。

[208] 边燕杰，张磊：《网络脱生：创业过程的社会学分析》，《社会学研究》2006年第6期，第74 – 88页。

[209] 曾国安,胡晶晶,李少伟:《公平及其与效率的关系:研究进展与思考》,《税务与经济》2009 年第 3 期,第 1 - 8 页。

[210] 陈春良,易君健:《收入差距与刑事犯罪:基于中国省级面板数据的经验研究》,《世界经济》2009 年第 1 期,第 13 - 25 页。

[211] 陈东,黄旭锋:《机会不平等在多大程度上影响了收入不平等?:基于代际转移的视角》,《经济评论》2015 年第 1 期,第 3 - 16 页。

[212] 陈刚:《管制与创业:来自中国的微观证据》,《管理世界》2015 年第 5 期,第 89 - 99、187 - 188 页。

[213] 陈刚:《金融多样性与财产性收入:基于增长和分配双重视角的审视》,《当代财经》2015 年第 3 期,第 44 - 55 页。

[214] 陈建东,晋盛武,侯文轩,等:《我国城镇居民财产性收入的研究》,《财贸经济》2009 年第 1 期,第 65 - 70 页。

[215] 陈柳钦:《社会资本及其主要理论研究观点综述》,《东方论坛》2007 年第 3 期,第 84 - 91 页。

[216] 陈强:《高级计量经济学及 Stata 应用》.北京,高等教育出版社,2014 年。

[217] 陈青青,龙志和,林光平:《中国区域技术效率的随机前沿分析》,《数理统计与管理》2011 年第 2 期,第 271 - 278 页。

[218] 陈硕,章元:《治乱无需重典:转型期中国刑事政策效果分析》,《经济学(季刊)》2014 年第 13 卷第 4 期,第 1461 - 1484 页。

[219] 陈晓东,张卫东:《机会不平等与社会流动预期研究:基于 CGSS 数据的经验分析》,《财经研究》2018 年第 44 卷第 5 期,第 48 - 60 页。

[220] 陈晓东,张卫东:《机会不平等如何影响技术效率:基于社会资本视角》,《当代财经》2018 年第 5 期,第 3 - 14 页。

[221] 陈晓东,张卫东:《机会不平等如何作用于社会公平感:基于 CGSS 数据的实证分析》,《华中科技大学学报(社会科学版)》2017 年第 31 卷第 2 期,第 35 - 44 页。

[222] 陈屹立,张卫国:《惩罚对犯罪的威慑效应:基于中国数据的实证研究》,《南方经济》2010 年第 8 期,第 41 - 50 页。

[223] 陈永伟:《关于"幸福悖论"研究的若干争议》,《经济学动态》

2016年第6期，第132-140页。

[224] 陈钊，陆铭，佐藤宏：《谁进入了高收入行业？：关系、户籍与生产率的作用》，《经济研究》2009年第44卷第10期，第121-132页。

[225] 程恩富：《公平与效率交互同向论》，《经济纵横》2005年第12期，第32-35页。

[226] 程文，张建华：《收入水平、收入差距与自主创新：兼论"中等收入陷阱"的形成与跨越》，《经济研究》2018年第53卷第4期，第47-62页。

[227] 迟巍，蔡许许：《城市居民财产性收入与贫富差距的实证分析》，《数量经济技术经济研究》2012年第29卷第2期，第100-112页。

[228] 戴维·波普诺：《社会学》，北京，中国人民大学出版社，1999年。

[229] 邓春梅，肖智：《经营性、财产性收入的个税调节：由2002—2009年分配现状》，《改革》2011年第10期，第56-60页。

[230] 邓峰，丁小浩：《中国教育收益率的长期变动趋势分析》，《统计研究》2013年第30卷第7期，第39-47页。

[231] 邓峰：《教育收益率估算中的计量偏误及调整方法的综述》，《教育与经济》2013年第5期，第42-48页。

[232] 董志强：《我们为何偏好公平：一个演化视角的解释》，《经济研究》2011年第46卷第8期，第65-77页。

[233] 樊纲，王小鲁，朱恒鹏：《中国市场化指数：各地区市场化相对进程2011年报告》，北京，经济科学出版社，2011年。

[234] 范兆斌，袁轶：《创业者信贷约束视阈下收入不平等与经济发展关系研究》，《财经研究》2013年第39卷第2期，第124-133页。

[235] 方先明，孙兆斌，张亮：《中国省区经济效率及其影响因素分析：来自2000—2005年的经验证据》，《当代经济科学》2008年第2期，第11-17页。

[236] 冯涛，王宗道：《住房制度渐进改革、房地产价格波动与居民财产性收入分配》，《财政研究》2010年第7期，第18-23页。

[237] 福山·弗朗西斯:《社会资本与公民社会》//《走出囚徒困境:社会资本与制度分析》.俞弘强,译.曹荣湘,编.上海,上海三联书店,2003年。

[238] 福山·弗朗西斯:《信任:社会美德与创造经济繁荣》,彭志华,译,海口,海南出版社,2001年。

[239] 甘犁,尹志超,谭继军:《中国家庭金融调查报告·2014》,太原,西南财经大学出版社,2015年,第178页。

[240] 顾元媛,沈坤荣:《地方政府行为与企业研发投入》,《中国工业经济》,2012年第10期,第77-88页。

[241] 国家统计局城市司广东调查总队课题组,程学斌,陈铭津:《城镇居民家庭财产性收入研究》,《统计研究》2009年第26卷第1期,第11-19页。

[242] 何枫:《金融中介发展对中国技术效率影响的实证分析》,《财贸研究》2003年第6期,第48-52页。

[243] 何立新,袁从帅,王姜林,等:《个人所得税的收入再分配效应分析》,《税务研究》2013年第12期,第21-24页。

[244] 贺京同,那艺,郝身永:《决策效用、体验效用与幸福》,《经济研究》2014年第7期,第176-188页。

[245] 胡联合,胡鞍钢,徐绍刚:《贫富差距对违法犯罪活动影响的实证分析》,《管理世界》2005年第6期,第34-44页。

[246] 怀默霆:《中国民众如何看待当前的社会不平等》,《社会学研究》2009年第24卷第1期,第96-120页。

[247] 霍明等:《山东省R&D投入对区域技术效率的影响作用研究:基于17地市面板数据的实证分析》,《华东经济管理》2015年第9期,第22-29页。

[248] 贾康,孟艳:《我国居民财产分布差距扩大的分析与政策建议》,《经济社会体制比较》2011年第4期,第28-34页。

[249] 江求川,任洁,张克中:《中国城市居民机会不平等研究》,《世界经济》2014年第37卷第4期,第111-138页。

[250] 江求川:《基于能力分析法的中国不平等问题研究》,武汉,华中科技大学2014年硕士学位论文。

[251] 金双华:《我国城镇居民财产性收入差距及其税收负担的实证研

究》,《财贸经济》2013 年第 11 期,第 22-32 页。

[252] 靳振忠,严斌剑,王亮:《环境和努力孰重孰轻?:中国高等教育获得数量与质量不平等研究》,《财经研究》2019 年第 45 卷第 12 期,第 59-72 页。

[253] 康志勇,张杰:《有效需求与自主创新能力影响机制研究:来自中国 1980—2004 年的经验证据》,《财贸研究》2008 年第 19 卷第 5 期,第 1-8 页。

[254] 科林·凯莫勒:《行为博弈:对策略互动的实验研究》,贺京同等译,北京,中国人民大学出版社,2006 年。

[255] 寇宗来,刘学悦:《中国城市和产业创新力报告 2017》,上海,复旦大学产业发展研究中心,2017 年。

[256] 雷欣,程可,陈继勇:《收入不平等与经济增长关系的再检验》,《世界经济》2017 年第 40 卷第 3 期,第 26-51 页。

[257] 雷欣,贾亚丽,龚锋:《机会不平等的衡量:参数测度法的应用与改进》,《统计研究》2018 年第 35 卷第 4 期,第 73-85 页。

[258] 李春玲:《社会政治变迁与教育机会不平等:家庭背景及制度因素对教育获得的影响(1940—2001)》,《中国社会科学》2003 年第 3 期,第 86-98 页。

[259] 李春玲:《"80 后"的教育经历与机会不平等:兼评〈无声的革命〉》,《中国社会科学》2014 年第 4 期,第 66-77 页。

[260] 李春玲:《各阶层的社会不公平感比较分析》,《湖南社会科学》2006 年第 1 期,第 71-76 页。

[261] 李宏彬,孟岭生,施新政,等:《父母的政治资本如何影响大学生在劳动力市场中的表现?:基于中国高校应届毕业生就业调查的经验研究》,《经济学(季刊)》2012 年第 11 卷第 3 期,第 1011-1026 页。

[262] 李骏,吴晓刚:《收入不平等与公平分配:对转型时期中国城镇居民公平观的一项实证分析》,《中国社会科学》2012 年第 3 期,第 114-128 页。

[263] 李磊,刘斌:《预期对我国城镇居民主观幸福感的影响》,《南开经济研究》2012 年第 4 期,第 53-67 页。

[264] 李路路,朱斌:《当代中国的代际流动模式及其变迁》,《中国社

会科学》2015年第5期,第40-58、204页。

[265] 李平,李淑云,许家云:《收入差距、有效需求与自主创新》,《财经研究》2012年第38卷第2期,第16-26页。

[266] 李树,陈刚:《幸福的就业效应:对幸福感、就业和隐性再就业的经验研究》,《经济研究》2015年第50卷第3期,第62-74页。

[267] 李涛,黄纯纯,何兴强,等:《什么影响了居民的社会信任水平?:来自广东省的经验证据》,《经济研究》2008年第1期,第137-152页。

[268] 李文:《我国个人所得税的再分配效应与税率设置取向》,《税务研究》2017年第2期,第45-51页。

[269] 李雪莲,马双,邓翔:《公务员家庭、创业与寻租动机》,《经济研究》2015年第50卷第5期,第89-103页。

[270] 李雅楠:《中国城市劳动供给弹性估计》,《经济学动态》2016年第11期,第68-78页。

[271] 李莹,吕光明:《我国城镇居民收入分配机会不平等因何而生》,《统计研究》2018年第35卷第9期,第67-78页。

[272] 李莹,吕光明:《中国机会不平等的生成源泉与作用渠道研究》,《中国工业经济》2019年第9期,第60-78页。

[273] 厉以宁:《经济学的伦理问题》,北京,北京大学出版社,1997年。

[274] 廉思,张琳娜:《转型期"蚁族"社会不公平感研究》,《中国青年研究》2011年第6期,第15-20页。

[275] 刘波,王修华,彭建刚:《我国居民收入差距中的机会不平等:基于CGSS数据的实证研究》,《上海经济研究》2015年第8期,第77-88页。

[276] 刘冲,乔坤元,周黎安:《行政分权与财政分权的不同效应:来自中国县域的经验证据》,《世界经济》2014年第10期,第123-144页。

[277] 刘传哲,王艳丽:《对外开放度对中国区域技术效率的影响:基于省级数据的实证研究》,《工业技术经济》2006年第6期,第87-91页。

[278] 刘和旺,王宇锋:《政治资本的收益随市场化进程增加还是减少》,《经济学(季刊)》2010年第9卷第3期,第891-908页。

[279] 刘华,徐建斌:《转型背景下的居民主观收入不平等与再分配偏好:基于CGSS数据的经验分析》,《经济学动态》2014年第3期,第48-59页。

[280] 刘生龙,胡鞍钢:《效率与公平:高校扩招与高等教育回报的分位数处理效应》,《学术研究》2019年第4期,第72-84、177页。

[281] 刘欣:《公共权力、市场能力与中国城市的中产阶层》,《中国研究》2008年增刊第1期,第121-129页。

[282] 卢燕平,杨爽:《社会地位流动性预期对居民主观幸福感的影响研究:来自CGSS(2010、2013)数据的经验证据》,《南京财经大学学报》2016年第5期,第89-96页。

[283] 鲁元平,王韬:《收入不平等、社会犯罪与国民幸福感:来自中国的经验证据》,《经济学(季刊)》2011年第10卷第4期,第1437-1458页。

[284] 罗楚亮,李实,赵人伟:《我国居民的财产分布及其国际比较》,《经济学家》2009年第9期,第90-99页。

[285] 罗楚亮:《收入增长、收入波动与城镇居民财产积累》,《统计研究》2012年第29卷第2期,第34-41页。

[286] 吕光明,徐曼,李彬:《收入分配机会不平等问题研究进展》,《经济学动态》2014年第8期,第137-147页。

[287] 马光荣,杨恩艳:《社会网络、非正规金融与创业》,《经济研究》2011年第46卷第3期,第83-94页。

[288] 马磊,刘欣:《中国城市居民的分配公平感研究》,《社会学研究》2010年第25卷第5期,第31-49页。

[289] 孟庆斌,黄清华,张能鲲,等:《城镇化、区域发展不均衡与房地产价格》,《经济理论与经济管理》2017年第9期,第5-18页。

[290] 宁光杰,雒蕾,齐伟:《我国转型期居民财产性收入不平等成因分析》,《经济研究》2016年第51卷第4期,第116-128页。

[291] 宁光杰:《居民财产性收入差距:能力差异还是制度阻碍?:来自中国家庭金融调查的证据》,《经济研究》2014年第49卷第

S1 期，第 102 - 115 页。

[292] 欧阳英：《预期追寻与社会进步关系的当代分析》，《现代哲学》2005 年第 3 期，第 50 - 57 页。

[293] 潘春阳：《中国的机会不平等与居民幸福感研究》，上海，复旦大学 2011 年博士学位论文。

[294] 裘斌：《论村民分化背景下的乡村政治信任重建》，《绍兴文理学院学报》2012 年第 32 卷第 5 期，第 36 - 40 页。

[295] 阮荣平，郑风田，刘力：《信仰的力量：宗教有利于创业吗？》，《经济研究》2014 年第 49 卷第 3 期，第 171 - 184 页。

[296] 申广军，张川川：《收入差距、社会分化与社会信任》，《经济社会体制比较》2016 年第 1 期，第 121 - 136 页。

[297] 石大千，张卫东，刘建江：《高等教育机会数量与质量不平等：家庭背景作用的城乡差异》，《宏观质量研究》2018 年第 6 卷第 4 期，第 91 - 101 页。

[298] 石大千：《收入不平等影响经济增长的双边效应：机会不平等和努力不平等的不同作用》，《财贸经济》2018 年第 8 期，第 35 - 49 页。

[299] 史新杰，卫龙宝，方师乐，等：《中国收入分配中的机会不平等》，《管理世界》2018 年第 3 期，第 27 - 37 页。

[300] 宋圭武：《公平及公平与效率关系理论研究》，《社科纵横》2013 年第 28 卷第 6 期，第 27 - 33 页。

[301] 孙计领，王国成，凌亢：《收入不平等对居民幸福感的影响：基于 FS 模型的实证研究》，《经济学动态》2018 年第 6 期，第 77 - 91 页。

[302] 孙计领：《收入不平等、分配公平感与幸福》，《经济学家》2016 年第 1 期，第 42 - 49 页。

[303] 孙静媛：《暴力犯罪与收入不平等关系的实证研究》，大连，东北财经大学 2007 年硕士学位论文。

[304] 孙三百：《机会不平等、劳动力流动及其空间优化》，北京，对外经济贸易大学 2014 年博士学位论文。

[305] 孙三百：《社会资本的作用有多大？：基于合意就业获取视角的实证检验》，《世界经济文汇》2013 年第 5 期，第 70 - 84 页。

[306] 孙早,刘李华:《不平等是否弱化了企业家精神》,《财贸经济》2019年第2期,第131-146页。

[307] 汤凤林,雷鹏飞:《收入差距、居民幸福感与公共支出政策:来自中国社会综合调查的经验分析》,《经济学动态》2014年第4期,第41-55页。

[308] 唐志良:《新生代农民工犯罪成因研究:基于上海市Z监狱的实证调查》,上海,复旦大学2011年硕士学位论文。

[309] 汪汇,陈钊,陆铭:《户籍、社会分割与信任:来自上海的经验研究》,《世界经济》2009年第32卷第10期,第81-96页。

[310] 汪良军,童波:《收入不平等、公平偏好与再分配的实验研究》,《管理世界》2017年第6期,第63-81页。

[311] 王甫勤:《社会流动与分配公平感研究》.上海,复旦大学2010年博士学位论文。

[312] 王甫勤:《当代中国大城市居民的分配公平感:一项基于上海的实证研究(英文)》,《社会》2011年第31卷第3期,第155-183页。

[313] 王海明:《新伦理学》,北京,商务印书馆,2001年。

[314] 王思薇,安树伟:《科技创新对中国区域技术效率的贡献研究:基于省际面板数据的分析》,《科技管理研究》2009年第10期,第121-123页。

[315] 王文涛,谢家智:《预期社会化、资产选择行为与家庭财产性收入》,《财经研究》2017年第43卷第3期,第30-42页。

[316] 王香丽:《我国高等教育入学机会的城乡差异研究:高中阶段教育的视角》,《高教探索》第1期,2011年。

[317] 王雄军:《我国居民财产性收入状况及其趋势判断》,《改革》2017年第4期,第14-26页。

[318] 王永进,冯笑:《行政审批制度改革与企业创新》,《中国工业经济》2018年第2期,第24-42页。

[319] 吴炜:《青年群体的社会流动预期研究》,《南通大学学报(社会科学版)》2016年第32卷第2期,第132-139页。

[320] 吴卫星,邵旭方,陶利斌:《家庭财富不平等会自我放大吗?:基于家庭财务杠杆的分析》,《管理世界》2016年第9期,第

44-54页。

[321] 吴晓芹，倪庆东：《贸易开放对我国不同区域技术效率的影响：基于省际面板数据的实证》，《财经科学》2013年第9期，第108-115页。

[322] 吴一平，芮萌：《收入分配不平等对刑事犯罪的影响》，《经济学（季刊）》2011年第10卷第1期，第291-310页。

[323] 吴一平，王健：《制度环境、政治网络与创业：来自转型国家的证据》，《经济研究》2015年第50卷第8期，第45-57页。

[324] 吴愈晓：《中国城乡居民的教育机会不平等及其演变（1978—2008）》，《中国社会科学》2013年第3期，第4-21页。

[325] 夏荣静：《增加我国居民财产性收入的研究综述》，《经济研究参考》2010年第66期，第39-45页。

[326] 谢旻荻，贾文：《经济因素对犯罪率影响的实证研究》，《中国人民公安大学学报（社会科学版）》2006年第1期，第114-120页。

[327] 谢宇：《回归分析》，北京，社会科学文献出版社，2010年。

[328] 辛宇，李新春，徐莉萍：《地区宗教传统与民营企业创始资金来源》，《经济研究》2016年第51卷第4期，第161-173页。

[329] 徐建炜，马光荣，李实：《个人所得税改善中国收入分配了吗：基于对1997—2011年微观数据的动态评估》，《中国社会科学》2013年第6期，第53-71页。

[330] 徐琼：《区域技术效率影响因素实证研究：以浙江为例》，《经济论坛》2009年第13期，第74-77页。

[331] 徐琼：《区域技术效率论：基于技术效率的区域经济竞争力提升研究》，北京，中国经济出版社，2006年。

[332] 徐秋慧：《就业机会均等化的经济学分析》，《中国人力资源开发》2012年第10期，第80-83页。

[333] 徐淑芳：《信任、社会资本与经济绩效》，《学习与探索》2005年第5期，第222-225页。

[334] 许坤，卢倩倩，许光建：《土地财政、房地产价格与财产性收入差距》，《山西财经大学学报》2020年第42卷第3期，第1-16页。

[335] 许明，李逸飞：《中国出口低加成率之谜：竞争效应还是选择效应》，《世界经济》2018年第41卷第8期，第77-102页。

[336] 杨婵，贺小刚，李征宇：《家庭结构与农民创业：基于中国千村调查的数据分析》，《中国工业经济》2017年第12期，第170-188页。

[337] 杨新铭：《城镇居民财产性收入的影响因素：兼论金融危机对城镇居民财产性收入的冲击》，《经济学动态》2010年第8期，第62-66页。

[338] 杨玉生：《理性预期学派》，武汉，武汉出版社，1996年。

[339] 姚伟峰，何枫，杨武：《中国劳动力结构不均衡对技术效率进步影响实证研究》，《工业技术经济》2007年第4期，第50-52页。

[340] 叶华，吴晓刚：《生育率下降与中国男女教育的平等化趋势》，《社会学研究》2011年第26卷第5期，第153-177、245页。

[341] 余向华，陈雪娟：《中国劳动力市场的户籍分割效应及其变迁：工资差异与机会差异双重视角下的实证研究》，《经济研究》2012年第47卷第12期，第97-110页。

[342] 岳希明，徐静，刘谦，等：《2011年个人所得税改革的收入再分配效应》，《经济研究》2012年第9期，第113-124页。

[343] 翟学伟：《信任的本质及其文化》，《社会》2014年第34卷第1期，第1-26页。

[344] 詹新宇，杨灿明：《个人所得税的居民收入再分配效应探讨》，《税务研究》2015年第7期，第54-59页。

[345] 张家平，尹晋，张清森：《收入分配不平等对刑事犯罪的影响问题研究》，《河北工程大学学报（社会科学版）》2013年第30卷第4期，第50-53页。

[346] 张杰，郑文平，翟福昕：《竞争如何影响创新：中国情景的新检验》，《中国工业经济》2014年第11期，第56-68页。

[347] 张军，吴桂荣，张吉鹏：《中国省际物质资本存量估算：1952—2000》，《经济研究》2004年第10期，第35-44页。

[348] 张明，张学敏，涂先进：《高等教育能打破社会阶层固化吗？基于有序Probit半参数估计及夏普里值分解的实证分析》，《财经

研究》2016年第8期，第15-26页。

[349] 张楠，邹甘娜：《个人所得税的累进性与再分配效应测算：基于微观数据的分析》，《税务研究》2018年第1期，第53-58页。

[350] 张世伟，周闯，贾朋：《东北地区城镇家庭劳动供给行为研究：基于劳动供给离散选择模型的经验分析》，《中国人口科学》2011年第1期，第54-63页。

[351] 张维迎，柯荣住：《信任及其解释：来自中国的跨省调查分析》，《经济研究》2002年第10期，第59-70页。

[352] 张文春：《个人所得税与收入再分配》，《税务研究》2005年第11期，第48-51页。

[353] 张影强：《我国机会不平等对收入差距的影响研究》，北京，北京交通大学2010年博士学位论文。

[354] 章元，王昊：《城市劳动力市场上的户籍歧视与地域歧视：基于人口普查数据的研究》，《管理世界》2011年第7期，第42-51页。

[355] 赵新宇，范欣，姜扬：《收入、预期与公众主观幸福感：基于中国问卷调查数据的实证研究》，《经济学家》2013年第9期，第15-23页。

[356] 赵颖：《员工下岗、家庭资源与子女教育》，《经济研究》第5期，2016年。

[357] 郑馨，周先波，张麟：《社会规范与创业——基于62个国家创业数据的分析》，《经济研究》2017年第52卷第11期，第59-73页。

[358] 周晓蓉，杨博：《城镇居民财产性收入不平等研究》，《经济理论与经济管理》2012年第8期，第56-64页。

[359] 朱旭峰，张友浪：《新时期中国行政审批制度改革：回顾、评析与建议》，《公共管理与政策评论》2014年第1期，第35-42页。

[360] 邹薇，马占利：《家庭背景、代际传递与教育不平等》，《中国工业经济》2019年第2期，第80-98页。